OEUVRES
DE
VICTOR HUGO
DE L'ACADÉMIE FRANÇAISE

NOUVELLE ÉDITION, ORNÉE DE VIGNETTES
ET AUGMENTÉE DE « *LA LÉGENDE DES SIÈCLES* »

LE RHIN
LETTRES A UN AMI
TOME II

PARIS
Vve A^{dre} HOUSSIAUX, ÉDITEUR
HÉBERT ET Cie, SUCCESSEURS
7, RUE PERRONET, 7

1875

OEUVRES
DE
VICTOR HUGO
—
LE RHIN

PARIS. — IMPRIMERIE DE E. MARTINET, RUE MIGNON, 2.

OEUVRES
DE
VICTOR HUGO
DE L'ACADÉMIE FRANÇAISE

NOUVELLE ÉDITION, ORNÉE DE VIGNETTES
ET AUGMENTÉE DE « LA LÉGENDE DES SIÈCLES »

LE RHIN
LETTRES A UN AMI
TOME II

PARIS
Vᵛᵉ Aᵈʳᵉ HOUSSIAUX, ÉDITEUR
HÉBERT ET Cⁱᵉ, SUCCESSEURS
7, RUE PERRONET, 7

1875

LETTRE XX

LETTRE XX

DE LORCH A BINGEN

La langue légale est la langue française. — Loi. — *Article unique :* Qui parlera français payera l'amende. — Théorie du voyage à pied. — Souvenirs. — Première aventure. — Note sur Claye. — Ce qui apparaît à l'auteur entre la quatrième et la cinquième ligne. — L'auteur voit des ours en plein midi. — Peinture gracieuse d'après nature. — L'auteur laisse entrevoir l'inexprimable plaisir que lui font les tragédies classiques. — Intéressant épisode de la mouche. — Incident. — Ce que signifie l'intervalle qui sépare les mots *entendre passer* des mots *les sérénades*. — Incident. — Incident. — Incident. — Incident. — Explication. — Cela n'empêche pas que l'auteur eût fort bien pu être accepté par ces saltimbanques à quatre pattes comme le dessert de leur déjeuner. — Deuxième aventure. — G. — Histoire naturelle chimérique

LETTRE XX

d'Aristote et de Pline. — En quels lieux les hommes font volontiers leurs plus monstrueuses inepties. — Incident. — Un rébus d'Horace. — D'où venait le vacarme. — Portrait de deux hommes admirés. — Tableau de beaucoup d'hommes qui admirent. — L'homme chevelu parle. — G. tressaille. — L'auteur écrit ce que dit le charlatan. — Dialogue de celui qui est en haut avec celui qui est en bas. — L'auteur éclate de rire et indigne tous ceux qui l'entourent. — Puissance de ce qui est inintelligible sur ce qui est inintelligent. — Mot amer de G. sur la troisième classe de l'Institut. — Dans quelles circonstances l'auteur voyage à pied. — Fursteneck. — L'auteur grimpe assez haut pour constater une erreur des antiquaires. — Cadenet. — Luynes, Brandes. — L'auteur subit sur la grande route son examen de bachelier. — Heimberg. — Sonneck. — Falkenburg. — L'auteur va devant lui. — Noms et fantômes évoqués. — Contemplation. — Un château en ruine. — L'auteur y entre. — Ce qu'il y trouve. — Tombeau mystérieux. — Apparition gracieuse. — L'auteur se met à parler anglais de la façon la plus grotesque. — Esquisse d'une théorie des femmes, des filles et des enfants. — Stella. — L'auteur, quoique découragé et humilié, s'aventure à faire quatre vers français. — Conjectures sur l'homme sans tête. — L'auteur cherche dans le Falkenburg les traces de Guntram et de Liba. — La langue de l'homme a de si singuliers caprices, que *Trajani Castrum* devient *Trecktlingshausen*. — L'auteur déjeune d'un gigot horriblement dur. — Sa grandeur d'âme à cette occasion. — Paysage. — Saint-Clément. — Le Reichenstein. — Le Rheinstein. — Le Vautsberg. — L'auteur raconte des choses de son enfance. — Légende du mauvais archevêque. — Au neuvième siècle, on était mangé par les rats sur le Rhin comme on l'est aujourd'hui à l'Opéra. — Moralité des contes différente de la moralité de l'histoire. — *Mauth* et *Mause*. — Comment une petite estampe encadrée de noir, accrochée au-dessus du lit d'un enfant, devient pour lui, quand il est homme, une grande et formidable vision. — Crépuscule. — L'auteur se risque encore à faire des vers français. — Effrayante apparition entre deux montagnes de l'estampe encadrée de noir. — La Maüsethurm. — Vertige. — L'auteur réveil un batelier qui se trouve là. — A quel trajet l'auteur se hasarde. — Le Bingerloch. Réalités difformes et fantastiques vues au milieu de la nuit. — Ce que l'auteur trouve dans le lieu sinistre où il est allé. —

Description minutieuse et détaillée de cette chose horrible et célèbre. — Salut au drapeau. — Arrivée à Bingen. — Visite au Klopp. — La grande Ourse.

Bingen, 27 août.

De Lorch à Bingen il y a deux milles d'Allemagne, en d'autres termes, quatre lieues de France, ou seize *kilomètres* dans l'affreuse langue que la loi veut nous faire, comme si c'était à la loi de faire la langue. Tout au contraire, mon ami, dans une foule de cas, c'est à la langue de faire la loi.

Vous savez mon goût. Toutes les fois que je puis continuer un peu ma route à pied, c'est-à-dire convertir le voyage en promenade, je n'y manque pas.

Rien n'est charmant, à mon sens, comme cette façon de voyager. — A pied! — On s'appartient, on est libre, on est joyeux; on est tout entier et sans partage aux accidents de la route, à la ferme où l'on déjeune, à l'arbre où l'on s'abrite, à l'église où l'on se recueille. On part, on s'arrête; on repart; rien ne gêne, rien ne retient. On va et on rêve devant soi. La marche berce la rêverie; la rêverie voile la fatigue. La beauté du paysage cache la longueur du chemin. On ne voyage pas, on erre. A chaque pas qu'on fait, il nous vient une idée. Il semble qu'on sente des essaims éclore et bourdonner dans son cerveau. Bien des fois, assis à l'ombre au bord d'une grande route, à côté d'une petite source vive d'où sortaient avec l'eau la joie, la vie et la fraîcheur, sous un orme plein d'oiseaux, près d'un champ plein de faneuses, reposé, serein, heureux, doucement occupé de mille songes, j'ai regardé avec compassion passer devant moi, comme un tourbillon où roule la foudre, la chaise de poste, cette chose étincelante et rapide qui contient je ne sais quels voyageurs lents, lourds, ennuyés et assoupis; cet éclair qui emporte des tortues. — Oh! comme ces pauvres gens, qui sont souvent des gens d'esprit et de cœur, après tout, se jetteraient vite à bas de leur prison, où l'harmonie du paysage se résout en bruit, le soleil en chaleur, et la route en poussière, s'ils savaient toutes les fleurs que trouve dans les broussailles, toutes les perles que ramasse dans les cailloux, toutes les houris que découvre parmi les paysannes l'imagination ailée, opulente et joyeuse d'un homme à pied! *Musa pedestris.*

Et puis tout vient à l'homme qui marche. Il ne lui surgit pas seulement des idées, il lui échoit des aventures; et, pour ma part, j'aime fort les aventures qui m'arrivent. S'il est amusant pour autrui d'inventer des aventures, il est amusant pour soi-même d'en avoir.

Je me rappelle qu'il y a sept ou huit ans, j'étais allé à Claye, à quelques lieues de Paris. Pourquoi?

je ne m'en souviens plus. Je trouve seulement dans mon livre de notes ces quelques lignes. Je vous les transcris, parce qu'elles font, pour ainsi dire, partie de la chose quelconque que je veux vous raconter :

— « Un canal au rez-de-chaussée, un cimetière au premier étage, quelques maisons au second, voilà Claye. Le cimetière occupe une terrasse avec balcon sur le canal, d'où les mânes des paysans de Claye peuvent entendre passer des sérénades, s'ils y en a, sur le bateau-poste de Paris à Meaux, qui fait quatre lieues à l'heure. Dans ce pays-là on n'est pas enterré, on est enterrassé. C'est un sort comme un autre. »

Je m'en revenais à Paris à pied; j'étais parti d'assez grand matin, et, vers midi, les beaux arbres de la forêt de Bondy m'invitant, à un endroit où le chemin tourne brusquement, je m'assis, adossé à un chêne, sur un talus d'herbe, les pieds pendant dans un fossé, et je me mis à crayonner sur mon livre vert la note que vous venez de lire.

Comme j'achevais la quatrième ligne, — que je vois aujourd'hui sur le manuscrit séparée de la cinquième par un assez large intervalle, — je lève vaguement les yeux, et j'aperçois de l'autre côté du fossé, sur le bord de la route, devant moi, à quelques pas, un ours qui me regardait fixement. En plein jour on n'a pas de cauchemar; on ne peut être dupe d'une force, d'une apparence, d'un rocher difforme ou d'un tronc d'arbre absurde. *Lo que puede un sastre* est formidable la nuit; mais à midi, par un soleil de mai, on n'a pas d'hallucination. C'était bien un ours, un ours vivant, un véritable ours, parfaitement hideux du reste. Il était gravement assis sur son séant, me montrant le dessous poudreux de ses pattes de derrière, dont je distinguais toutes les griffes, ses pattes de devant mollement croisées sur son ventre. Sa gueule était entr'ouverte; une de ses oreilles, déchirée et saignante, pendait à demi; sa lèvre inférieure, à moitié arrachée, laissait voir ses crocs déchaussés; un de ses yeux était crevé, et avec l'autre il me regardait d'un air sérieux.

Il n'y avait pas un bûcheron dans la forêt, et le peu que je voyais du chemin à cet endroit-là était absolument désert.

Je n'étais pas sans éprouver quelque émotion. On se tire parfois d'affaire avec un chien en l'appelant *Fox*, *Soliman* ou *Azor;* mais que dire à un ours? D'où venait cet ours? Que signifiait cet ours dans la forêt de Bondy, sur le grand chemin de Paris à Claye? A quoi rimait ce vagabond d'un nouveau genre? — C'était fort étrange, fort ridicule, fort déraisonnable, et après tout fort peu gai. J'étais, je vous l'avoue, très-perplexe. Je ne bougeais pas cependant; je dois dire que l'ours, de son côté, ne bougeait pas non plus; il me paraissait même, jusqu'à un certain point, bienveillant. Il me regardait aussi tendrement que peut regarder un ours borgne. A tout prendre, il ouvrait bien la gueule, mais il l'ouvrait comme on ouvre une bouche. Ce n'était pas un rictus, c'était un bâillement; ce n'était pas féroce, c'était presque littéraire. Cet ours avait je ne sais quoi d'honnête, de béat, de résigné et d'endormi; et j'ai retrouvé depuis cette expression de physionomie à de vieux habitués de théâtre qui écoutaient des tragédies. En somme, sa contenance était si bonne, que je résolus aussi, moi, de faire bonne contenance. J'acceptai l'ours pour spectateur, et je continuai ce que j'avais commencé. Je me mis donc à crayonner sur mon livre la cinquième ligne de la note ci-dessus, laquelle cinquième ligne, comme je vous le disais tout à l'heure, est sur mon manuscrit très-écartée de la quatrième; ce qui tient à ce que, en commençant à l'écrire, j'avais les yeux fixés sur l'œil de l'ours.

Pendant que j'écrivais, une grosse mouche vint se poser sur l'oreille ensanglantée de mon spectateur. Il leva lentement sa patte droite et la passa par-dessus son oreille avec le mouvement d'un chat. La mouche s'envola. Il la chercha du regard; puis, quand elle eut disparu, il saisit ses deux pattes de derrière avec ses deux pattes de devant, et, comme satisfait de cette attitude classique, il se remit à me contempler. Je déclare que je suivais ces mouvements variés avec intérêt.

Je commençais à me faire à ce tête-à-tête, et j'écrivais la sixième ligne de la note, lorsque survint un incident : un bruit de pas précipités se fit entendre dans la grande route, et tout à coup je vis déboucher du tournant un autre ours, un grand ours noir; le premier était fauve. Cet ours noir arriva au grand trot, et, apercevant l'ours fauve, vint se rouler gracieusement à terre auprès de lui. L'ours fauve ne daigna pas regarder l'ours noir, et l'ours noir ne daignait pas faire attention à moi.

Je confesse qu'à cette nouvelle apparition, qui élevait mes perplexités à la seconde puissance, ma main trembla. J'étais en train d'écrire cette ligne : « ..... peuvent entendre passer les sérénades. » Sur mon manuscrit je vois aujourd'hui un assez grand intervalle entre ces mots : *entendre passer*, et ces mots : *les sérénades*. Cet intervalle signifie : — *Un deuxième ours!*

Deux ours! pour le coup, c'était trop fort. Quel sens cela avait-il? A qui en voulait le hasard? Si j'en jugeais par le côté d'où l'ours noir avait débouché, tous deux venaient de Paris, pays où il y a pourtant peu de bêtes, — sauvages surtout.

J'étais resté comme pétrifié. L'ours fauve avait fini par prendre part aux jeux de l'autre, et, à force de se rouler dans la poussière, tous deux étaient devenus gris. Cependant j'avais réussi à me lever, et me demandais si j'irais ramasser ma canne, qui avait roulé à mes pieds dans le fossé, lorsqu'un troisième ours survint, un ours rougeâtre, petit, difforme, plus déchiqueté et plus saignant encore que le premier; puis un quatrième, puis un cinquième et un sixième, ces deux-là trottant de compagnie. Ces quatre derniers ours traversèrent la route comme des comparses traversent le fond d'un théâtre, sans rien voir et sans rien regarder, presque en courant et comme s'ils étaient poursuivis. Cela devenait trop inexplicable pour que je ne touchasse pas à l'explication. J'entendis des aboiements et des cris; dix ou douze bouledogues, sept ou huit hommes armés de bâtons ferrés et de muselières à la main, firent irruption sur la route, talonnant les ours qui s'enfuyaient. Un de ces hommes s'arrêta, et, pendant que les autres ramenaient les bêtes muselées, il me donna le mot de cette bizarre énigme. Le maître du cirque de la barrière du Combat profitait des vacances de Pâques pour envoyer ses ours et ses dogues donner quelques représentations à Meaux. Toute cette ménagerie voyageait à pied. A la dernière halte, on l'avait démuselée pour la faire manger; et, pendant que leurs gardiens s'attablaient au cabaret voisin, les ours avaient profité de ce moment de liberté pour faire à leur aise, joyeux et seuls, un bout de chemin.

C'étaient des acteurs en congé.

Voilà une de mes aventures de voyageur à pied.

Dante raconte en commençant son poëme qu'il rencontra un jour dans un bois une panthère, puis après la panthère un lion, puis après le lion une louve. Si la tradition dit vrai, dans leurs voyages en Égypte, en Phénicie, en Chaldée et dans l'Inde, les sept sages de Grèce eurent tous de ces aventures-là. Ils rencontrèrent chacun une bête différente, comme il sied à des sages qui ont tous une sagesse différente. Thalès de Milet fut suivi longtemps par un griffon ailé; Bias de Priène fit route côte à côte avec un lynx; Périandre de Corinthe fit reculer un léopard en le regardant fixement; Solon d'Athènes marcha hardiment droit à un taureau furieux; Pittacus de Mytilène fit rencontre d'un souassouaron; Cléobule de Rhodes fut accosté par un lion, et Chilon de Lacédémone par une lionne. Tous ces faits merveilleux, si on les examinait d'un peu près, s'expliqueraient probablement par des ménageries en congé, par des vacances de Pâques et des barrières du Combat. En racontant convenablement mon aventure des ours, dans deux mille ans j'aurais peut-être eu je ne sais quel air d'Orphée. *Dictus ob hoc lenire tigres.* Voyez-vous, mon ami, mes pauvres ours saltimbanques donnent la clef de beaucoup de prodiges. N'en déplaise aux poëtes antiques et aux philosophes grecs, je ne crois guère à la vertu d'une strophe contre un léopard ni à la puissance d'un syllogisme sur une hyène; mais je pense qu'il y a longtemps que l'homme, cette intelligence qui transforme à sa guise les instincts, a trouvé le secret de dégrader les lions et les tigres, de détériorer les animaux et d'abrutir les bêtes.

L'homme croit toujours et partout avoir fait un grand pas quand il a substitué, à force d'enseignements intelligents, la stupidité à la férocité.

A tout prendre, c'en est peut-être un. Sans ce pas-là j'aurais été mangé, — et les sept sages de Grèce aussi.

Puisque je suis en train de souvenirs, permettez-moi encore une petite histoire.

Vous connaissez G..., ce vieux poëte-savant qui prouve qu'un poëte peut être patient, qu'un savant peut être charmant et qu'un vieillard peut être jeune. Il marche comme à vingt ans. En avril 183., nous faisions ensemble je ne sais quelle excursion dans le Gâtinais. Nous cheminions côte à côte par une fraîche matinée réchauffée d'un soleil réjouissant. Moi que la vérité charme et que le paradoxe amuse, je ne connais pas de plus agréable compagnie que G... Il sait toutes les vérités prouvées et il invente tous les paradoxes possibles.

Je me souviens que sa fantaisie en ce moment-là était de me soutenir que le basilic existe. Pline en parle et le décrit, me disait-il. Le basilic naît dans le pays de Cyrène, en Afrique. Il est long d'environ douze doigts; il a sur la tête une tache blanche qui lui fait un diadème; et, quand il siffle, les serpents s'enfuient. La Bible dit qu'il a des ailes. Ce qui est prouvé, c'est que, du temps de saint Léon, il y eut à Rome, dans l'église de Sainte-Luce, un basilic qui infecta de son haleine toute la ville. Le saint pape osa s'approcher de la voûte humide et sombre sous laquelle était le monstre, et Scaliger dit en assez bon style qu'il l'*éteignit par ses prières.*

G... ajoutait, me voyant incrédule au basilic, que certains lieux ont une vertu particulière sur certains animaux; qu'à Sériphe, dans l'Archipel, les grenouilles ne coassent point; qu'à Reggio, en Calabre, les cigales ne chantent pas; que les sangliers sont muets en Macédoine; que les serpents de l'Euphrate ne mordent point les indigènes, même endormis, mais seulement les étrangers; tandis que les scorpions du mont Latmos, inoffensifs pour les étrangers, piquent mortellement les habitants du pays. Il me faisait, ou plutôt il se faisait à lui-même une foule de questions, et je le laissais aller. Pourquoi y a-t-il une multitude de lapins à Mayorque, et pourquoi n'y en a-t-il pas un seul à Yviza? Pourquoi les lièvres meurent-ils à Ithaque? D'où vient qu'on ne saurait trouver un loup sur le mont Olympe, ni une chouette dans l'île de Crète, ni un aigle dans l'île de Rhodes?

En me voyant sourire, il s'interrompait : — Tout beau, mon cher ! mais ce sont là des opinions d'Aristote! A quoi je me contentais de répondre : — Mon ami, c'est de la science morte; et la science morte n'est plus de la science, c'est de l'érudition. Et G... me répliquait avec son doux regard plein de gravité et d'enthousiasme : — Vous avez raison. La science meurt; il n'y a que l'art qui soit immortel. Un grand savant fait oublier un autre grand savant; quant aux grands poëtes du passé, les grands poëtes du présent et de l'avenir ne peuvent que les égaler. Aristote est dépassé. Homère ne l'est pas.

Cela dit, il devenait pensif, puis il se mettait à chercher un bupreste dans l'herbe ou une rime dans les nuages.

Nous arrivâmes ainsi près de Milly, dans une plaine où l'on voit encore les vestiges d'une masure devenue fameuse dans les procès des sorciers du dix-septième siècle. Voici à quelle occasion.

Un loup-cervier ravageait le pays. Des gentilshommes de la vénerie du roi le traquèrent avec grand renfort de valets et de paysans. Le loup, poursuivi dans cette plaine, gagna cette masure et s'y jeta. Les chasseurs entourèrent la masure, puis y entrèrent brusquement. Ils y trouvèrent une vieille femme, une vieille femme hideuse, sous les pieds de laquelle était encore la peau du loup, que Satan n'avait pas eu le temps de faire disparaître dans sa chausse-trape. Il va sans dire que la vieille fut brûlée sur un fagot vert; ce qui s'exécuta devant le beau portail de la cathédrale de Sens.

J'admire que les hommes, avec une sorte de coquetterie inepte, soient toujours venus chercher ces calmes et sereines merveilles de l'intelligence humaine pour faire devant elles leurs plus grosses bêtises.

Cela se passait en 1636, dans l'année où Corneille faisait jouer *le Cid*.

Comme je racontais cette histoire à G... : Écoutez, me dit-il. — Nous entendions, en effet, sortir d'un petit groupe de maisons caché dans les arbres à notre gauche, la fanfare d'un charlatan. G... a toujours eu du goût pour ce genre de bruit grotesque et triomphal. — Le monde, me disait-il un jour, est plein de grands tapages sérieux dont ceci est la parodie. Pendant que les avocats déclament sur le tréteau politique, pendant que les rhéteurs pérorent sur le tréteau scolastique, moi je vais dans les prés, je catalogue des moucherons et je collationne des brins d'herbe, je me pénètre de la grandeur de Dieu, et je serai toujours charmé de rencontrer à tout bout de champ cet emblème bruyant de la petitesse des hommes, ce charlatan s'essoufflant sur sa grosse caisse, ce Bobino, ce Bobèche, cette ironie! Le charlatan se mêle à mes études et les complète; je fixe cette figure avec une épingle dans mon carton comme un scarabée ou comme un papillon, et je classe l'insecte humain parmi les autres.

G... m'entraîna donc vers le groupe de maisons, d'où venait le bruit : — un assez chétif hameau, qui se nomme, je crois, Petit-Sou, ce qui m'a rappelé ce bourg d'Asculum, sur la route de Trivicum à Brindes, lequel fit faire un rébus à Horace :

>   Quod versu dicere non est,
> Signis perfacile est.

Asculum en effet ne peut entrer dans un vers alexandrin.

C'était la fête du village. La place, l'église et la mairie étaient endimanchées. Le ciel lui-même, coquettement décoré d'une foule de jolis nuages blancs et roses, avait je ne sais quoi d'agreste, de joyeux et de dominical. Des rondes de petits enfants et de jeunes filles, doucement contemplées par des vieillards, occupaient un bout de la place qui était tapissé de gazon ; à l'autre bout, pavé de cailloux aigus, la foule entourait une façon de tréteau adossé à une manière de baraque. Le tréteau était composé de deux planches et d'une échelle ; la baraque était recouverte de cette classique toile à damier bleu et blanc qui rappelle des souvenirs de grabat, et qui, se faisant au besoin souquenille, a fait donner le nom de *paillasses* à tous les valets de tous les charlatans. A côté du tréteau s'ouvrait la porte de la baraque, une simple fente dans la toile ; et au-dessus de cette porte, sur un écriteau blanc orné de ce mot en grosses majuscules noires :

MICROSCOPE

fourmillaient, grossièrement dessinés dans mille attitudes fantastiques, plus d'animaux effrayants, plus de monstres chimériques, plus d'êtres impossibles que saint Antoine n'en a vu et que Callot n'en a rêvé.

Deux hommes faisaient figure sur ce tréteau. L'un sale comme Job, bronzé comme Ptha, coiffé comme Osiris, gémissant comme Memnon, avait je ne sais quoi d'oriental, de fabuleux, de stupide et d'égyptien, et frappait sur un gros tambour tout en soufflant au hasard dans une flûte. L'autre le regardait faire. C'était une espèce de Sbrigani, pansu, barbu, velu et chevelu, l'air féroce, et vêtu en Hongrois de mélodrame.

Autour de cette baraque, de ce tréteau et de ces deux hommes, force paysans passionnés, force paysannes fascinées, force admirateurs les plus affreux du monde ouvraient des bouches niaises et des yeux bêtes. Derrière l'estrade, quelques enfants pratiquaient artistement des trous à la vieille toile blanche et bleue, qui faisait peu de résistance et leur laissait voir l'intérieur de la baraque.

Comme nous arrivions, l'Égyptien termina sa fanfare, et le Sbrigani se mit à parler. G... se mit à écouter.

Excepté l'invitation d'usage *Entrez, et vous verrez*, etc., je déclare que ce que disait ce fantoche était parfaitement inintelligible pour moi, pour les paysans et pour l'Égyptien, lequel avait pris une posture de bas-relief et prêtait l'oreille avec autant de dignité que s'il eût assisté à la dédicace des grandes colonnes de la salle hypostyle de Karnac par Menephta Ier, père de Rhamsès II.

Cependant dès les premières paroles du charlatan, G... avait tressailli. Au bout de quelques minutes, il se pencha vers moi et me dit tout bas :

— Vous qui êtes jeune, qui avez de bons yeux et un crayon, faites-moi le plaisir d'écrire ce que dit cet homme. — Je voulus demander à G... l'explication de cet étrange désir; mais déjà son attention était retournée au tréteau avec trop d'énergie pour qu'il m'entendît. Je pris le parti de satisfaire G..., et, comme le charlatan parlait avec une lenteur solennelle, voici ce que j'écrivis sous sa dictée :

« — La famille des scyres se divise en deux espèces : la première n'a pas d'yeux ; la seconde en a six, ce qui la distingue du genre *cunaxa*, qui en a deux, et du genre *bdella*, qui en a quatre. »

Ici G..., qui écoutait avec un intérêt de plus en plus profond, ôta son chapeau et s'adressant au charlatan de sa voix la plus gracieuse et la plus adoucie : — Pardon, monsieur; mais vous ne nous dites rien du groupe des gamases?

— Qui parle là! dit l'homme, jetant un coup d'œil sur l'assistance, mais sans surprise et sans hésitation. Ce vieux? Eh bien, mon vieux, dans le groupe des gamases, je n'ai trouvé qu'une espèce, c'est un *dermanyssus*, parasite de la chauve-souris pipistrelle.

— Je croyais, reprit G... timidement, que c'était un *glyciphagus cursor*.

— Erreur, mon brave, répliqua le Sbrigani. Il y a un abîme entre le glyciphagus et le dermanyssus. Puisque vous vous occupez de ces grandes questions, étudiez la nature. Consultez Degeer, Hering et Hermann. Observez (j'écrivais toujours) le *sarcoptes ovis*, qui a au moins une des deux paires de pattes postérieures complètes et caronculées; le *sarcoptes rupicapræ*, dont les pattes postérieures sont rudimentaires et sétigères, sans vésicules et sans tarses; le *sarcoptes hippopodos*, qui est peut-être un glyciphage...

— Vous n'en êtes pas sûr? interrompit G... presque avec respect.

— Je n'en suis pas sûr, répondit majestueusement le charlatan. Oui, je dois à la sainte vérité d'avouer que je n'en suis pas sûr. Ce dont je suis sûr, c'est d'avoir recueilli un glyciphage dans les plumes du grand-duc. Ce dont je suis sûr, c'est d'avoir trouvé, en visitant des galeries d'anatomie comparée, des glyciphages dans les cavités, entre les cartilages et sous les épiphyses des squelettes.

— Voilà qui est prodigieux! murmura G...

— Mais, poursuivit l'homme, ceci m'entraîne trop loin. Je vous parlerai une autre fois, messieurs, du glyciphage et du psoropte. L'animal extraordinaire et redoutable que je vais vous montrer aujourd'hui, c'est le sarcopte. Chose effrayante et merveilleuse! l'acarien du chameau, qui ne ressemble pas à celui du cheval, ressemble à celui de l'homme. De là une confusion possible, dont les suites seraient funestes (j'écrivais toujours). Étudions-les, messieurs, étudions ces monstres. La forme de l'un et de l'autre est à peu près la même; mais le sarcopte du dromadaire est un peu plus allongé que le sarcopte humain; la paire intermédiaire des poils postérieurs, au lieu d'être la plus petite, est la plus grande. La face ventrale a aussi ses particularités. Le collier est plus nettement séparé dans le *sarcoptes hominis*, et il envoie inférieurement une pointe aciculiforme, qui n'existe pas dans le *sarcoptes dromadarii*. Ce dernier est plus gros que l'autre. Il y a aussi une différence énorme aux épines de la base des pattes postérieures; elles sont simples dans la première espèce, et inégalement bifides dans la seconde...

Ici, las d'écrire toutes ces choses ténébreuses et imposantes, je ne pus m'empêcher de pousser le coude de G... et de lui demander tout bas : — Mais de quoi diable parle cet homme?

G... se tourna à demi vers moi et me dit avec gravité : — De la gale.

Je partis d'un éclat de rire si violent, que le livre de notes me tomba des mains. G... le ramassa, m'arracha le crayon, et, sans daigner répliquer à ma gaieté même par un geste de mépris, plus que jamais attentif aux paroles du charlatan, il continua d'écrire à ma place, dans l'attitude recueillie et raphaélesque d'un disciple de l'école d'Athènes.

Je dois dire que les paysans, de plus en plus éblouis, partageaient, au suprême degré, l'admiration et la béatitude de G... L'extrême science et l'extrême ignorance se touchent par l'extrême naïveté. Le dialogue obscur et formidable du charlatan avait parfaitement réussi près des villageois de l'honnête pays de Petit-Sou. Le peuple est comme l'enfant : il s'émerveille de ce qu'il ne comprend pas. Il aime l'inintelligible, le hérissé, l'amphigouri déclamatoire et merveilleux. Plus l'homme est ignorant, plus l'obscur le charme; plus l'homme est barbare, plus le compliqué lui plaît. Rien n'est moins simple qu'un sauvage. Les idiomes des Hurons, des Botocudos et des Chesapeacks sont des forêts de consonnes, à travers lesquelles, à demi engloutis dans la vase des idées mal rendues, se traînent des mots immenses et hideux, comme rampaient les monstres antédiluviens sous les inextricables végétations du monde primitif. Les Algonquins traduisent ce mot si court, si simple et si doux, *France*, par *Mittigouchiouekendalakiank*.

Aussi, quand la baraque s'ouvrit, la foule, impatiente de contempler les merveilles promises, s'y précipita. Les mittigouchiouekendalakiank des charlatans se résolvent toujours en une pluie de liards ou de doublons dans leur escarcelle, selon qu'ils se sont adressés au peuple d'en bas ou au peuple d'en haut.

Une heure après, nous avions repris notre promenade et nous suivions la lisière d'un petit bois. G... ne m'avait pas encore adressé une parole. Je faisais mille efforts inutiles pour rentrer en grâce.

Tout à coup, paraissant sortir d'une profonde rêverie et comme se répondant à lui-même, il dit : — Et il en parle fort bien!

— De la gale, n'est-ce pas? fis-je fort timidement.

— Oui, parbleu, de la gale! me répondit G... avec fermeté.

Il ajouta après un silence : — Cet homme a fait de magnifiques observations microscopiques, de vraies découvertes.

Je hasardai encore un mot : — Il aura étudié son sujet sur ce pharaon d'Égypte dont il a fait son laquais et son musicien.

Mais G... ne m'entendait déjà plus. — Quelle prodigieuse chose! s'écria-t-il, et quel sujet de méditation mélancolique! La maladie suit l'homme après la mort. Les squelettes ont la gale!

Il y eut encore un silence, puis il reprit : — Cet homme manque à la troisième classe de l'Institut. Il y a bien des académiciens qui sont charlatans; voilà un charlatan qui devrait être académicien.

Maintenant, mon ami, je vous vois d'ici rire à votre tour et vous écrier : — Est-ce tout? O les aimables aventures, les engageantes histoires, et quel voyageur à pied vous êtes! Rencontrer des ours, ou entendre un avaleur de sabres, bras nus et ceinturonné de rouge, confronter en plein air l'acarus de l'homme à l'acarus du chameau et faire à des paysans un cours philosophique de gale comparée! mais, en vérité, il faut en grande hâte se jeter en bas de sa chaise de poste, et ce sont là de merveilleux bonheurs!

Comme il vous plaira. Quant à moi, je ne sais si c'est le matin, si c'est le printemps ou si c'est ma jeunesse qui se mêle à ces souvenirs, déjà anciens, hélas! mais ils rayonnent en moi. Je leur trouve des charmes que je ne puis dire. Riez donc tant que vous voudrez du *voyageur à pied*, je suis toujours tout prêt à recommencer, et, s'il m'arrivait encore aujourd'hui quelque aventure pareille, « j'y prendrais un plaisir extrême ».

Mais de semblables bonnes fortunes sont rares, et, quand j'entreprends une excursion à pied, pourvu que le ciel ait un air de joie, pourvu que les villages aient un air de bonheur, pourvu que la rosée tremble à la pointe des herbes, pourvu que l'homme travaille, que le soleil brille et que l'oiseau chante, je remercie le bon Dieu, et je ne lui demande pas d'autres aventures. — L'autre jour donc, à cinq heures et demie du matin, après avoir donné les ordres nécessaires pour faire transporter mon bagage à Bingen, dès l'aube, je quittais Lorch, et un bateau me transportait sur le bord opposé. Si vous suivez jamais cette route, faites de même. Les ruines romaines, romanes et gothiques de la rive gauche ont beaucoup plus d'intérêt pour le piéton que les ardoises de la rive droite. A six heures j'étais assis, après une assez rude ascension à travers les vignes et les broussailles, sur la croupe d'une colline de lave éteinte qui domine le château de Furstenberg et la vallée de Diebach, et là je constatais une erreur des antiquaires. Ils racontent, et je vous écrivais d'après eux dans ma précédente lettre, que la grosse tour de Furstenberg, ronde au dehors, est hexagone au dedans. Or, du point élevé où je m'étais placé, je plongeais assez profondément dans la tour, et je puis vous affirmer, si la chose vous intéresse, qu'elle est ronde à l'intérieur comme à l'extérieur. Ce qui est remarquable, c'est sa hauteur, qui est prodigieuse, et sa orme, qui est singulière. Comme elle a d'énormes créneaux sans mâchicoulis et comme elle va s'élargissant du sommet à la base, sans baies, sans fenêtres, percée à peine de quelques longues meurtrières, elle ressemble de la plus étrange manière aux mystérieux et massifs donjons de Samarcande, de Calicut ou de Cranganor; et l'on s'attend à voir plutôt apparaître au faîte de cette grosse tour presque hindoue le maharadja de Lahore ou le zamorin de Malabar que Louis de Bavière ou Gustave de Suède. Pourtant cette citadelle, plutôt orientale que gothique, a joué un grand rôle dans les luttes de l'Europe. Au moment où je songeais à toutes les échelles qui ont été successivement appliquées aux flancs de cette géante de pierre, et où je me rappelais le triple siége des Bavarois en 1321, des Suédois en 1632 et des Français en 1689, un grimpereau l'escaladait gaiement.

Ce qui a causé l'erreur des antiquaires, c'est une tourelle qui défend la citadelle du côté de la montagne, et qui, ronde au dedans, est armée à son sommet d'un couronnement de mâchicoulis taillé à six pans. Ils ont pris la tourelle pour la tour et le dehors pour le dedans. Du reste, à cette heure matinale, grâce aux vapeurs encore posées et appuyées sur le sol, je ne distinguais que la tête du donjon, la cime des murailles, et à l'horizon, tout autour de moi, la haute crête des collines. A mes pieds, le fond du paysage était caché par une brume blanche et épaisse dont le soleil dorait le bord. On eût dit qu'un nuage était tombé dans la vallée.

Comme sept heures sonnaient dans ce nuage au clocher de Rheindiebach, qui est un hameau au pied de Furstenberg, le grimpereau s'envola, et je me levai. Pendant que je descendais, le brouillard montait, et lorsque je parvins au village, les rayons du soleil y arrivaient. Quelques instants après, j'avais laissé le village derrière moi, sans même avoir pensé, je l'avoue, à interroger l'écho fameux de son ravin ; je cheminais joyeusement le long du Rhin, et j'échangeais un bonjour amical avec trois jeunes peintres qui s'en allaient, eux, vers Bacharach, le sac et le parapluie sur le dos. Toutes les fois que je rencontre trois jeunes gens qui voyagent à pied en mince équipage, allègres d'ailleurs et les yeux rayonnants comme si leur prunelle reflétait les féeries de l'avenir, je ne puis m'empêcher d'espérer pour eux la réalisation de leurs chimères et de songer à ces trois frères, Cadenet, Luynes et Brandes, qui, il y a de cela deux cents ans, partirent un beau matin à pied pour la cour de Henri IV, n'ayant à eux trois qu'un manteau porté par chacun à son tour, et qui, quinze ans après, sous Louis XIII, étaient, le premier, duc de Chaulnes; le deuxième, connétable de France; le troisième, duc de Luxembourg. — Rêvez donc, jeunes gens, et marchez!

Ce voyage à trois paraît, du reste, être à la mode sur les bords du Rhin; car je n'avais pas fait une demi-lieue, j'atteignais à peine Niederheimbach, que je rencontrais encore trois jeunes gens cheminant de compagnie. Ceux-là étaient évidemment des étudiants de quelqu'une de ces nobles universités qui fécondent la vieille Teutonie en civilisant la jeune Allemagne. Ils portaient la casquette classique, les longs cheveux, le ceinturon, la redingote serrée, le bâton à la main, la pipe de faïence coloriée à la bouche, et, comme les peintres, le bissac sur le dos. Sur la pipe du plus jeune des trois étaient peintes des armoiries, probablement les siennes. Ils paraissaient discuter avec chaleur, et s'en allaient, de même que les peintres, du côté de Bacharach. En passant près de moi, l'un d'eux me cria, en me saluant de la casquette : — *Dic nobis, domine, in qua parte corporis animam veteres locant philosophi.* Je rendis le salut et je répondis : — *In corde Plato, in sanguine Empedocles, inter duo supercilia Lucretius.* Les trois jeunes gens sourirent, et le plus âgé s'écria : — *Vivat Gallia regina!* Je répliquai : — *Vivat Germania mater!* — Nous nous saluâmes encore une fois de la main, et je passai outre.

J'approuve cette façon de voyager à trois. Deux amants, trois amis.

Au-dessus de Niederheimbach s'étagent et se superposent les mamelons de la sombre forêt de Sann ou de Sonn, et là, parmi les chênes, se dressent deux forteresses écroulées, Heimburg, château des Romains, Sonneck, château des brigands. L'empereur Rodolphe a détruit Sonneck en 1282, le temps a démoli Heimburg. Une ruine plus mélancolique encore se cache dans les plis de ces montagnes, c'est Falkenburg.

J'avais, comme je vous l'ai dit, laissé le village derrière moi. Le soleil était ardent, la fraîche haleine du Rhin s'attiédissait, la route se couvrait de poussière; à ma droite s'ouvrait étroitement entre

deux rochers un charmant ravin plein d'ombre ;
un tas de petits oiseaux y babillaient à qui mieux
mieux et se livraient à d'affreux commérages les
uns sur les autres dans les profondeurs des arbres ;
un ruisseau d'eau vive grossi par les pluies, tombant de pierre en pierre, prenait des airs de torrent, dévastait les pâquerettes, épouvantait les
moucherons et faisait de petites cascades tapageuses
dans les cailloux ; je distinguais vaguement le long
de ce ruisseau, dans les douces ténèbres que ver-
saient les feuillages, un sentier que mille fleurs
sauvages, le liseron, le passe-velours, l'élichryson,
le glaïeul aux lancéoles cannelées, la flambe aux
neuf feuilles perses, cachaient pour le profane et
tapissaient pour le poëte. Vous savez qu'il y a des
moments où je crois presque à l'intelligence des
choses ; il me semblait qu'une foule de voix murmuraient dans ce ravin et me disaient : — Où vas-tu ? tu
cherches les endroits où il y a peu de pas humains et
où il y a beaucoup de traces divines ; tu veux mettre
ton âme en équilibre avec l'âme de la solitude ; tu
veux de l'ombre et de la lumière, du mouvement
et de la paix, des transformations et de la sérénité ;
tu cherches le lieu où le verbe s'épanouit dans le
silence, où l'on voit la vie à la surface de tout et
où l'on sent l'éternité au fond ; tu aimes le désert
et tu ne hais pas l'homme ; tu cherches de l'herbe
et des mousses, des feuilles humides, des branches

gonflées de séve, des oiseaux qui fredonnent, des eaux qui courent, des parfums qui se répandent. Eh bien, entre, ce sentier est ton chemin.

Je ne me suis pas fait prier longtemps, je suis entré dans le ravin.

Vous dire ce que j'ai fait là, ou plutôt ce que la solitude m'y a fait; comment les guêpes bourdonnaient autour des clochettes violettes; comment les nécrophores cuivrées et les féronies bleues se réfugiaient dans les petits antres microscopiques que les pluies leur creusent sous les racines des bruyères; comment les ailes froissaient les feuilles; ce qui tressaillait sourdement dans les mousses, ce qui jasait dans les nids; le bruit doux et indistinct des végétations, des minéralisations et des fécondations mystérieuses; la richesse des scarabées, l'activité des abeilles, la gaieté des libellules, la patience des araignées; les aromes, les reflets, les épanouissements, les plaintes; les cris lointains; les luttes d'insecte à insecte, les catastrophes de fourmilières, les petits drames de l'herbe; les haleines qui s'exhalaient des roches comme des soupirs, les rayons qui venaient du ciel à travers les arbres comme des regards, les gouttes d'eau qui tombaient des fleurs comme des larmes; les demi-révélations qui sortaient de tout; le travail calme, harmonieux, lent et continu de tous ces êtres et de toutes ces choses qui vivent en apparence plus près de Dieu que l'homme; vous dire tout cela, mon ami, ce serait vous exprimer l'ineffable, vous montrer l'invisible, vous peindre l'infini. Qu'ai-je fait là? Je ne sais plus. Comme dans les ravins de Saint-Goarshausen, j'ai erré, j'ai songé, j'ai adoré, j'ai prié. A quoi pensais-je? Ne me le demandez pas. Il y a des instants, vous le savez, où la pensée flotte comme noyée dans mille idées confuses.

Tout, dans ces montagnes, se mêlait à ma méditation et se combinait avec ma rêverie : la verdure, les masures, les fantômes, le paysage, les souvenirs, les hommes qui ont passé dans ces solitudes, l'histoire qui a flamboyé là, le soleil qui y rayonne toujours. César, me disais-je, cheminant à pied comme moi, a peut-être franchi ce ruisseau, suivi du soldat qui portait son épée. Presque toutes les grandes voix qui ont ébranlé l'intelligence humaine ont troublé les échos du Rhingau et du Taunus. Ces montagnes sont les mêmes qui s'émurent quand le prince Thomas d'Aquin, si longtemps surnommé *Bos mutus*, poussa enfin dans la doctrine ce mugissement qui fit tressaillir le monde : *dedit in doctrina mugitum quod in toto mundo sonavit.* C'est sur ces monts que Jean Huss, prédisant Luther, comme si le rideau qui se déchire à la dernière heure laissait voir distinctement l'avenir, répandit du haut de son bûcher de Constance ce cri prophétique : *Aujourd'hui vous brûlez l'oie*[1], *mais dans cent ans le signe naîtra.* Enfin c'est à travers ces rochers que Luther, cent ans après, surgissant à l'heure dite, ouvrit ses ailes et jeta cette clameur formidable : *Meurent les évêques et les princes, les monastères, les cloîtres, les églises et les palais, plutôt qu'une seule âme!*

Et il me semblait que, du milieu des branchages et des ronces, les ruines répondaient de toutes parts : O Luther! les évêques et les princes, les monastères, les cloîtres, les églises et les palais sont morts!

Plongée ainsi dans ces choses inépuisables et vivaces qui sont, qui persistent, qui fleurissent, qui verdoient, et qui la recouvrent sous leur végétation éternelle, l'histoire est-elle grande ou est-elle petite? Décidez cette question si vous pouvez. Quant à moi, il me semble que le contact de la nature, qui est le voisinage de Dieu, tantôt amoindrit l'homme, tantôt le grandit. C'est beaucoup pour l'homme d'être une intelligence qui a sa loi à part, qui fait son œuvre et qui joue son rôle au milieu des faits immenses de la création. En présence d'un grand chêne plein d'antiquité et plein de vie, gonflé de séve, chargé de feuillage, habité par mille oiseaux, c'est beaucoup qu'on puisse songer

---

[1] *Euss* veut dire *oie*.

encore à ce fantôme qui a été Luther, à ce spectre qui a été Jean Huss, à cette ombre qui a été César.

Cependant, je vous l'avoue, il y eut dans ma promenade un moment où toutes ces mémoires disparurent, où l'homme s'évanouit, où je n'eus plus dans l'âme que Dieu seul. J'étais arrivé, je ne pourrais plus dire par quels sentiers, au sommet d'une très-haute colline couverte de bruyères courtes, ayant quelque analogie avec le chêne kermès de Provence; et j'avais sous les yeux un désert, mais un désert joyeux et superbe, un désert divin. Je n'ai rien vu de plus beau dans toutes mes excursions aux environs du Rhin. Je ne sais comment s'appelle cet endroit. Ce n'était autour de moi, à perte de vue, que montagnes, prairies, eaux vives, vagues verdures, molles brumes, lueurs humides qui chatoyaient comme des yeux entr'ouverts, vifs reflets d'or noyés dans le bleu des lointains, magiques forêts pareilles à des touffes de plumes vertes, horizons moirés d'ombres et de clarté. — C'était un de ces lieux où l'on croit voir faire la roue à ce paon magnifique qu'on appelle la nature.

Derrière la colline où j'étais assis, au haut d'un monticule couvert de sapins, de châtaigniers et d'érables, j'apercevais une sombre ruine, colossal monceau de basalte brun. On eût dit un tas de lave pétri par quelque géant en forme de citadelle.

Qu'était-ce que ce château? Je n'aurais pu le dire, je ne savais où j'étais.

Questionner un édifice de près, vous le savez, c'est ma manie. Au bout d'un quart d'heure j'étais dans la ruine.

Un antiquaire qui fait le portrait de sa ruine, comme un amant qui fait le portrait de sa maîtresse, se charme lui-même et risque d'ennuyer les autres. Pour les indifférents qui écoutent l'amoureux, toutes les belles se ressemblent, et toutes les ruines aussi. Je ne dis pas, mon ami, que je m'abstiendrai désormais avec vous de toute description d'édifices. Je sais que l'histoire et l'art vous passionnent; je sais que vous êtes du public intelligent, et non du public grossier. Cette fois pourtant je vous renverrai au portrait minutieux que je vous ai fait de la Souris. Figurez-vous force broussailles, force plafonds effondrés, force fenêtres défoncées, et au-dessus de tout cela quatre ou cinq grandes diablesses de tours, noires, éventrées et formidables.

J'allais et venais dans ces décombres, cherchant, furetant, interrogeant; je retournais les pierres brisées dans l'espoir d'y trouver quelque inscription qui me signalerait un fait, ou quelque sculpture qui me révélerait une époque, quand une baie, qui avait jadis été une porte, m'a ouvert passage sous une voûte où pénétrait par une crevasse un éclatant rayon de soleil. J'y suis entré, et je me suis trouvé dans une façon de chambre basse éclairée par des meurtrières dont la forme et l'embrasure indiquaient qu'elles avaient servi au jeu des onagres, des fauconneaux et des scorpions. Je me suis penché à l'une de ces meurtrières en écartant la touffe de fleurs qui la bouche aujourd'hui. Le paysage, de cette fenêtre, n'est pas gai. Il y a là une vallée étroite et obscure, ou plutôt un déchirement de la montagne jadis traversé par un pont dont il ne reste plus que l'arche d'appui. D'un côté un éboulement de terres et de roches, de l'autre une eau noircie par le fond de basalte, se précipitent et se brisent dans le ravin. Des arbres malades et malsains y ombragent de petites prairies tapissées d'un gazon dru comme celui d'un cimetière. J'ignore si c'était une illusion ou le jeu de l'ombre et du vent, mais je croyais voir par places, sur les hautes herbes, de grands cercles mollement tracés, comme si de mystérieuses rondes nocturnes les avaient affaissées çà et là. Ce ravin n'est pas seulement solitaire, il est lugubre. On dirait qu'il assiste, en de certains moments, à des spectacles hideux, qu'il voit se faire dans les ténèbres des choses mauvaises et surnaturelles, et qu'il en garde, même en plein jour, même en plein soleil, je ne sais quelle tristesse mêlée d'horreur. Dans cette vallée, plus qu'en tout autre lieu, on sent distinctement que les sombres et froides heures de la nuit passent là ; il semble qu'elles y déposent, sur la senteur des herbes, sur la couleur de la terre et sur la forme des rochers, ce qu'elles ont de vague, de sinistre et de désolé.

Comme j'allais sortir de la chambre basse, la corne d'une pierre tumulaire sortant de dessous les gravois a frappé mes yeux. Je me suis baissé vivement. Jugez de mon empressement; j'allais peut-être trouver là l'explication que je cherchais, la réponse que je demandais à cette mystérieuse ruine, le nom du château. Des pieds et des mains j'ai écarté les décombres, et en peu d'instants j'avais à nu une fort belle lame sépulcrale du quatorzième siècle, en grès rouge de Heilbron. Sur cette lame gisait, sculpté presque en ronde bosse, un chevalier armé de toutes pièces, mais auquel manquait la tête. Sous les pieds de cet homme de pierre était gravé, en majuscules romaines, ce distique fruste, encore lisible pourtant et facile à déchiffrer :

voX TACVIT. PERIIT LVX. NOX RVIT, ET RVIT VMBRA.
VIR CARET IN TVMBA QVO CARET EFFIGIES.

J'étais un peu moins avancé qu'auparavant. Ce château était une énigme, j'en avais cherché le mot, et je venais de le trouver. Le mot de cette énigme, c'était une inscription sans date, une épitaphe sans nom, un homme sans tête. Voilà, vous en conviendrez, une réponse sombre et une explication ténébreuse.

De quel personnage parlait ce distique, lugubre par le fond, barbare par la forme? S'il fallait en croire le second vers gravé sur cette pierre sépulcrale, le squelette qui était dessous était sans tête comme l'effigie qui était dessus. Que signifiaient ces trois X détachés, pour ainsi dire, du reste de l'inscription par la grandeur des majuscules? En regardant avec plus d'attention et en nettoyant la lame avec une poignée d'herbes, j'ai trouvé sur la statue des gravures étranges. Trois chiffres étaient tracés à trois endroits différents; celui-ci sur la main droite : XXX ; celui-là sur la main gauche : XXX ; et cet autre à la place de la tête :

Or, ces trois chiffres ne sont que des combinaisons variées du même monogramme. Chacun des trois est composé des trois X que le graveur de l'épitaphe a fait saillir dans l'inscription. Si cette tombe eût été en Bretagne, ces trois X eussent pu faire allusion au combat des Trente ; si elle eût daté du dix-septième siècle, ces trois X eussent pu indiquer la guerre de Trente ans; mais en Allemagne et au quatorzième siècle, quel sens pouvaient-ils avoir? et puis, était-ce le hasard qui, pour épaissir l'obscurité, n'avait employé dans la formation de ce chiffre funèbre d'autre élément que cette lettre X, qui barre l'entrée de tous les problèmes et qui désigne l'*Inconnu!* — J'avoue que je n'ai pu sortir de cette ombre.

Du reste, je me rappelais que cette façon de voiler, tout en la signalant, la tombe et la mémoire de l'homme décapité est propre à toutes les époques et à tous les peuples. A Venise, dans la galerie ducale du grand conseil, un cadre noir remplace le portrait du cinquante-septième doge, et, au-dessous, la morne république a écrit ce mémento sinistre :

LOCVS MARINI FALIERI DECAPITATI

En Égypte, quand le voyageur fatigué arrive à Biban-el-Molouk, il trouve dans les sables, parmi les palais et les temples écroulés, un sépulcre mystérieux, qui est le sépulcre de Rhamsès V, et sur ce sépulcre il voit cette légende :

et cet hiéroglyphe, qui raconte l'histoire au désert, signifie : *qui est sans tête.*

Mais en Égypte comme à Venise, au palais ducal comme à Biban-el-Molouk, on sait où l'on est, on sait qu'on a affaire à Marino Faliero ou à Rhamsès V. Ici j'ignorais tout, et le nom du lieu et le nom de l'homme. Ma curiosité était éveillée au plus haut point. Je déclare que cette ruine si parfaitement muette m'intriguait et me fâchait presque. Je ne reconnais pas à une ruine, pas même à un tombeau, le droit de se taire à ce point.

J'allais sortir de la chambre basse, charmé d'avoir trouvé ce curieux monument, mais désappointé de n'en pas savoir davantage, quand un bruit de voix sonores, claires et gaies, arriva jusqu'à moi. C'était un vif et rapide dialogue, où je ne distinguais au milieu des rires et des cris joyeux que ces quelques mots : *Fall of the mountain... Subterranean passage... Very ugly foot-path.* Un moment après, comme je me levais du tombeau où j'étais assis, trois sveltes jeunes filles, vêtues de blanc, trois têtes blondes et roses, au frais sourire et aux yeux bleus, entrèrent subitement sous la voûte, et, en m'apercevant, s'arrêtèrent tout court dans le rayon de soleil qui en illuminait le seuil. Rien de plus magique et de plus charmant pour un rêveur assis sur un sépulcre, dans une ruine, que cette apparition dans cette lumière. Un poëte, à coup sûr, eût eu le droit de voir là des anges et des auréoles. J'avoue que je n'y vis que des Anglaises.

Je confesse même, à ma honte, qu'il me vint sur-le-champ la plate et prosaïque idée de profiter de ces anges pour savoir le nom du château. Voici comment je raisonnai, et cela très-rapidement : Ces Anglaises, — car ce sont évidemment des Anglaises, elles parlent anglais et elles sont blondes, — ces Anglaises, selon toute apparence, sont des visiteuses qui viennent de quelque station de plaisir des environs de Bingen ou de Rudesheim. Il est clair qu'elles se sont fait de cette masure un objet d'excursion et qu'elles savent nécessairement le nom du lieu qu'elles ont choisi pour but de promenade. — Une fois cela posé dans mon esprit, il ne restait plus qu'à entamer la conversation, et je confesse encore que j'eus recours au plus gauche des moyens employés en pareil cas. J'ouvris mon portefeuille pour me donner une contenance, j'appelai à mon aide le peu d'anglais que je crois savoir et je me mis à regarder par la meurtrière dans le ravin, en murmurant, comme si je me parlais à moi-même, je ne sais quels épiphonèmes admiratifs et ridicules : *Beautiful wiew! — Very fine, very pretty waterfall!* etc., etc. — Les jeunes filles, d'abord intimidées et surprises de ma rencontre, se mirent à chuchoter tout bas avec un petit rire étouffé. Elles étaient charmantes ainsi; mais il est évident qu'elles se moquaient de moi. Je pris alors un grand parti, je résolus d'aller droit au fait; et, quoique je prononce l'anglais comme un Irlandais, quoique le *th* en particulier soit pour moi un écueil formidable, je fis un pas vers le groupe toujours immobile, et, m'adressant, de mon air le plus gracieux, à la plus grande des trois : *Miss*, lui dis-je en corrigeant le laconisme de la phrase par l'exagération du salut, *what is if you please, the name of this castle?* La belle enfant sourit; comme je méritais un éclat de rire, et que je m'y attendais, je fus touché de cette clémence, puis elle regarda ses deux compagnes et me répondit en rougissant légèrement et dans le meilleur français du monde : — Monsieur, il paraît que ce château s'appelle Falkenburg. C'est du moins ce qu'a dit un chevrier, qui est Français, et qui cause avec notre père dans la grande tour. Si vous voulez aller de ce côté, vous les trouverez.

Ces Anglaises étaient des Françaises.

Ces paroles si nettes et dites sans le moindre accent suffisaient pour me le démontrer; mais la belle enfant prit la peine d'ajouter : — Nous n'avons pas besoin de parler anglais, monsieur, nous sommes Françaises et vous êtes Français.

— Mais, mademoiselle, repris-je, à quoi avez-vous vu que j'étais Français?

— A votre anglais, dit la plus jeune.

Sa sœur aînée la regarda d'un air presque sévère, si jamais la beauté, la grâce, l'adolescence, l'innocence et la joie peuvent avoir l'air sévère. Moi, je me mis à rire.

— Mais, mesdemoiselles, vous-même vous parliez anglais tout à l'heure.

— Pour nous amuser, dit la plus jeune.

— Pour nous exercer, reprit l'aînée.

Cette rectification imposante et quasi maternelle fut perdue pour la jeune, qui courut gaiement au tombeau en soulevant sa robe à cause des pierres, et en laissant voir le plus joli petit pied du monde.

— Oh! s'écria-t-elle, venez donc voir! une statue par terre! Tiens! elle n'a pas de tête. C'est un homme.

— C'est un chevalier, dit l'aînée, qui s'était approchée. Il y avait encore dans cette parole une ombre de reproche, et le son de voix dont elle fut prononcée signifiait : *Ma sœur, une jeune personne ne doit pas dire* : C'est un homme ; *mais elle peut dire :* C'est un chevalier.

En général ceci est un peu l'histoire des femmes. Elles en sont toutes là. Elles repoussent les choses ; mais habillez les choses de mots, elles les acceptent. Choisissez bien le mot pourtant. Elles s'indignent du mot cru, elles s'effarouchent du mot propre, elles tolèrent le mot détourné, elles accueillent le mot élégant, elles sourient à la périphrase. Elle ne savent que plus tard, — trop tard souvent, — combien il y a de réalité dans l'à peu près. La plupart des femmes glissent, et beaucoup tombent sur la pente dangereuse des traductions adoucies.

Du reste, cette simple nuance, *c'est un homme — c'est un chevalier,* disait l'état de ces deux jeunes cœurs. L'un dormait encore profondément, l'autre était éveillé. L'aînée des sœurs était déjà une femme, la dernière était encore une enfant. Il n'y avait pourtant guère que deux ans entre elles. La cadette seule était une jeune fille. Depuis leur entrée dans le caveau, elle avait beaucoup rougi, un peu souri, et n'avait pas dit un mot.

Cependant elles s'étaient penchées toutes les trois sur le tombeau, et la réverbération fantastique du rayon de soleil dessinait leurs gracieux profils sur le spectre de granit. Tout à l'heure je me demandais le nom du fantôme, maintenant je me demandais le nom des jeunes filles, et je ne saurais dire ce que j'éprouvais à voir se mêler ainsi ces deux mystères, l'un plein de terreur, l'autre plein de charme.

A force d'écouter leur doux chuchotement, je saisis au passage un de leurs trois noms, le nom de la cadette. C'était la plus jolie. Une vraie princesse des contes de fées. Ses longs cils blonds cachaient sa prunelle bleue, dont la pure lumière les pénétrait pourtant. Elle était entre sa jeune sœur et sa sœur aînée comme la pudeur entre la naïveté et la grâce, doucement colorée d'un vague reflet de toutes les deux. Elle me regarda deux fois, et ne me parla pas. Elle fut la seule des trois dont je n'entendis pas le son de voix, mais elle fut aussi la seule dont je sus le nom. Il y eut un instant où sa jeune sœur lui dit très-bas : *Vois donc, Stella!* Je n'ai jamais mieux compris qu'en cet instant-là tout ce qu'il y a de limpide, de lumineux et de charmant dans ce nom d'étoile.

La plus jeune faisait ses réflexions tout haut. — Pauvre homme! (la leçon avait été perdue) on lui a coupé la tête. C'était des temps comme cela où l'on coupait la tête aux hommes! — Tout à coup elle s'interrompit : — Ah! voici l'épitaphe! c'est du latin. — *Vox — tacuit — periit — lux...* — C'est difficile à lire. Je voudrais bien savoir ce que cela veut dire.

— Mesdemoiselles, dit l'aînée, allons chercher mon père, il nous l'expliquera.

Et elles s'élancèrent hors de la crypte comme trois biches.

Elles n'avaient pas même songé à s'adresser à moi ; j'étais un peu humilié que mon anglais leur eût donné si mauvaise idée de mon latin.

On avait fait jadis sur ce tombeau je ne sais quel scellement qui avait laissé à côté de l'épitaphe une tache de plâtre aplanie à la truelle. Je pris un crayon, et sur cette page blanche j'écrivis cette traduction du distique :

> Dans la nuit la voix s'est tue.
> L'ombre éteignit le flambeau.
> Ce qui manque à la statue
> Manque à l'homme en son tombeau.

Les jeunes filles étaient à peine parties depuis deux minutes, que j'entendis leur voix crier : *Par ici, père! par ici!* Elles revenaient. J'écris en hâte le dernier vers, et, avant qu'elles reparussent, je m'esquivai.

Ont-elles trouvé l'explication que je leur laissais ? je l'ignore ; je me suis enfoncé dans les détours de la ruine et je ne les ai plus revues.

Je n'ai rien su non plus du mystérieux chevalier décapité. Triste destinée ! Quel crime avait donc commis ce misérable ? Les hommes lui avaient infligé la mort, la Providence y a ajouté l'oubli. Ténèbres sur ténèbres. Sa tête a été retranchée de la statue, son nom de la légende, son histoire de la mémoire des hommes. Sa pierre sépulcrale elle-même va sans doute bientôt disparaître. Quelque vigneron de Sonneck ou du Ruppertsberg la prendra un beau jour, dispersera du pied le squelette mutilé qu'elle recouvre peut-être encore, coupera en deux cette tombe et en fera le chambranle d'une porte de cabaret. Et les paysans s'attableront, et les vieilles femmes fileront, et les enfants riront autour de la statue sans nom, décapitée jadis par le bourreau et sciée aujourd'hui par un maçon. Car de nos jours, en Allemagne comme en France, on utilise les ruines. Avec les vieux palais on fait des cabanes neuves.

Hélas ! les vieilles lois et les vieilles sociétés subissent à peu près la même transformation.

Regardons, étudions, méditons et ne nous plaignons pas. Dieu sait ce qu'il fait.

Seulement je me demande quelquefois : Pourquoi faut-il que le « goujat » ne se contente pas d'être *debout*, et qu'il ait toujours l'air de chercher à se venger de l'*empereur enterré* ?

Mais, mon ami, me voici bien loin du Falkenburg. J'y reviens. — C'était beaucoup pour moi de me savoir dans ce nid de légendes, et de pouvoir dire des choses précises à ces vieilles tours qui se tiennent encore si fières et si droites, quoique mortes et laissant aller leurs entrailles dans l'herbe. J'étais donc dans ce manoir fameux dont je vous conterai peut-être les aventures, si vous ne les savez pas. Guntram et Liba surtout me revenaient à l'esprit. C'est sur ce pont que Guntram rencontra les deux hommes qui portaient un cercueil. C'est dans cet escalier que Liba se jeta dans ses bras et lui dit en riant : « Un cercueil ? non, c'est le lit nuptial que tu auras vu. » C'est près de cette cheminée encore scellée au mur sans plancher et sans plafond, qu'était le bois de lit qu'on venait d'apporter et qu'elle lui montra. C'est dans cette cour, aujourd'hui pleine de ciguës en fleur, que Guntram, conduisant sa fiancée à l'autel, vit marcher devant lui, visibles pour lui seul, un chevalier vêtu de noir et une femme voilée. C'est dans cette chapelle romane écroulée, où des lézards vivants se promènent sur des lézards sculptés, qu'au moment de passer l'anneau bénit au joli doigt rose de sa fiancée, il sentit tout à coup une main froide dans la sienne, — la main de la pucelle du château de la forêt, qui se peignait la nuit en chantant près d'un tombeau ouvert et vide. — C'est dans cette salle basse qu'il expira et que Liba mourut de le voir mourir.

Les ruines font vivre les contes, et les contes le leur rendent.

J'ai passé plusieurs heures dans les décombres, assis sous d'impénétrables broussailles et laissant venir les idées qui me venaient. *Spiritus loci.* Ma prochaine lettre vous les portera peut-être.

Cependant la faim aussi m'était venue, et, vers trois heures, grâce au chevrier français dont les belles voyageuses m'avaient parlé et que j'avais heureusement rencontré, j'ai pu gagner un village au bord du Rhin, qui est, je crois, Trecktlingshausen, l'ancien Trajani Castrum.

Il n'y avait là pour toute auberge qu'une taverne à bière et pour tout dîner qu'un gigot fort dur, dont un étudiant, lequel fumait sa pipe à la porte, essaya de me détourner en me disant qu'un Anglais affamé, arrivé une heure avant moi, n'avait pu l'entamer et s'y était rebuté. Je n'ai pas répondu fièrement comme le maréchal de Créqui devant la forteresse génoise de Gavi : *Ce que Barberousse n'a pu prendre, Barbegrise le prendra;* mais j'ai mangé le gigot.

Je me suis remis en marche comme le soleil baissait.

Le paysage était ravissant et sévère. J'avais laissé derrière moi la chapelle gothique de Saint-Clément. J'avais à ma gauche la rive droite du Rhin, chargée de vignes et d'ardoises. Les derniers rayons du soleil rougissaient au loin les fameux coteaux d'Assmannshausen, au pied duquel des vapeurs, des fumées peut-être, me révélaient Aulhausen, le village des potiers de terre. Au-dessus de la route que je suivais, au-dessus de ma tête, se dressaient, échelonnés de montagne en montagne, trois châteaux : le Reichenstein et le Rheinstein, démolis par Rodolphe de Habsbourg et rebâtis par le comte palatin ; et le Vaugtsberg, habité en 1348 par Kuno de Falkenstein et restauré aujourd'hui par le prince Frédéric de Prusse. Le Vaugtsberg a joué un grand rôle dans les guerres du droit manuel. L'archevêque de Mayence l'engagea un jour à l'empereur d'Allemagne pour quarante mille livres tournois. Ceci me rappelle que, lorsque Thibaut, comte de Champagne, ne sachant comment s'acquitter vis-à-vis de la reine de Chypre, vendit à *son très-cher seigneur Louis, roi de France,* la comté de Chartres, la comté de Blois, la comté de Sancerre et la vicomté de Châteaudun, ce fut également pour la somme de quarante mille livres. Aujourd'hui, quarante mille livres, c'est le prix dont un huissier retiré paye sa maison de campagne à Bagatelle ou à Pantin.

Cependant je faisais à peine attention à ce paysage et à ces souvenirs. Depuis que le jour déclinait, je n'avais plus qu'une pensée. Je savais qu'avant d'arriver à Bingen, un peu en deçà du confluent de la Nahe, je rencontrerais un étrange édifice, une lugubre masure debout dans les roseaux au milieu du fleuve entre deux hautes montagnes. Cette masure, c'est la Maüsethurm.

Dans mon enfance, j'avais au-dessus de mon lit un petit tableau entouré d'un cadre noir que je ne sais quelle servante allemande avait accroché au mur. Il représentait une vieille tour isolée, moisie, délabrée, entourée d'eaux profondes et noires qui la couvraient de vapeurs, et de montagnes qui la couvraient d'ombre. Le ciel de cette tour était morne et plein de nuées hideuses. Le soir, après avoir prié Dieu et avant de m'endormir, je regardais toujours ce tableau. La nuit, je le revoyais dans mes rêves, et je l'y revoyais terrible. La tour grandissait, l'eau bouillonnait, un éclair tombait des nuées, le vent sifflait dans les montagnes et semblait par moments jeter des clameurs. Un jour, je demandai à la servante comment s'appelait cette tour. Elle me répondit, en faisant un signe de croix : La Maüsethurm.

Et puis elle me raconta une histoire. Qu'autrefois à Mayence, dans son pays, il y avait un méchant archevêque nommé Hatto, qui était aussi abbé de Fuld, prêtre avare, disait-elle, *ouvrant plutôt la main pour bénir que pour donner*. Que dans une année mauvaise il acheta tout le blé pour le revendre fort cher au peuple, car ce prêtre voulait être riche. Que la famine devint si grande, que les paysans mouraient de faim dans les villages du Rhin. Qu'alors le peuple s'assembla autour du

burg de Mayence, pleurant et demandant du pain.
Que l'archevêque refusa. Ici l'histoire devient horrible. Le peuple affamé ne se dispersait pas et entourait le palais de l'archevêque en gémissant. Hatto, ennuyé, fit cerner ces pauvres gens par ses archers, qui saisirent les hommes et les femmes, les vieillards et les enfants, et enfermèrent cette foule dans une grange à laquelle ils mirent le feu. Ce fut alors, ajouta la bonne vieille, *un spectacle dont les pierres eussent pleuré*. Hatto n'en fit que rire; et, comme les misérables, expirant dans les flammes, poussaient des cris lamentables, il se prit à dire : *Entendez-vous siffler les rats?* Le lendemain, la grange fatale était en cendres; il n'y avait plus de peuple dans Mayence; la ville semblait morte et déserte, quand tout à coup une multitude de rats, pullulant dans la grange brûlée comme les vers dans les ulcères d'Assuérus, sortant de dessous terre, surgissant d'entre les pavés, se faisant jour aux fentes des murs, renaissant sous le pied qui les écrasait, se multipliant sous les pierres et sous les massues, inondèrent les rues, la citadelle, le palais, les caves, les chambres et les alcôves. C'était un fléau, c'était une plaie, c'était un fourmillement hideux. Hatto éperdu quitta Mayence et s'enfuit dans la plaine, les rats le suivirent; il courut s'enfermer dans Bingen, qui avait de hautes murailles, les rats passèrent par-dessus les murailles et entrè-

rent dans Bingen. Alors l'archevêque fit bâtir une tour au milieu du Rhin et s'y réfugia à l'aide d'une barque autour de laquelle dix archers battaient l'eau; les rats se jetèrent à la nage, traversèrent le Rhin, grimpèrent sur la tour, rongèrent les portes, le toit, les fenêtres, les planchers et les plafonds, et, arrivés enfin jusqu'à la basse fosse où s'était caché le misérable archevêque, l'y dévorèrent tout vivant. — Maintenant la malédiction du ciel et l'horreur des hommes sont sur cette tour, qui s'appelle la Maüsethum. Elle est déserte; elle tombe en ruine au milieu du fleuve; et quelquefois, la nuit, on en voit sortir une étrange vapeur rougeâtre, qui ressemble à la fumée d'une fournaise; c'est l'âme de Hatto qui revient.

Avez-vous remarqué une chose? L'histoire est parfois immorale, les contes sont toujours honnêtes, moraux et vertueux. Dans l'histoire, volontiers le plus fort prospère, les tyrans réussissent, les bourreaux se portent bien, les monstres engraissent, les Sylla se transforment en bons bourgeois, les Louis XI et les Cromwell meurent dans leur lit. Dans les contes, l'enfer est toujours visible. Pas de faute qui n'ait son châtiment, parfois même exagéré; pas de crime qui n'amène son supplice, souvent effroyable; pas de méchant qui ne devienne un malheureux, quelquefois fort à plaindre. Cela tient à ce que l'histoire se meut dans l'infini, et le conte dans le fini. L'homme, qui fait le conte, ne se sent pas le droit de poser les faits et d'en laisser supposer les conséquences; car il tâtonne dans l'ombre, il n'est sûr de rien, il a besoin de tout borner par un enseignement, un conseil et une leçon; et il n'oserait pas inventer des événements sans conclusion immédiate. Dieu, qui fait l'histoire, montre ce qu'il veut et sait le reste.

Maüsethurm est un mot commode. On y voit ce qu'on désire y voir. Il y a des esprits qui se croient positifs et qui ne sont qu'arides; qui chassent la poésie de tout, et qui sont toujours prêts à lui dire, comme cet autre homme positif au rossignol : *Veux-tu te taire, vilaine bête!* Ces esprits-là affirment que Maüsethurm vient de *Maus* ou *Mauth*, qui signifie *péage*. Ils déclarent qu'au dixième siècle, avant que le lit du fleuve fût élargi, le passage du Rhin n'était ouvert que du côté gauche, et que la ville de Bingen avait établi, au moyen de cette tour, son droit de barrière sur les bateaux. Ils s'appuient sur ce qu'il y a encore près de Strasbourg deux tours pareilles consacrées à une perception d'impôts sur les passants, lesquelles s'appellent également Maüsethurm. Pour ces graves penseurs inaccessibles aux fables, la tour maudite est un octroi et Hatto est un douanier.

Pour les bonnes femmes, parmi lesquelles je me

range avec empressement, Maüsethurm vient de *Mause*, qui vient de *mus* et qui veut dire *rat*. Ce prétendu péage est la tour des Souris, et ce douanier est un spectre.

Après tout, les deux opinions peuvent se concilier. Il n'est pas absolument impossible que, vers le seizième ou le dix-septième siècle, après Luther, après Érasme, des bourgmestres esprits forts aient *utilisé* la tour de Hatto, et momentanément installé quelque taxe et quelque péage dans cette ruine mal hantée. Pourquoi pas? Rome a bien fait du temple d'Antonin sa douane, la *dogana*. Ce que Rome a fait à l'histoire, Bingen a bien pu le faire à la légende.

De cette façon, *Mauth* aurait raison et *Mause* n'aurait pas tort.

Quoi qu'il en soit, depuis qu'une vieille servante m'avait conté le conte de Hatto, la Maüsethurm avait toujours été une des visions familières de mon esprit. Vous le savez, il n'y a pas d'homme qui n'ait ses fantômes, comme il n'y a pas d'homme qui n'ait ses chimères. La nuit, nous appartenons aux songes; tantôt c'est un rayon qui les traverse, tantôt c'est une flamme; et, selon le reflet colorant, le même rêve est une gloire céleste ou une appation de l'enfer. Effet de feux de Bengale qui se produit dans l'imagination.

Je dois dire que jamais la tour des Rats, au milieu de sa flaque d'eau, ne m'était apparue autrement qu'horrible.

Aussi, vous l'avouerai-je? quand le hasard, qui me promène un peu à sa fantaisie, m'a amené sur les bords du Rhin, la première pensée qui m'est venue, ce n'était pas que je verrais le dôme de Mayence, ou la cathédrale de Cologne, ou la Pfalz, c'est que je visiterais la tour des Rats.

Jugez donc de ce qui se passait en moi, pauvre poëte croyeur, sinon croyant, et pauvre antiquaire passionné que je suis. Le crépuscule succédait lentement au jour, les collines devenaient brunes, les arbres devenaient noirs, quelques étoiles scintillaient, le Rhin bruissait dans l'ombre, personne ne passait sur la route blanchâtre et confuse, qui se raccourcissait pour mon regard à mesure que la nuit s'épaississait, et qui se perdait, pour ainsi dire, dans une fumée à quelques pas devant moi. Je marchais lentement, l'œil tendu dans l'obscurité; je sentais que j'approchais de la Maüsethurm, et que dans peu d'instants cette masure redoutable, qui n'avait été pour moi jusqu'à ce jour qu'une hallucination, allait devenir une réalité.

Un proverbe chinois dit : Tendez trop l'arc, le javelot dévie. C'est ce qui arrive à la pensée. Peu à peu cette vapeur qu'on appelle la rêverie entra dans mon esprit. Les vagues rumeurs du

feuillage murmuraient à peine dans la montagne ;
le cliquetis clair, faible et charmant d'une forge
éloignée et invisible arrivait jusqu'à moi ; j'oubliai insensiblement la Maüsethurm, les rats et
l'archevêque ; je me mis à écouter, tout en marchant, ce bruit d'enclume, qui est parmi les voix
du soir une de celles qui éveillent en moi le
plus d'idées inexprimables ; il avait cessé que je
l'écoutais encore, et je ne sais comment il se
trouva, au bout d'un quart d'heure, que j'avais
fait, presque sans le vouloir, les vers quelconques
que voici :

> L'Amour forgeait. Au bruit de son enclume,
> Tous les oiseaux, troublés, rouvraient les yeux ;
> Car c'était l'heure où se répand la brume,
> Où sur les monts, comme un feu qui s'allume,
> Brille Vénus, l'escarboucle des cieux.
>
> La grive au nid, la caille en son champ d'orge,
> S'interrogeait, disant : Que fait-il là ?
> Que forge-t-il si tard ? Un rouge-gorge
> Leur répondit : Moi, je sais ce qu'il forge :
> C'est un regard qu'il a pris à Stella.
>
> Et les oiseaux, riant du jeune maître,
> De s'écrier : Amour, que ferez-vous
> De ce regard qu'aucun fiel ne pénètre ?
> Il est trop pur pour vous servir, ô traître !
> Pour vous servir, méchant, il est trop doux !
>
> Mais Cupido, parmi les étincelles,
> Leur dit : Dormez, petits oiseaux des bois ;

Couvez vos œufs et repliez vos ailes.
Les purs regards sont mes flèches mortelles;
Les plus doux yeux sont mes pires carquois.

Comme je terminais cette chose, la route tourna, et je m'arrêtai brusquement. Voici ce que j'avais devant moi. A mes pieds, le Rhin courant et se hâtant dans les broussailles avec un murmure rauque et furieux, comme s'il s'échappait d'un mauvais pas; à droite et à gauche, des montagnes ou plutôt de grosses masses d'obscurité perdant leur sommet dans les nuées d'un ciel sombre piqué çà et là de quelques étoiles; au fond, pour horizon, un immense rideau d'ombre; au milieu du fleuve, au loin, debout dans une eau plate, huileuse et comme morte, une grande tour noire, d'une forme horrible, du faîte de laquelle sortait, en s'agitant avec des balancements étranges, je ne sais quelle nébulosité rougeâtre. Cette clarté, qui ressemblait à la réverbération de quelque soupirail embrasé ou à la vapeur d'une fournaise, jetait sur les montagnes un rayonnement pâle et blafard, faisait saillir à mi-côte sur la rive droite une ruine lugubre, semblable à la larve d'un édifice, et se reflétait jusqu'à moi dans le miroitement fantastique de l'eau.

Figurez-vous, si vous pouvez, ce paysage sinistre vaguement dessiné par des lueurs et des ténèbres.

Du reste, pas un bruit humain dans cette solitude, pas un cri d'oiseau; un silence glacial et morne, troublé seulement par la plainte irritée et monotone du Rhin.

J'avais sous les yeux la Maüsethurm.

Je ne me l'étais pas imaginée plus effrayante. Tout y était : la nuit, les nuées, les montagnes, les roseaux frissonnants, le bruit du fleuve plein d'une secrète horreur, comme si l'on entendait le sifflement des hydres cachées sous l'eau, les souffles tristes et faibles du vent, l'ombre, l'abandon, l'isolement, et jusqu'à la *vapeur de fournaise* sur la tour, jusqu'à l'âme de Hatto !

Je tenais donc mon rêve, et il restait rêve !

Il me prit alors une idée, la plus simple du monde, mais qui, dans ce moment-là, me fit l'effet d'un vertige : je voulus sur-le-champ, à cette heure, sans attendre au lendemain, sans attendre au jour, aborder cette masure. L'apparition était sous mes yeux, la nuit était profonde, le pâle fantôme de l'archevêque se dressait sur le Rhin; c'était le moment de visiter la tour des Rats.

Mais comment faire? où trouver un bateau, à une telle heure, dans un tel lieu? Traverser le Rhin à la nage, c'eût été pousser le goût des spectres un peu loin. D'ailleurs, eussé-je été assez grand nageur et assez grand fou pour cela, il y a précisément à cet endroit, à quelques brasses de la Maüsethurm, un gouffre des plus redoutables, le

Bingerloch, qui avalait jadis des galiotes comme un requin avale un hareng, et pour qui, par conséquent, un nageur ne serait pas même un goujon. J'étais fort embarrassé.

Tout en cheminant pour me rapprocher de la ruine, je me rappelai que les palpitations de la cloche d'argent et les revenants du donjon de Velmich n'empêchaient pas les ceps et les échalas d'exploiter leur colline et d'escalader leurs décombres, et j'en conclus que, le voisinage d'un gouffre rendant nécessairement la rivière très-poissonneuse, je rencontrerais probablement au bord de l'eau, près de la tour, quelque cabane de pêcheur de saumon. Quand des vignerons bravent Falkenstein et sa souris, des pêcheurs peuvent bien affronter Hatto et ses rats.

Je ne me trompais pas. Je marchai pourtant longtemps encore sans rien rencontrer. J'atteignis le point de la rive le plus voisin de la ruine, je le dépassai, j'arrivai presque jusqu'au confluent de la Nähe, et je commençais à ne plus espérer de batelier, lorsque, en descendant jusqu'aux osiers du bord, j'aperçus une de ces grandes araignées-filets dont je vous ai parlé. A quelques pas du filet était amarrée une barque dans laquelle dormait un homme enveloppé dans une couverture. J'entrai dans la barque, je réveillai l'homme, je lui montrai un de ces gros écus de Saxe qui valent deux florins quarante-deux kreutzers, c'est-à-dire six francs : il me comprit, et, quelques minutes après, sans avoir dit un mot, comme si nous eussions été deux spectres nous-mêmes, nous nagions vers la Maüsethurm.

Quant je fus au milieu du fleuve, il me sembla que la tour, dont nous approchions, au lieu de croître, diminuait; c'était la grandeur du Rhin qui la rapetissait. Cet effet dura peu. Comme j'avais pris le bateau à un point du rivage situé plus haut que la Maüsethurm, nous descendions le Rhin, et nous avancions rapidement.

J'avais les yeux fixés sur la tour, au sommet de laquelle apparaissait toujours la vague lueur, et que je voyais maintenant grandir distinctement, à chaque coup de rame, d'une manière qui, je ne sais pourquoi, me semblait terrible. Tout à coup je sentis la barque s'affaisser brusquement sous moi comme si l'eau pliait sous elle; la secousse fit rouler ma canne à mes pieds : je regardai mon compagnon, lui-même me regarda avec un sourire qui, éclairé sinistrement par la réverbération surnaturelle de la Maüsethurm, avait quelque chose d'effrayant, et il me dit : *Bingerloch!* Nous étions sur le gouffre.

Le bateau tourna; l'homme se leva, saisit un croc d'une main et une corde de l'autre, plongea le croc dans la bague en s'y appuyant de tout son poids, et se mit à marcher sur le bordage. Pendant qu'il marchait, le dessous de la barque froissait avec un bruit rauque la crête des rochers cachés sous l'eau.

Cette délicate manœuvre se fit simplement, avec une adresse merveilleuse et un admirable sang-froid, sans que l'homme proférât une parole.

Tout à coup il tira son croc de l'eau et le tint en arrêt horizontalement en jetant un des bouts de la corde hors du bateau. La barque s'arrêta rudement. Nous abordions.

Je levai les yeux. A une demi-portée de pistolet, sur une petite île qu'on n'aperçoit pas du bord du fleuve, se dressait la Maüsethurm, sombre, énorme, formidable, déchiquetée à son sommet, largement et profondément rongée à sa base, comme si les rats effroyables de la légende avaient mangé jusqu'aux pierres.

La lueur n'était plus une lueur, c'était un flambloiement éclatant et farouche qui jetait au loin de longs rayonnements jusqu'aux montagnes et sortait par les crevasses et par les baies difformes de la tour comme par les trous d'une lanterne sourde gigantesque.

Il me semblait entendre dans le fatal édifice une sorte de bruit singulier, strident et continu, pareil à un grincement.

Je mis pied à terre, je fis signe au batelier

de m'attendre, et je m'avançai vers la masure.

Enfin j'y étais! — C'était bien la tour de Hatto, c'était bien la tour des Rats, la Maüsethurm! elle était devant mes yeux, à quelques pas de moi, et j'allais y entrer! — Entrer dans un cauchemar, marcher dans un cauchemar, toucher aux pierres d'un cauchemar, arracher de l'herbe d'un cauchemar, se mouiller les pieds dans l'eau d'un cauchemar, c'est là, à coup sûr, une sensation extraordinaire.

La façade vers laquelle je marchais était percée d'une petite lucarne et de quatre fenêtres inégales toutes éclairées, deux au premier étage, une au second et une au troisième. A hauteur d'homme, au-dessous des deux fenêtres d'en bas, s'ouvrait toute grande une porte basse et large communiquant avec le sol au moyen d'une épaisse échelle de bois à trois échelons. Cette porte, qui jetait plus de clarté encore que les fenêtres, était munie d'un battant de chêne grossièrement assemblé que le vent du fleuve faisait crier doucement sur ses gonds. Comme je me dirigeais vers cette porte, assez lentement à cause des pointes de rochers mêlées aux broussailles, je ne sais quelle masse ronde et noire passa rapidement auprès de moi, presque entre mes pieds, et il me sembla voir un gros rat s'enfuir dans les roseaux.

J'entendais toujours le grincement.

Je n'en continuai pas moins d'avancer, et en quelques enjambées je fus devant la porte.

Cette porte, que l'architecte du méchant évêque n'avait pratiquée que quelques pieds au-dessus du sol, probablement pour faire de cette escalade un obstacle aux rats, avait jadis été l'entrée de la chambre basse de la tour; maintenant il n'y avait plus dans la masure ni chambres basses ni chambres hautes. Tous les étages tombés l'un sur l'autre, tous les plafonds successivement écroulés, ont fait de la Maüsethurm une salle enfermée entre quatre hautes murailles, qui a pour sol des décombres et pour plafond les nuées du ciel.

Cependant j'avais hasardé mon regard dans l'intérieur de cette salle, d'où sortait un grincement si étrange et un rayonnement si extraordinaire. Voilà ce que je vis :

Dans un angle faisant face à la porte, il y avait deux hommes. Ces hommes me tournaient le dos. Ils se penchaient, l'un accroupi, l'autre courbé, sur une espèce d'étau en fer qu'avec un peu d'imagination on aurait fort bien pu prendre pour un instrument de torture. Ils étaient pieds nus, bras nus, vêtus de haillons, avec un tablier de cuir sur les genoux et une grosse veste à capuchon sur le dos. L'un était vieux, je voyais ses cheveux gris; l'autre était jeune, je voyais ses cheveux blonds, qui semblaient rouges, grâce au reflet de pourpre d'une grande fournaise allumée à l'angle opposé de la masure. Le vieux avait son capuchon incliné à droite comme les guelfes, le jeune le portait incliné à gauche comme les gibelins. Du reste, ce n'étaient ni un gibelin ni un guelfe; ce n'étaient pas non plus deux bourreaux, ni deux démons, ni deux spectres; c'étaient deux forgerons. Cette fournaise, où rugissait une longue barre de fer, était leur cheminée. La lueur qui figurait si étrangement dans ce mélancolique paysage l'âme de Hatto changée par l'enfer en flamme vivante, c'était le feu et la fumée de cette cheminée. Le grincement, c'était le bruit d'une lime. Près de la porte, à côté d'un baquet plein d'eau, deux marteaux à longs manches s'appuyaient sur une enclume; c'est cette enclume que j'avais entendue environ une heure auparavant et qui m'avait fait faire les vers que vous venez de lire.

Ainsi, aujourd'hui la Maüsethurm est une forge. Pourquoi n'aurait-elle pas été une douane jadis? Vous voyez, mon ami, que décidément *Mauth* n'a peut-être pas tort...

Rien de plus dégradé et de plus décrépit que l'intérieur de cette tour. Ces murs, auxquels furent attachées les splendides tapisseries épiscopales où les rats, disent les légendes, *rongèrent partout le nom de Hatto*, ces murs sont à présent nus, ridés, creusés par les pluies, verdis au dehors par les brumes du fleuve, noircis au dedans par la fumée de la forge.

Les deux forgerons étaient du reste les meilleurs gens du monde. Je montai l'échelle et j'entrai dans la masure. Ils me montrèrent à côté de leur cheminée la porte étroite et crevassée d'une tourelle sans fenêtre, aujourd'hui inaccessible, où, dirent-ils, l'archevêque se réfugia d'abord. Puis ils m'ont prêté une lanterne, et j'ai pu visiter toute la petite île. C'est une longue et étroite langue de terre où croît partout, au milieu d'une ceinture de joncs et de roseaux, l'*euphorbia officinalis*. A chaque instant, en parcourant cette île, le pied se heurte à des monticules ou s'enfonce dans des galeries souterraines. Les taupes y ont remplacé les rats.

Le Rhin a déchaussé et mis à nu la pointe orientale de l'îlot, qui lutte comme une proue contre son courant. Il n'y a là ni terre, ni végétation, mais un rocher de marbre rose qui, à la lueur de ma lanterne, me semblait veiné de sang.

C'est sur ce marbre qu'est bâtie la tour.

La tour des Rats est carrée. La tourelle dont les forgerons m'avaient montré l'intérieur, fait sur la face qui regarde Bingen un renflement pittoresque. La coupe pentagonale de cette tourelle longue et élancée et les mâchicoulis postiches sur lesquels elle s'appuie, indiquent une construction du onzième siècle. C'est au-dessous de la tourelle que les rats semblent avoir rongé profondément la base de la tour. Les baies de la tour ont tellement perdu toute forme, qu'il serait impossible d'en conclure aucune date. Le parement, écorché çà et là, dessine sur les parois extérieures une lèpre hideuse. Des pierres informes, qui ont été des créneaux ou des mâchicoulis, figurent, au sommet de l'édifice, des dents de cachalot ou des os de mastodonte scellés dans la muraille.

Au-dessus de la tourelle, à l'extrémité d'un long mât, flotte et se déchire au vent un triste haillon blanc et noir. Je trouvai d'abord je ne sais quelle harmonie entre cette ruine de deuil et cette loque funèbre. Mais c'est tout simplement le drapeau prussien.

Je me suis rappelé qu'en effet les domaines du grand duc de Hesse finissent à Bingen. La Prusse rhénane y commence.

Ne prenez pas, je vous prie, en mauvaise part ce que je vous dis là du drapeau de Prusse. Je vous parle de l'effet produit; rien de plus. Tous les drapeaux sont glorieux. Qui aime le drapeau de Napoléon n'insultera jamais le drapeau de Frédéric.

Après avoir tout vu et cueilli un brin d'euphorbe, j'ai quitté la Maüsethurm. Mon batelier s'était rendormi. Au moment où il reprenait son aviron et où la barque s'éloignait de l'île, les deux forgerons s'étaient remis à l'enclume, et j'entendais siffler dans le baquet d'eau la barre de fer rouge qu'ils venaient d'y plonger.

Maintenant que vous dirais-je? Qu'une demi-heure après j'étais à Bingen, que j'avais grand'faim, et qu'après mon souper, quoique je fusse fatigué, quoiqu'il fût très-tard, quoique les bons bourgeois fussent endormis, je suis monté, moyennant un thaler offert à propos, sur le Klopp, vieux château ruiné qui domine Bingen.

Là j'ai eu un spectacle digne de clore cette journée, où j'avais vu tant de choses et coudoyé tant d'idées.

La nuit était à son moment le plus assoupi et le plus profond. Au-dessous de moi, un amas de maisons noires gisait comme un lac de ténèbres. Il n'y avait plus dans toute la ville que sept fenêtres éclairées. Par un hasard étrange, ces sept fenêtres, pareilles à sept rouges étoiles, reproduisaient avec une exactitude parfaite la grande Ourse, qui étincelait, en cet instant-là même, pure et blanche au fond du ciel; si bien que la majestueuse constellation, allumée à des millions de lieues au-dessus de nos têtes, semblait se refléter à mes pieds dans un miroir d'encre.

LETTRE XXI

LETTRE XXI

LÉGENDE DU BEAU PÉCOPIN ET DE LA BELLE BAULDOUR

I. Légende.
II. L'oiseau Phénix et la planète Vénus.
III. Où est expliquée la différence qu'il y a entre l'oreille d'un jeune homme et l'oreille d'un vieillard.
IV. Où il est traité des diverses qualités propres aux diverses ambassades.
V. Bons effets d'une bonne pensée.
VI. Où l'on voit que le diable lui-même a tort d'être gourmand.
VII. Propositions aimables d'un vieux savant retiré dans une cabane de feuillage.
VIII. Le chrétien errant.
IX. Où l'on voit à quoi peut s'amuser un nain dans une forêt.
X. *Equis canibusque.*
XI. A quoi l'on s'expose en montant un cheval qu'on ne connaît pas.
XII. Description d'un mauvais gîte.
XIII. Telle auberge, telle table d'hôte.
XIV. Nouvelle manière de tomber de cheval.
XV. Où l'on voit quelle est la figure de rhétorique dont le bon Dieu use le plus volontiers.

XVI. Où est traitée la question de savoir si l'on peut reconnaître quelqu'un qu'on ne connaît pas.
XVII. Les bagatelles de la porte.
XVIII. Où les esprits graves apprendront quelle est la plus impertinente des métaphores.
XIX. Belles et sages paroles de quatre philosophes à deux pieds ornés de plumes.

Bingen, août.

Je vous avais promis quelqu'une des légendes fameuses du Falkenburg, peut-être même la plus belle, la sombre aventure de Guntram et de Liba. Mais j'ai réfléchi. A quoi bon vous conter des contes que le premier recueil venu vous contera, et vous contera mieux que moi? Puisque vous voulez absolument des histoires pour vos petits enfants, en voici une, mon ami. C'est une légende que du moins vous ne trouverez dans aucun légendaire. Je vous l'envoie telle que je l'ai écrite sous les murailles mêmes du manoir écroulé, avec la fantastique forêt de Sonn sous les yeux, et, à ce qu'il me semblait, sous la dictée même des arbres, des oiseaux et du vent des ruines. Je venais de causer avec ce vieux soldat français qui s'est fait chevrier dans ces montagnes, qui est devenu presque sauvage et presque sorcier : singulière fin pour un tambour-maître du trente-septième léger! Ce brave homme, ancien enfant de troupe dans les armées voltairiennes de la république, m'a paru croire aujourd'hui aux fées et aux gnomes comme il a cru jadis à l'Empereur. La solitude agit toujours ainsi sur l'intelligence; elle développe la poésie qui est toujours dans l'homme : tout pâtre est rêveur.

J'ai donc écrit ce conte bleu dans le lieu même, caché dans le ravin-fossé, assis sur un bloc qui a été un rocher jadis, qui a été une tour au douzième siècle et qui est devenu un rocher, cueillant de temps en temps, pour en aspirer l'âme, une fleur sauvage, un de ces liserons qui sentent si bon et qui meurent si vite, et regardant tour à tour l'herbe verte et le ciel radieux pendant que de grandes nuées d'or se déchiraient aux sombres ruines du Falkenburg.

Cela dit, voici l'histoire.

I

LÉGENDE

Le beau Pécopin aimait la belle Bauldour, et la belle Bauldour aimait le beau Pécopin. Pécopin était fils du burgrave de Sonneck, et Bauldour était fille du sire de Falkenburg. L'un avait la forêt, l'autre avait la montagne. Or, quoi de plus simple que de marier la montagne à la forêt? Les deux pères s'entendirent, et l'on fiança Bauldour à Pécopin.

Ce jour-là, c'était un jour d'avril, les sureaux et les aubépines en fleur s'ouvraient au soleil dans la forêt, mille petites cascades charmantes, neiges et pluies changées en ruisseaux, horreurs de l'hiver devenues les grâces du printemps, sautaient harmonieusement dans la montagne, et l'amour, cet avril de l'homme, chantait, rayonnait et s'épanouissait dans le cœur des deux fiancés.

Le père de Pécopin, vieux et vaillant chevalier, l'honneur du Nähegau, mourut quelque temps après les accordailles, en bénissant son fils et en lui recommandant Bauldour. Pécopin pleura, puis peu à peu, de la tombe où son père avait disparu, ses yeux se reportèrent au doux et radieux visage de sa fiancée, et il se consola. Quand la lune se lève, songe-t-on au soleil couché?

Pécopin avait toutes les qualités d'un gentilhomme, d'un jeune homme et d'un homme. Bauldour était une reine dans le manoir, une sainte Vierge à l'église, une nymphe dans les bois, une fée à l'ouvrage.

Pécopin était grand chasseur, et Bauldour était belle fileuse. Or, il n'y a pas de haine entre le fuseau et la carnassière. La fileuse file pendant que le chasseur chasse. Il est absent, la quenouille console et désennuie. La meute aboie, le rouet chante. La meute, qui est au loin et qu'on entend à peine, mêlée au cor et perdue profondément dans les halliers, dit tout bas avec un vague bruit de fanfare : Songe à ton amant. Le rouet, qui force la belle rêveuse à baisser les yeux, dit tout haut et sans cesse avec sa petite voix douce et sévère : Songe à ton mari. Et quand le mari et l'amant ne font qu'un, tout va bien.

Mariez donc la fileuse au chasseur, et ne craignez rien.

Cependant, je dois le dire, Pécopin aimait trop la chasse. Quand il était sur son cheval, quand il avait le faucon au poing ou quand il suivait le tartaret du regard, quand il entendait le jappement féroce de ses limiers aux jambes torses, il partait, il volait, il oubliait tout. Or, en aucune chose il ne faut excéder. Le bonheur est fait de modération. Tenez en équilibre vos goûts et en bride vos appétits. Qui aime trop les chevaux et les chiens fâche les femmes; qui aime trop les femmes fâche Dieu. Lorsque Bauldour, et cela arrivait souvent, lorsque Bauldour voyait Pécopin prêt à partir sur son cheval hennissant de joie et plus fier que s'il eût porté Alexandre le Grand en habits impériaux, lorsqu'elle voyait Pécopin le flatter, lui passer la main sur le cou, et, éloignant l'éperon du flanc, présenter au palefroi un bouquet d'herbe pour le rafraîchir, Bauldour était jalouse du cheval. Quand Bauldour, cette noble et fière demoiselle, cet astre d'amour, de jeunesse et de beauté, voyait Pécopin caresser son dogue et approcher amicalement de son charmant et mâle visage cette tête camuse, ces gros naseaux, ces larges oreilles et cette gueule noire, Bauldour était jalouse du chien.

Elle rentrait dans sa chambre secrète, courroucée et triste, et elle pleurait. Puis elle grondait ses servantes, et, après ses servantes, elle grondait son nain. Car la colère chez les femmes est comme la pluie dans la forêt : elle tombe deux fois. *Bis pluit.*

Le soir, Pécopin arrivait poudreux et fatigué. Bauldour boudait et murmurait un peu avec une larme dans un coin de son œil bleu. Mais Pécopin baisait sa petite main, et elle se taisait; Pécopin baisait son beau front, et elle souriait.

Le front de Bauldour était blanc, pur et admirable comme la trompe d'ivoire du roi Charlemagne.

Puis elle se retirait dans sa tourelle, et Pécopin dans la sienne. Elle ne souffrait jamais que ce chevalier lui prît la ceinture. Un soir, il lui pressa légèrement le coude, et elle rougit très-fort. Elle était fiancée et non mariée. Pudeur est à la femme ce que chevalerie est à l'homme.

II

L'OISEAU PHÉNIX ET LA PLANÈTE VÉNUS

Ils s'adoraient à faire envie.

Pécopin avait dans sa salle d'armes, à Sonneck une grande peinture dorée représentant le ciel et les neuf cieux, chaque planète avec sa couleur propre et son nom écrit en vermillon à côté d'elle : Saturne blanc plombé; Jupiter clair, mais enflambé et un peu sanguin; Vénus l'orientale embrasée; Mercure étincelant; la Lune avec sa glace argentine; le Soleil tout feu rayonnant. Pécopin effaça le nom de Vénus et écrivit en place *Bauldour*.

Bauldour avait dans sa chambre aux parfums une tapisserie de haute lice où était figuré un oiseau de la grandeur d'un aigle, avec le tour du cou doré, le corps de couleur de pourpre, la queue bleue mêlée de pennes incarlates, et sur la tête des crêtes surmontées d'une houppe de plumes. Au-dessous de cet oiseau merveilleux l'ouvrier avait écrit ce mot grec : *Phénix*. Bauldour effaça ce mot et broda à la place ce nom : *Pécopin*.

Cependant le jour fixé pour les noces approchait. Pécopin en était joyeux, et Bauldour en était heureuse.

Il y avait dans la vénerie de Sonneck un piqueur, drôle fort habile, de libre parole et de malicieux conseil, qui s'appelait Érilangus. Cet homme, jadis fort bel archer, avait été recherché en mariage par plusieurs riches paysannes du pays de Lorch : mais il avait rebuté les épouseuses et s'était fait valet de chiens. Un jour que Pécopin lui en demandait la raison, Érilangus répondit : *Monseigneur, les chiens ont sept espèces de rages, les femmes en ont mille.* Un autre jour, apprenant les prochaines noces de son maître, il vint à lui hardiment et lui dit : *Sire, pourquoi vous mariez-vous ?* Pécopin chassa ce valet.

Cela eût pu inquiéter le chevalier, car Érilangus était un esprit subtil et une longue mémoire. Mais la vérité est que ce valet s'en alla à la cour du marquis de Lusace, où il devint premier veneur, et que Pécopin n'en entendit plus parler.

La semaine qui devait précéder le mariage, Bauldour filait dans l'embrasure d'une fenêtre. Son nain vint l'avertir que Pécopin montait l'escalier. Elle voulut courir au-devant de son fiancé, et, en sortant de sa chaise, qui était à dossier droit et sculpté, son pied s'embarrassa dans le fil de sa quenouille. Elle tomba. La pauvre Bauldour se releva. Elle ne s'était fait aucun mal, mais elle se souvint qu'un accident pareil était arrivé jadis à la châtelaine Liba, et elle se sentit le cœur serré.

Pécopin entra rayonnant, lui parla de leur mariage et de leur bonheur, et le nuage qu'elle avait dans l'âme s'envola.

III

OU EST EXPLIQUÉE LA DIFFÉRENCE QU'IL Y A ENTRE L'OREILLE
D'UN JEUNE HOMME ET L'OREILLE D'UN VIEILLARD

Le lendemain de ce jour-là, Bauldour filait dans sa chambre, et Pécopin chassait dans le bois. Il était seul et n'avait avec lui qu'un chien. Tout en suivant le hasard de la chasse, il arriva près d'une métairie qui était à l'entrée de la forêt de Sonn et qui marquait la limite des domaines de Sonneck et de Falkenburg. Cette métairie était ombragée, à l'orient, par quatre grands arbres : un frêne, un orme, un sapin et un chêne, qu'on appelait dans le pays les *quatre Évangélistes*. Il paraît que c'étaient des arbres-fées. Au moment où Pécopin passait sous leur ombre, quatre oiseaux étaient perchés sur ces quatre arbres : un geai sur le frêne, un merle sur l'orme, une pie sur le sapin et un corbeau sur le chêne. Les quatre ramages de ces quatre bêtes emplumées se mêlaient d'une façon bizarre et semblaient par instants s'interroger et se répondre. On entendait en outre un pigeon, qu'on ne voyait pas parce qu'il était dans le bois, et une poule, qu'on ne voyait pas parce qu'elle était dans la basse-cour de la ferme. Quelques pas plus loin, un vieillard tout courbé rangeait le long d'un mur des souches pour l'hiver. Voyant approcher Pécopin, il se retourna et se redressa. — Sire chevalier, s'écri-a-t-il, entendez-vous ce que disent ces oiseaux ! — Bonhomme, répondit Pécopin, que m'importe ! — Sire, reprit le paysan, pour le jeune homme, le merle siffle, le geai garrule, la pie glapit, le corbeau croasse, le pigeon roucoule, la poule glousse ; pour le vieillard, les oiseaux parlent. — Le chevalier éclata de rire. — Pardieu ! voilà des rêveries. — Le vieillard repartit gravement : Vous avez tort, sire Pécopin. — Vous ne m'avez jamais vu, s'écria le jeune homme, comment savez-vous mon nom ? — Ce sont les oiseaux qui le disent, répondit le paysan. — Vous êtes un vieux fou, brave homme, dit Pécopin. — Et il passa outre.

Environ une heure après, comme il traversait une clairière, il entendit une sonnerie de cor et il vit paraître dans la futaie une belle troupe de cavaliers; c'était le comte palatin qui allait en chasse. Le comte palatin allait en chasse, accompagné des burgraves, qui sont les comtes des châteaux; des wildgraves, qui sont les comtes des forêts; des landgraves, qui sont les comtes des terres; des rhingraves, qui sont les comtes du Rhin; et des raugraves, qui sont les comtes du droit au poing. Un cavalier gentilhomme du pfalzgraf, nommé Gaïrefroi, aperçut Pécopin et lui cria : Holà, beau chasseur! ne venez-vous pas avec nous? — Où allez-vous? dit Pécopin. — Beau chasseur, répondit Gaïrefroi, nous allons chasser un milan qui est à Heimburg et qui détruit nos faisans; nous allons chasser un vautour qui est à Vaugtsberg et qui extermine nos lanerets; nous allons chasser un aigle qui est à Rheinstein et qui tue nos émerillons. Venez avec nous. — Quand serez-vous de retour? demanda Pécopin. — Demain, dit Gaïrefroi. — Je vous suis, dit Pécopin. — La chasse dura trois jours. Le premier jour Pécopin tua le milan, le second jour Pécopin tua le vautour, le troisième jour Pécopin tua l'aigle. Le comte palatin s'émerveilla d'un si excellent archer. — Chevalier de Sonneck, lui dit-il, je te donne le fief de Rhineck, mouvant de ma tour de Gutenfels. Tu vas me suivre à Stahleck pour en recevoir l'investiture et me prêter le serment d'allégeance, en mail public et en présence des échevins, *in mallo publico et coram scabinis*, comme disent les chartes du saint empereur Charlemagne. — Il fallait obéir. Pécopin envoya à Bauldour un message dans lequel il lui annonçait tristement que la gracieuse volonté du pfalzgraf l'obligeait de se rendre sur-le-champ à Stahleck pour une très-grande et très-grosse affaire. — Soyez tranquille, madame ma mie, ajoutait-il en terminant, je serai de retour le mois prochain. — Le messager parti, Pécopin suivit le palatin et alla coucher, avec les chevaliers de la suite du prince, dans la châtellenie basse à Bacharach. Cette nuit-là il eut un rêve. Il revit en songe l'entrée de la forêt de Sonneck, la métairie, les quatre arbres et les quatre oiseaux; les oiseaux ne criaient, ni ne sifflaient, ni ne chantaient; ils parlaient. Leur ramage, auquel se mêlaient les voix de la poule et du pigeon, s'était changé en cet étrange dialogue, que Pécopin endormi entendit distinctement :

LE GEAI

Le pigeon est au bois.

LE MERLE

La poule dans la cour

Va disant : Pécopin.

LE GEAI.

Le pigeon dit : Bauldour

LE CORBEAU.

Le sire est en chemin.

LA PIE
La dame est dans la tour.

LE GEAI
Reviendra-t-il d'Alep?

LE MERLE
De Fez?

LE CORBEAU
De Damanhour?

LA PIE
La poule a parié contre et le pigeon pour.

LA POULE
Pécopin! Pécopin!

LE PIGEON
Bauldour! Bauldour! Bauldour!

Pécopin se réveilla, il avait une sueur froide; dans le premier moment, il se rappela le vieillard, et il s'épouvanta, sans savoir pourquoi, de ce rêve et de ce dialogue; puis il chercha à comprendre, puis il ne comprit pas; puis il se rendormit, et le lendemain, quand le jour parut, quand il revit le beau soleil qui chasse les spectres, dissipe les songes et dore les fumées, il ne songea plus ni aux quatre arbres ni aux quatre oiseaux.

IV

OU IL EST TRAITÉ DES DIVERSES QUALITÉS PROPRES
AUX DIVERSES AMBASSADES

Pécopin était un gentilhomme de renommée, de race, d'esprit et de mine. Une fois introduit à la cour du pfalzgraf et installé dans son nouveau fief, il plut à ce point au palatin, que ce digne prince lui dit un jour : — Ami, j'envoie une ambassade à mon cousin de Bourgogne, et je t'ai choisi pour ambassadeur, à cause de ta gentille renommée. — Pécopin dut faire ce que voulait son prince. Arrivé à Dijon, se fit si bien distinguer par sa belle parole, que le duc lui dit un soir, après avoir vidé trois larges verres de vin de Bacharach : — Sire

Pécopin, vous êtes notre ami; j'ai quelque démêlé de bec avec monseigneur le roi de France, et le comte palatin permet que je vous envoie près du roi, car je vous ai choisi pour ambassadeur, à cause de votre grande race. — Pécopin se rendit à Paris. Le roi le goûta fort, et, le prenant à part un matin : — Pardieu, chevalier Pécopin, lui dit-il, puisque le palatin vous a prêté au Bourguignon pour le service de la Bourgogne, le Bourguignon vous prêtera bien au roi de France pour le service de la chrétienté. J'ai besoin d'un très-noble seigneur qui aille faire certaines remontrances de ma part au miramolin des Maures en Espagne, et je vous ai choisi pour ambassadeur, à cause de votre bel esprit. — On peut refuser son vote à l'Empereur, on peut refuser sa femme au pape; on ne refuse rien au roi de France. Pécopin fit route pour l'Espagne. A Grenade, le miramolin l'accueillit à merveille et l'invita aux zambras de l'Alhambra. Ce n'étaient chaque jour que fêtes, courses de cannes et de lances et chasses au faucon, et Pécopin y prenait part en grand jouteur et en grand chasseur qu'il était. En sa qualité de moricaud, le miramolin avait de bons lanerets, d'excellents secrets et d'admirables tuniciens, et il y eut à ces chasses les plus belles volées imaginables. Cependant Pécopin n'oublia pas de faire les affaires du roi de France. Quand la négociation fut terminée, le chevalier se

présenta chez le sultan pour lui faire ses adieux.
— Je reçois vos adieux, sire chrétien, dit le miramolin, car vous allez en effet partir tout de suite pour Bagdad. — Pour Bagdad! s'écria Pécopin. — Oui, chevalier, reprit le prince maure, car je ne puis signer le traité avec le roi de Paris sans le consentement du calife de Bagdad, qui est commandeur des croyants; il me faut envoyer quelqu'un de considérable auprès du calife, et je vous ai choisi pour ambassadeur, à cause de votre bonne mine. — Quand on est chez les Maures, on va où veulent les Maures. Ce sont des chiens et des infidèles. Pécopin alla à Bagdad. Là il eut une aventure. Un jour qu'il passait sous les murs du sérail, la sultane favorite le vit, et, comme il était beau, triste et fier, elle se prit d'amour pour lui. Elle lui envoya une esclave noire qui parla au chevalier dans le jardin de la ville à côté d'un grand tilleul microphylla qu'on y voit encore, et qui lui remit un talisman en disant : — Ceci vient d'une princesse qui vous aime et que vous ne verrez jamais. Gardez ce talisman. Tant que vous le porterez sur vous, vous serez jeune. Quand vous serez en danger de mort, touchez-le, et il vous sauvera. — Pécopin, à tout hasard, accepta le talisman, qui était une fort belle turquoise, incrustée de caractères inconnus. Il l'attacha à sa chaîne de cou. — Maintenant, monseigneur, ajouta l'esclave en le quit-

tant, prenez garde à ceci : tant que vous aurez cette turquoise à votre cou, vous ne vieillirez pas d'un jour; si vous la perdez, vous vieillirez en une minute de toutes les années que vous aurez laissées derrière vous. Adieu, beau giaour. — Cela dit, la négresse s'en alla. Cependant le calife avait vu l'esclave de la sultane accoster le chevalier chrétien. Ce calife était fort jaloux et un peu magicien. Il convia Pécopin à une fête, et, la nuit venue, il conduisit le chevalier sur une haute tour. Pécopin, sans y prendre garde, s'était avancé fort près du parapet, qui était très-bas, et le calife lui parla ainsi : — Chevalier, le comte palatin t'a envoyé au duc de Bourgogne à cause de ta noble renommée, le duc de Bourgogne t'a envoyé au roi de France à cause de ta grande race, le roi de France t'a envoyé au miramolin de Grenade à cause de ton bel esprit, le miramolin de Grenade t'a envoyé au calife de Bagdad à cause de ta bonne mine; moi, à cause de ta noble renommée, de ta grande race, de ton bel esprit et de ta bonne mine, je t'envoie au diable. — En prononçant ce dernier mot, le calife poussa violemment Pécopin, qui perdit l'équilibre et tomba du haut de la tour.

V

BON EFFET D'UNE BONNE PENSÉE

Quand un homme tombe dans un gouffre, c'est un terrible éclair que celui qui frappe sa paupière en ce moment-là, et qui lui montre à la fois la vie dont il va sortir et la mort où il va entrer. Dans cette minute suprême, Pécopin, éperdu, envoya sa dernière pensée à Bauldour et mit la main à son cœur; ce qui fit que, sans y songer, il toucha le talisman. A peine eut-il effleuré du doigt la turquoise magique, qu'il se sentit emporté comme par des ailes. Il ne tombait plus, il planait. Il vola ainsi toute la nuit. Au moment où le jour paraissait, la main invisible qui le soutenait le déposa sur une grève solitaire, au bord de la mer.

VI

OU L'ON VOIT QUE LE DIABLE LUI-MÊME A TORT
D'ÊTRE GOURMAND

Or, en ce temps-là même, il était arrivé au diable une aventure désagréable et singulière. Le diable a coutume d'emporter les âmes qui sont à lui dans une hotte, ainsi que cela peut se voir sur le portail de la cathédrale de Fribourg en Suisse, où il est figuré avec une tête de porc sur les épaules, un croc à la main et une hotte de chiffonnier sur le dos; car le démon trouve et ramasse les âmes des méchants dans les tas d'ordures que le genre humain dépose au coin de toutes les grandes vérités terrestres ou divines. Le diable n'avait pas l'habitude de fermer sa hotte, ce qui fait que beaucoup d'âmes s'échappaient, grâce à la céleste malice des anges. Le diable s'en aperçut et mit à sa hotte un bon couvercle orné d'un bon cadenas. Mais les âmes, qui sont fort subtiles, furent peu gênées du couvercle; et, aidées par les petits doigts roses des chérubins, trouvèrent encore moyen de s'enfuir par les claires-voies de la hotte. Ce que voyant, le diable, fort dépité, tua un dromadaire, et de la peau de la bosse se fit une outre qu'il sut clore merveilleusement avec l'assistance du démon Hermès, et de laquelle il se sentait plus joyeux quand elle était remplie d'âmes qu'un écolier d'une bourse remplie de sequins d'or. C'est ordinairement dans la haute Égypte, sur les bords de la mer Rouge, que le diable, après avoir fait sa tournée dans le pays des païens et des mécréants, remplit cette outre. Le lieu est fort désert; c'est une grève de sable près d'un petit bois de palmiers qui est situé entre Coma, où est né saint Antoine, et Clisma, où est mort saint Sisoës.

Un jour donc que le diable avait fait encore meilleure chasse qu'à l'ordinaire, il remplissait gaiement son outre lorsque, se tournant par hasard, il vit à quelques pas de lui un ange qui le regardait en souriant. Le diable haussa les épaules et continua d'empiler dans ce sac les âmes qu'il avait, les épluchant fort peu, je vous jure; car tout est assez bon pour cette chaudière-là. Quand il eut fini, il empoigna l'outre d'une main pour la charger sur ses épaules; mais il lui fut impossible de la lever du sol, tant il y avait mis d'âmes et tant les iniquités dont elles étaient chargées les rendaient lourdes et pesantes. Il saisit alors cette besace d'enfer à deux bras; mais le second effort fut aussi inutile que le premier : l'outre ne bougea pas plus que si elle eût été la tête d'un rocher sortant de terre. — Oh! âmes de plomb! dit le diable. — Et il se prit à jurer. En se retournant, il vit le bel ange qui le regardait en riant. — Que fais-tu là? cria le démon. — Tu le vois, dit l'ange, je souriais tout à l'heure, et à présent je ris. — Oh! céleste volaille! grand innocent, va! répliqua Asmodée. — Mais l'ange devint sévère et lui parla ainsi : — Dragon, voici les paroles que je te dis de la part de celui qui est le Seigneur : tu ne pourras emporter cette charge d'âmes dans la géhenne tant qu'un saint du paradis ou un chrétien tombé du ciel ne t'aura pas aidé à la soulever de terre et à la poser sur tes épaules. — Cela dit, l'ange ouvrit ses ailes et s'envola.

Le diable était fort empêché. — Que veut dire cet imbécile? grommelait-il entre ses dents. Un saint du paradis? ou un chrétien tombé du ciel? j'attendrai longtemps si je dois rester là jusqu'à ce qu'une pareille assistance m'arrive! Pourquoi diantre aussi ai-je si outrageusement bourré cette sacoche ? Et ce niais, qui n'est ni homme ni oiseau, se burlait de moi ! Allons ! il faut maintenant que j'attende le saint qui viendra du paradis ou le chrétien qui tombera du ciel. Voilà une stupide histoire, et il faut convenir qu'on s'amuse de peu de chose là-haut ! Pendant qu'il se parlait ainsi à lui-même, les habitants de Coma et de Clisma croyaient entendre le tonnerre gronder sourdement à l'horizon. C'était le diable qui bougonnait.

Pour un charretier embourbé, jurer est quelque chose, mais sortir de l'ornière, c'est encore mieux. Le pauvre diable se creusait la tête et rêvait. C'est un drôle fort adroit que celui qui a perdu Ève. Il entre partout. Quand il veut, de même qu'il se glisse dans l'amour, il se glisse dans le paradis. Il a conservé des relations avec saint Cyprien le Magicien, et il sait dans l'occasion se faire bienvenir des autres saints, tantôt en leur rendant de petits services mystérieux, tantôt en leur disant des paroles agréables. Il sait, ce grand savant, la conversation qui plaît à chacun. Il les prend tous par leur faible. Il apporte à saint Robert d'York les petits pains d'avoine au beurre. Il cause orfévrerie avec saint Éloi et cuisine avec saint Théodote. Il parle au saint évêque Germain du roi Childebert, au saint abbé Wandrille du roi Dagobert, et au saint eunuque Usthazade du roi Sapor. Il parle à saint Paul le Simple de saint Antoine, et il parle à saint Antoine de son cochon. Il parle à saint Loup de sa femme Piméniole, et il ne parle pas à saint Gomer de sa femme Gwinmarie. — Car le diable est le grand flatteur. Cœur de fiel, bouche de miel.

Cependant quatre saints, qui sont connus pour leur étroite amitié, saint Nil le Solitaire, saint Autremoine, saint Jean le Nain et saint Médard, étaient précisément allés ce jour-là se promener sur les bords de la mer Rouge. Comme ils arrivaient, tout en conversant, près du bois de palmiers, le diable les vit venir vers lui avant d'être aperçu par eux. Il prit incontinent la forme d'un vieillard très-pauvre et très-cassé et se mit à pousser des cris lamentables. Les saints s'approchèrent. — Qu'est-ce? dit saint Nil. — Hélas! hélas! mes bons seigneurs, s'écria le diable, venez à mon aide, je vous en supplie! J'ai un très-méchant maître, je suis un pauvre esclave, j'ai un très-méchant maître qui est un marchand du pays de Fez. Or, vous savez que tous ceux de Fez, les Maures, Numides, Garamantes et tous les habitants de la Barbarie, de la Nubie et de l'Égypte, sont mauvais, pervers, sujets aux femmes et aux copulations illicites, téméraires, ravisseurs, hasardeux et impitoyables à cause de la planète Mars. De plus, mon maître est un homme que tourmentent la bile noire, la bile jaune et la pituite à Cicéron; de là une mélancolie froide et sèche qui le rend timide, de peu de courage, avec beaucoup d'inventions néanmoins pour le mal. Ce qui retombe sur nous, pauvres esclaves, sur moi, pauvre vieux. — Où voulez-vous en venir, mon ami? dit saint Autremoine avec intérêt. — Voilà, mon bon seigneur, répondit le démon. Mon maître est un grand voyageur. Il a des manies. Dans tous les pays où il va, il a le goût de bâtir dans son jardin une montagne du sable qu'on ramasse au bord des mers près desquelles ce méchant homme s'établit. Dans la Zélande il a édifié un tas de sable fangeux et noir; dans la Frise un tas de gros sable mêlé de ces coquilles rouges parmi lesquelles on trouve le cône tigré; et dans la Chersonèse Cimbrique, qu'on nomme aujourd'hui Jutland, un tas de sable fin mêlé de ces coquilles blanches parmi lesquelles il n'est pas rare de rencontrer la telline-soleil-levant... — Que le diable t'emporte! interrompit saint Nil, qui est d'un naturel impatient. Viens au fait. Voilà un quart d'heure que tu nous fais perdre à écouter des sornettes. Je compte les minutes. — Le diable s'inclina humblement. — Vous comptez les minutes, monseigneur? c'est un noble goût. Vous devez être du Midi; car ceux du Midi sont ingénieux et adonnés aux mathématiques, parce qu'ils sont plus voisins que les autres hommes du cercle des étoiles errantes. — Puis, tout à coup, éclatant en sanglots et se meurtrissant la poitrine du poing : — Hélas ! hélas ! mes bons princes, j'ai un bien cruel maître. Pour bâtir sa montagne il m'oblige à venir tous les jours, moi vieillard, remplir cette outre de sable au bord de la mer. Il faut que je la porte sur mes épaules. Quand j'ai fait un voyage, je recommence, et cela dure depuis l'aube du jour jusqu'au coucher du soleil. Si je veux me reposer, si je veux dormir, si je succombe à la fatigue, si l'outre n'est pas bien pleine, il me fait fouetter. Hélas! je suis bien misérable et bien battu et bien accablé d'infirmités. Hier, j'avais fait six voyages dans la journée ; le soir venu, j'étais si las, que je n'ai pu hausser jusqu'à mon dos cette outre que je venais d'emplir ; et j'ai passé ici toute la nuit, pleurant à côté de ma charge et épouvanté de la colère de mon maître. Mes seigneurs, mes bons seigneurs, par grâce et par pitié, aidez-moi à mettre ce fardeau sur mes épaules, afin que je puisse m'en retourner auprès de mon maître, car, si je tarde, il me tuera. Ahi ! ahi !

En écoutant cette pathétique harangue, saint Nil, saint Autremoine et saint Jean le Nain se sentirent émus, et saint Médard se mit à pleurer, ce qui causa sur la terre une pluie de quarante jours.

Mais saint Nil dit au démon : — Je ne puis t'aider, mon ami, et j'en ai regret ; mais il faudrait mettre la main à cette outre, qui est une chose morte, et un verset de la très-sainte Écriture défend de toucher aux choses mortes sous peine de rester impur.

Saint Autremoine dit au démon : — Je ne puis t'aider, mon ami, et j'en ai regret; mais je considère que ce serait une bonne action, et les bonnes actions ayant l'inconvénient de pousser à la vanité celui qui les fait, je m'abstiens d'en faire, pour conserver l'humilité.

Saint Jean le Nain dit au démon : — Je ne puis t'aider, mon ami, et j'en ai regret; mais, comme tu vois, je suis si petit, que je ne pourrais atteindre à ta ceinture. Comment ferais-je pour te mettre cette charge sur les épaules?

Saint Médard, tout en larmes, dit au démon : — Je ne puis t'aider, mon ami, et j'en ai regret; mais je suis si ému vraiment, que j'ai les bras cassés.

Et ils continuèrent leur chemin.

Le diable enrageait. — Voilà des animaux! s'écria-t-il en regardant les saints s'éloigner. Quels vieux pédants! Sont-ils absurdes avec leurs grandes barbes! Ma parole d'honneur, ils sont encore plus bêtes que l'ange!

Lorsqu'un de nous enrage, il a du moins la ressource d'envoyer au diable celui qui l'irrite. Le diable n'a pas cette douceur. Aussi y a-t-il dans toutes ses colères une pointe qui rentre en lui-même et qui l'exaspère.

Comme il maugréait en fixant son œil plein de flamme et de fureur sur le ciel, son ennemi, voilà qu'il aperçoit dans les nuées un point noir. Ce point grossit, ce point approche ; le diable regarde ; c'était un homme, — c'était un chevalier armé et casqué, — c'était un chrétien ayant la croix rouge sur la poitrine, — qui tombait des nues.

— Que n'importe qui soit loué! cria le démon en sautant de joie. Je suis sauvé. Voilà mon chrétien qui m'arrive! Je n'ai pas pu venir à bout de quatre saints, mais ce serait bien le diable si je ne venais pas à bout d'un homme.

En ce moment-là Pécopin, doucement déposé sur le rivage, mettait pied à terre.

Apercevant ce vieillard, lequel était là comme un esclave qui se repose à côté de son fardeau, il marcha vers lui et lui dit : — Qui êtes-vous, l'ami? et où suis-je!

Le diable se mit à geindre piteusement. — Vous êtes au bord de la mer Rouge, monseigneur, et moi, je suis le plus malheureux des misérables. — Sur ce, il chanta au chevalier la même antienne qu'aux saints, le suppliant pour conclusion de l'aider à charger cette outre sur son dos.

Pécopin hocha la tête : — Bonhomme, voilà une histoire peu vraisemblable.

— Mon beau seigneur qui tombez du ciel, répondit le diable, la vôtre l'est encore moins, et pourtant elle est vraie.

— C'est juste, dit Pécopin.

— Et puis, reprit le démon, que voulez-vous que j'y fasse? si mes malheurs n'ont pas bonne apparence, est-ce ma faute? Je ne suis qu'un pauvre de besace et d'esprit; je ne sais pas inventer; il faut bien que je compose mes gémissements avec mes aventures, et je ne puis mettre dans mon histoire que la vérité. Telle viande, telle soupe.

— J'en conviens, dit Pécopin.

— Et puis enfin, poursuivit le diable, quel mal cela peut-il vous faire, à vous, mon jeune vaillant, d'aider un pauvre vieillard infirme à attacher cette outre sur ses épaules?

Ceci parut concluant à Pécopin. Il se baissa, souleva de terre l'outre, qui se laissa faire sans difficulté, et, la soutenant entre ses bras, il s'apprêta à la poser sur le dos du vieillard, qui se tenait courbé devant lui.

Un moment de plus, et c'était fait.

Le diable a des vices; c'est là ce qui le perd. Il est gourmand. Il eut dans cette minute-là l'idée de joindre l'âme de Pécopin aux autres âmes qu'il allait emporter; mais pour cela il fallait d'abord tuer Pécopin.

Il se mit donc à appeler à voix basse un esprit

invisible auquel il commanda quelque chose en paroles obscures.

Tout le monde sait que, lorsque le diable dialogue et converse avec d'autres démons, il parle un jargon moitié italien, moitié espagnol. Il dit aussi çà et là quelques mots latins.

Ceci a été prouvé et clairement établi dans plusieurs rencontres, et en particulier dans le procès du docteur Eugenio Torralva, lequel fut commencé à Valladolid, le 10 janvier 1520, et convenablement terminé le 6 mai 1531 par l'auto-da-fé dudit docteur.

Pécopin savait beaucoup de choses. C'était, je vous l'ai dit, un cavalier d'esprit qui était un homme à soutenir bravement une vespérie. Il avait des lettres. Il connaissait la langue du diable.

Or, à l'instant où il lui attachait l'outre sur l'épaule, il entendit le petit vieillard courbé dire tout bas : *Bamos, non cierra occhi, verbera, frappa, y echa la piedra.* Ceci fut pour Pécopin comme un éclair.

Un soupçon lui vint. Il leva les yeux, et il vit à une grande hauteur au-dessus de lui une pierre énorme que quelque géant invisible tenait suspendue sur sa tête.

Se rejeter en arrière, toucher de sa main gauche le talisman, saisir de la droite son poignard et en percer l'outre avec une violence et une rapidité formidables, c'est ce que fit Pécopin, comme s'il eût été le tourbillon qui, dans la même seconde, passe, vole, tourne, brille, tonne et foudroie.

Le diable poussa un grand cri. Les âmes délivrées s'enfuirent par l'issue que le poignard de Pécopin venait de leur ouvrir, laissant dans l'outre leurs noirceurs, leurs crimes et leurs méchancetés, monceau hideux, verrue abominable qui, par l'attraction propre au démon, s'incrusta en lui, et, recouverte par la peau velue de l'outre, resta à jamais fixée entre ses deux épaules. C'est depuis ce jour-là qu'Asmodée est bossu.

Cependant, au moment où Pécopin se rejetait en arrière, le géant invisible avait laissé choir sa pierre, qui tomba sur le pied du diable et le lui écrasa. C'est depuis ce jour-là qu'Asmodée est boiteux.

Le diable, comme Dieu, a le tonnerre à ses ordres; mais c'est un affreux tonnerre inférieur qui sort de terre et déracine les arbres. Pécopin sentit le rivage de la mer trembler sous lui, et que quelque chose de terrible l'enveloppait; une fumée noire l'aveugla, un bruit effroyable l'assourdit; il lui sembla qu'il était tombé et qu'il roulait rapidement en rasant le sol, comme s'il était une feuille morte chassée par le vent. Il s'évanouit.

Pécopin sentit que quelque chose de terrible l'enveloppait.

VII

PROPOSITIONS AIMABLES D'UN VIEUX SAVANT RETIRÉ
DANS UNE CABANE DE FEUILLAGE

Quand il revint à lui, il entendit une voix douce qui disait : *Phi smâ*, ce qui, en langage arabe, signifie : Il est dans le ciel. Il sentit qu'une main était posée sur sa poitrine, et il entendit une autre voix grave et lente qui répondait : *Lô, lô, machi mouth*, ce qui veut dire : Non, non, il n'est pas mort. Il ouvrit les yeux et vit un vieillard et une jeune fille agenouillés près de lui. Le vieillard était noir comme la nuit, il avait une longue barbe blanche tressée en petites nattes, à la mode des anciens mages, et il était vêtu d'un grand suaire de soie verte sans plis.

La jeune fille était couleur de cuivre rouge, avec de grands yeux de porcelaine et des lèvres de corail. Elle avait des anneaux d'or au nez et aux oreilles. Elle était charmante.

Pécopin n'était plus au bord de la mer. Le souffle de l'enfer, le poussant au hasard, l'avait jeté dans une vallée remplie de rochers et d'arbres d'une forme étrange. Il se leva. Le vieillard et la jeune fille le regardaient avec douceur. Il s'approcha d'un de ces arbres ; les feuilles se contractèrent ; les branches se retirèrent ; les feuilles, qui étaient d'un blanc pâle, devinrent rouges ; et tout l'arbre parut en quelque sorte reculer devant lui. Pécopin reconnut l'arbre de la honte et en conclut qu'il avait quitté l'Inde et qu'il était dans le fameux pays de Pudiferan.

Cependant le vieillard lui fit signe. Pécopin le suivit ; et, quelques instants après, le vieillard, la jeune fille et Pécopin était tous trois assis sur une natte dans une cabane faite en feuilles de palmier, dont l'intérieur, plein de pierres précieuses de toutes sortes, étincelait comme un brasier ardent.

Le vieillard se tourna vers Pécopin et lui dit en allemand : — Mon fils, je suis l'homme qui sait tout, le grand lapidaire éthiopien, le taleb des Arabes. Je m'appelle Zin-Eddin pour les hommes et Évilmérodach pour les génies. Je suis le premier homme qui ait pénétré dans cette vallée, tu es le deuxième. J'ai passé ma vie à dérober à la nature la science des choses, et à verser aux choses la science de l'âme. Grâce à moi, grâce à mes leçons, grâce aux rayons qui sont tombés depuis cent ans de mes prunelles, dans cette vallée les pierres vivent, les plantes pensent et les animaux savent. C'est moi qui ai enseigné aux bêtes la médecine vraie, qui manque à l'homme. J'ai appris au pélican à se saigner lui-même pour guérir ses petits blessés des vipères, au serpent aveugle à manger du fenouil pour recouvrer la vue, à l'ours attaqué de la cataracte à irriter les abeilles pour se faire piquer les yeux. J'ai apporté aux aigles, lesquelles sont étroites, la pierre œtites qui les fait pondre aisément. Si le geai se purge avec la feuille du laurier, la tortue avec la ciguë, le cerf avec le dictame, le loup avec la mandragore, le sanglier avec le lierre, la tourterelle avec l'herbe helxine; si les chevaux gênés par le sang s'ouvrent eux-mêmes une veine de la cuisse de derrière; si le stellion, à l'époque de la mue, dévore sa peau pour se guérir du mal caduc; si l'hirondelle guérit les ophthalmies de ses petits avec la pierre calidoine, qu'elle va chercher au delà des mers; si la belette se munit de la rue quand elle veut combattre la couleuvre, — c'est moi, mon fils, qui le leur ai enseigné. Jusqu'ici je n'ai eu que des animaux pour disciples. J'attendais un homme. Tu es venu. Sois mon fils. Je suis vieux. Je te laisserai ma cabane, mes pierreries, ma vallée et ma science. Tu épouseras ma fille, qui s'appelle Aïssab, et qui est belle. Je t'apprendrai à distinguer le rubis sandastre du chrysolampis, à mettre la mère perle dans un pot de sel, et à rallumer le feu des rubis trop mornes en les trempant dans le vinaigre. Chaque jour de vinaigre leur donne un an de beauté. Nous passerons notre vie doucement à ramasser des diamants et à manger des racines. Sois mon fils.

— Merci, vénérable seigneur, dit Pécopin. J'accepte avec joie.

La nuit venue, il s'enfuit.

VIII

LE CHRÉTIEN ERRANT

Il erra longtemps dans le pays. Dire tous les voyages qu'il fit, ce serait raconter le monde. Il marcha pieds nus et sans sandales ; il monta toutes les montures, l'âne, le cheval, le mulet, le chameau, le zèbre, l'onagre et l'éléphant. Il subit toutes les navigations et tous les navires, les vaisseaux ronds de l'Océan et les vaisseaux longs de la Méditerranée, *oneraria et remigia,* galère et galion, frégate et frégaton, felouque, polaque et tartane, barque, barquette et barquerolle. Il se risqua sur les caracores de bois des Indiens de Bantan et sur les chaloupes de cuir de l'Euphrate dont a parlé Hérodote. Il fut battu de tous les vents, du levante-sirocco et du sirocco-mezzogiorno, de la tramontane et de la galerne. Il traversa la Perse, le Pégu, Bramaz, Tagatai, Transiane, Sagistan, l'Hasubi. Il vit le Monomotapa, comme Vincent le Blanc; Sofala, comme Pedro Ordonez; Ormus, comme le sieur de Fines; les sauvages, comme Acosta, et les géants, comme Malherbe de Vitré. Il perdit dans le désert quatre doigts du pied, comme Jérôme Costilla. Il se vit dix-sept fois vendu, comme Mendez Pinto; fut forçat, comme Texeus, et faillit être eunuque, comme Parisol. Il eut le mal des pians, dont périssent les nègres; le scorbut, qui épouvantait Avicenne; et le mal de mer, auquel Cicéron préféra la mort. Il gravit des montagnes si hautes, qu'arrivé au sommet il vomissait le sang, les flegmes et la colère. Il aborda l'île qu'on rencontre parfois ne la cherchant point et qu'on ne peut jamais trouver la cherchant, et il vérifia que les habitants de cette île sont bons chrétiens. En Midelpalie, qui est au nord, il remarqua un château dans un lieu où il n'y en a pas; mais les prestiges du septentrion sont si grands, qu'il ne faut pas s'étonner de cela. Il demeura plusieurs mois chez le roi de Mogor Ekebas, bien vu et caressé de ce prince, de la cour duquel il racontait plus tard tout ce qu'ont depuis couché par écrit les Anglais, les Hollandais et même les pères jésuites. Il devint docte, car il avait les deux maîtres de toute doctrine : voyage et malheur. Il étudia les faunes et les flores de tous les climats. Il observa les vents par les migrations des oiseaux et les courants par les migrations des céphalopodes. Il vit passer, dans les régions sous-marines, l'*ommastrephes sagittatus* allant au pôle nord, et l'*ommastrephes giganteus* allant au pôle sud. Il vit les hommes et les monstres ainsi que l'ancien Grec Ulysse. Il connut toutes les bêtes merveilleuses, le rosmar, le râle noir, la solendguse; les garagiaus, semblables à des aigles de mer; les queues-de-jonc de l'île de Comore; les caper-calzes d'Écosse; les antenales, qui vont par troupes; les alcatrazes, grands comme des oies; les moraxos, plus grands que les tiburons; les peymones des îles Maldives, qui mangent des hommes; le poisson manare, qui a une tête de bœuf; l'oiseau c'aki, qui naît de certains bois pourris; le petit saru, qui chante mieux que le perroquet; et enfin le bora-net, l'animal-plante des pays tartares, qui a une racine en terre et qui broute l'herbe autour de lui. Il tua à la chasse un triton de mer de l'espèce yapiara, et il inspira de l'amour à un triton de rivière de l'espèce baëpapina. Un jour, étant en l'île de Manar, qui est à deux cents lieues de Goa, il fut appelé par des pêcheurs, lesquels lui montrèrent sept hommes-évêques et neuf sirènes qu'ils avaient pris dans leurs filets. Il entendit le bruit nocturne du forgeron marin, et il mangea des cent cinquante-trois sortes de poissons qu'il y a dans la mer, et qui se trouvèrent tous dans le filet des apôtres quand il pêchèrent par l'ordre du Seigneur. En Scythie, il perça à coups de flèches un griffon auquel les peuples arimaspes faisaient la guerre pour avoir l'or que cette bête gardait. Ces peuples voulurent le faire roi, mais il se sauva. Enfin il manqua naufrager en mainte rencontre, et notamment près du cap Gardafù, que les anciens appelaient *Promontorium aromatorum;* et, à travers tant d'aventures, tant d'erreurs, de fatigues, de prouesses, de travaux et de misères, le brave et fidèle chevalier Pécopin n'avait qu'un but, retrouver l'Allemagne; qu'une espérance, rentrer au Falkenburg; qu'une pensée, revoir Bauldour.

Grâce au talisman de la sultane, qu'il portait toujours sur lui, il ne pouvait, on s'en souvient, ni vieillir ni mourir.

Il comptait pourtant tristement les années. A l'époque où il parvint enfin à atteindre le nord du pays de France, cinq ans s'étaient écoulés depuis qu'il n'avait vu Bauldour. Quelquefois il songeait à cela le soir, après avoir cheminé depuis l'aube; il s'asseyait sur une pierre au bord de la route, et il pleurait.

Puis il se ranimait et reprenait courage. — Cinq ans, pensait-il, oui; mais je vais la revoir enfin.

Elle avait quinze ans, eh bien, elle en aura vingt!
— Ses vêtements étaient en lambeaux, sa chaussure était déchirée, ses pieds étaient en sang, mais la force et la joie lui étaient revenues, et il se remettait en marche.

C'est ainsi qu'il parvint jusqu'aux montagnes des Vosges.

IX

OU L'ON VOIT A QUOI PEUT S'AMUSER UN NAIN
DANS UNE FORÊT

Un soir, après avoir fait route toute la journée dans les rochers, cherchant un passage pour descendre vers le Rhin, il arriva à l'entrée d'un bois de sapins, de frênes et d'érables. Il n'hésita pas à y pénétrer. Il y marchait depuis plus d'une heure quand tout à coup le sentier qu'il suivait se perdit dans une clairière semée de houx, de genévriers et de framboisiers sauvages. A côté de la clairière il y avait un marais. Épuisé de lassitude, mourant de faim et de soif, exténué, il regardait de côté et d'autre, cherchant une chaumière, une charbonnerie ou un feu de pâtre, quand tout à coup une troupe de tadornes passa près de lui en agitant ses ailes et en criant. Pécopin tressaillit en reconnaissant ces étranges oiseaux, qui font leur nids sous terre et que les paysans des Vosges appellent canards-lapins. Il écarta les touffes de houx et vit fleurir et verdoyer de toutes parts dans l'herbe le perce-pierre, l'angélique, l'ellébore et la grande gentiane. Comme il se baissait pour s'en assurer, une coquille de moule tombée sur le gazon frappa son regard. Il la ramassa. C'était une de ces moules de la Vologne qui contiennent des perles grosses comme des pois. Il leva les yeux ; un grand-duc planait au-dessus de sa tête.

Pécopin commençait à s'inquiéter. On conviendra qu'il y avait de quoi. Ces houx et ces framboisiers, ces tadornes, ces herbes magiques, cette moule, ce grand-duc, tout cela était peu rassurant. Il était donc fort alarmé, et se demandait avec angoisse où il était, lorsqu'un chant éloigné parvint jusqu'à lui. Il prêta l'oreille. C'était une voix enrouée, cassée, chagrine, fâcheuse, sourde et criarde à la fois, et voici ce qu'elle chantait :

<blockquote>
Mon petit lac engendre, en l'ombre qui l'abrite,
La riante Amphitrite et le noir Neptunus ;
Mon humble étang nourrit, sur des monts inconnus,
L'empereur Neptunus et la reine Amphitrite.

Je suis le nain, grand-père des géants.
Ma goutte d'eau produit deux océans.
</blockquote>

Je verse de mes rocs, que n'effleure aucune aile,
Un fleuve bleu pour elle, un fleuve vert pour lui,
J'épanche de ma grotte, où jamais feu n'a lui,
Le fleuve vert pour lui, le fleuve bleu pour elle.

  Je suis le nain, grand-père des géants.
  Ma goutte d'eau produit deux océans.

Une fine émeraude est dans mon sable jaune ;
Un pur saphir se cache en mon humide écrin.
Mon émeraude fond et devient le beau Rhin ;
Mon saphir se dissout, ruisselle et fait le Rhône.

  Je suis le nain, grand-père des géants.
  Ma goutte d'eau produit deux océans.

Pécopin n'en pouvait plus douter. Pauvre voyageur fatigué, il était dans le fatal *bois des Pas-Perdus*. Ce bois est une grande forêt pleine de labyrinthes, d'énigmes et de dédales où se promène le nain Roulon. Le nain Roulon habite un lac dans les Vosges, au sommet d'une montagne ; et parce que de là il envoie un ruisseau au Rhône et un autre ruisseau au Rhin, ce nain fanfaron se dit le père de la Méditerranée et de l'Océan. Son plaisir est d'errer dans la forêt et d'y égarer les passants. Le voyageur qui est entré dans le bois des Pas-Perdus n'en sort jamais.

Cette voix, cette chanson, c'étaient la chanson et la voix du méchant nain Roulon.

Pécopin éperdu se jeta la face contre terre.

— Hélas! s'écria-t-il, c'est fini, je ne verrai jamais Bauldour.

— Si fait, dit quelqu'un près de lui-

X

EQUIS CANIBUSQUE

Il se redressa; un vieux seigneur, vêtu d'un habit de chasse magnifique, était debout devant lui à quelques pas. Ce gentilhomme était complétement équipé. Un coutelas à poignée d'or ciselé lui battait la hanche, et à sa ceinture pendait un cor incrusté d'étain et fait de la corne d'un buffle. Il y avait je ne sais quoi d'étrange, de vague et de lumineux dans ce visage pâle qui souriait, éclairé de la dernière lueur du crépuscule. Ce vieux chasseur ainsi apparu brusquement dans un pareil lieu, à une pareille heure, vous eût certainement semblé singulier ainsi qu'à moi, mais dans le bois des

LETTRE XXI

Pas-Perdus on ne songe qu'à Roulon; ce vieillard n'était pas un nain, et cela suffit à Pécopin.

Le bonhomme, d'ailleurs, avait la mine gracieuse, accorte et avenante. Et puis, bien qu'accoutré en déterminé chasseur, il était si vieux, si usé, si courbé, si cassé, avait les mains si ridées et si débiles, les sourcils si blancs et les jambes si amaigries, que c'eût été pitié d'en avoir peur. Son sourire, mieux examiné, était le sourire banal et sans profondeur d'un roi imbécile.

— Que me voulez-vous? demanda Pécopin.

— Te rendre à Bauldour, dit le vieux chasseur, toujours souriant.

— Quand?

— Passe seulement une nuit en chasse avec moi.

— Quelle nuit?

— Celle qui commence.

— Et je reverrai Bauldour?

— Quand notre nuit de chasse sera finie, au soleil levant, je te déposerai à la porte du Falkenburg.

— Chasser la nuit?

— Pourquoi pas?

— Mais c'est fort étrange.

— Bah!

— Mais c'est très-fatigant!

— Non.

— Mais vous êtes bien vieux!

— Ne t'inquiète pas de moi.

— Mais je suis las, mais j'ai marché tout le jour, mais je suis mort de faim et de soif, dit Pécopin. Je ne pourrai seulement monter à cheval.

Le vieux seigneur détacha de sa ceinture une gourde damasquinée d'argent qu'il lui présenta.

— Bois ceci.

Pécopin porta avidement la gourde à ses lèvres. A peine avait-il avalé quelques gorgées qu'il se sentit ranimé. Il était jeune, fort, alerte, puissant. Il avait dormi, il avait mangé, il avait bu. — Il lui semblait même par instants qu'il avait trop bu.

— Allons, dit-il, marchons, courons, chassons toute la nuit, je le veux bien; mais je reverrai Bauldour?

— Après cette nuit passée, au soleil levant.

— Et quel garant de votre promesse me donnez-vous?

— Ma présence même; le secours que je t'apporte. J'aurais pu te laisser mourir ici de faim, de lassitude et de misère, t'abandonner au nain promeneur du lac Roulon; mais j'ai eu pitié de toi.

— Je vous suis, dit Pécopin. C'est dit, au soleil levant à Falkenburg.

— Holà, vous autres! arrivez! en chasse! cria le vieux seigneur, faisant effort avec sa voix décrépite.

En jetant ce cri vers le taillis, il se retourna, et

Pécopin vit qu'il était bossu. Puis il fit quelques pas, et Pécopin vit qu'il était boiteux.

A l'appel du vieux seigneur, une troupe de cavaliers, vêtus comme des princes et montés comme des rois, sortit de l'épaisseur du bois.

Ils vinrent se ranger dans un profond silence autour du vieux, qui paraissait leur maître. Tous étaient armés de couteaux ou d'épieux; lui seul avait un cor. La nuit était tombée; mais autour des gentilshommes se tenaient debout deux cents valets portant deux cents torches.

— *Ebbene*, dit le maître, *ubi sunt los perros?*

Ce mélange d'italien, de latin et d'espagnol fut désagréable à Pécopin.

Mais le vieux reprit avec impatience : — Les chiens! les chiens!

Il achevait à peine que d'effroyables aboiements remplissaient la clairière : une meute venait d'y apparaître.

Une meute admirable, une vraie meute d'empereur. Des valets en jaquettes jaunes et en bas rouges, des estafiers de chenil au visage féroce et des nègres tout nus la tenaient robustement en laisse.

Jamais concile de chiens ne fut plus complet. Il y avait là tous les chiens possibles, accouplés et divisés par grappes et par raquettes, selon les races et les instincts. Le premier groupe se composait de cent dogues d'Angleterre et de cent lé-

vriers d'attache, avec douze paires de chiens-tigres
et douze paires de chiens-bauds. Le deuxième
groupe était entièrement formé de greffiers de Barbarie blancs et marquetés de rouge, braves chiens
qui ne s'étonnent pas du bruit, demeurent trois
ans dans leur bonté, sont sujets à courir au bétail
et servent pour la grande chasse. Le troisième
groupe était une légion de chiens de Norvége :
chiens fauves, au poil vif tirant sur le roux, avec
une tache blanche au front ou au cou, qui sont
de bon nez et de grand cœur et se plaisent au cerf
surtout; chiens gris, léopardés sur l'échine, qui
ont des jambes de même poil que les pattes d'un
lièvre, ou cannelées de rouge et de noir. Le choix
en était excellent. Il n'y avait pas un bâtard parmi
ces chiens. Pécopin, qui s'y connaissait, n'en vit
pas parmi les fauves un seul qui fût jaune ou
marqué de gris, ni parmi les gris un seul qui fût
argenté ou qui eût les pattes fauves. Tous étaient
authentiques et bons. Le quatrième groupe était
formidable : c'était une cohue épaisse, serrée et
profonde de ces puissants dogues noirs de l'abbaye
de Saint-Aubert-en-Ardennes, qui ont les jambes
courtes et qui ne vont pas vite, mais qui engendrent de si redoutables limiers et qui chassent si
furieusement les sangliers, les renards et les bêtes
puantes. Comme ceux de Norvége, tous étaient
de bonne race, et vrais chiens gentilshommes, et

avaient évidemment teté près du cœur. Ils avaient la tête moyenne, plutôt longue qu'écrasée, la gueule noire et non rouge, les oreilles vastes, les reins courbés, le râble musculeux, les jambes larges, la cuisse troussée, le jarret droit bien herpé, la queue grosse près des reins et le reste grêle, le poil de dessous le ventre rude, les ongles forts, le pied sec, en forme de pied de renard. Le cinquième groupe était oriental. Il avait dû coûter des sommes immenses; car on n'y avait mis que des chiens de Palimbotra, qui mordent les taureaux, des chiens de Cintiqui, qui attaquent les lions, et des chiens du Monomotapa, qui font partie de la garde de l'empereur des Indes. Du reste, tous, anglais, barbaresques, norvégiens, ardennais et hindous, hurlaient abominablement. Un parlement d'hommes n'eût pas fait mieux.

Pécopin était ébloui de cette meute. Tous ses appétits de chasseur se réveillaient.

Cependant elle était un peu venue on ne sait d'où, et il ne pouvait s'empêcher de se dire à lui-même qu'il était singulier qu'aboyant de la sorte, on ne l'eût pas entendue avant de la voir.

Le maître valet qui menait toute cette vénerie était à quelques pas de Pécopin, lui tournant le dos. Pécopin alla à lui pour le questionner, et lui mit la main sur l'épaule; le valet se retourna. Il était masqué.

Cela rendit Pécopin muet. — Il commençait même à se demander fort sérieusement s'il suivrait en effet cette chasse, quand le vieillard l'aborda. — Eh bien, chevalier, que dis-tu de nos chiens?

— Je dis, mon beau sire, que pour suivre de si terribles chiens, il faudrait de terribles chevaux.

Le vieux, sans répondre, porta à sa bouche un sifflet d'argent qui était fixé au petit doigt de sa main gauche, précaution d'homme de goût qui est exposé à voir des tragédies, et il siffla.

Au coup de sifflet, un bruit se fit dans les arbres, les assistants se rangèrent, et quatre palefreniers en livrée écarlate surgirent, menant deux chevaux magnifiques. L'un était un beau genet d'Espagne, à l'allure magistrale, à la corne lisse, noirâtre, haute, arrondie, bien creusée, aux paturons courts, entredroits et lunés, aux bras secs et nerveux, aux genoux décharnés et bien emboîtés. Il avait la jambe d'un beau cerf, la poitrine large et bien ouverte, l'échine grasse, double et tremblante. L'autre était un coureur tartare à la croupe énorme, au corsage long, aux flancs bien unis, au manteau bayardant. Son cou, d'une moyenne arcade, mais pas trop voûté, était revêtu d'une vaste perruque flottante et crépelue; sa queue bien épaisse pendait jusqu'à terre. Il avait la peau du front cousue sur ses yeux gros et étincelants; la bouche grande, les oreilles inquiètes, les naseaux ouverts, l'étoile au front, deux balzans aux jambes, son courage en fleur et l'âge de sept ans. Le premier avait la tête coiffée d'un chanfrein, le poitrail d'armes et la selle de guerre. Le second était moins fièrement, mais plus splendidement harnaché; il portait le mors d'argent, les roses dorées, la bride brodée d'or, la selle royale, la housse de brocart, les houppes pendantes et le panache branlant. L'un trépignait, bravait, ronflait, rongeait son frein, brisait les cailloux et demandait la guerre. L'autre regardait çà et là, cherchait les applaudissements, hennissait gaiement, ne touchait la terre que du bout de l'ongle, faisait le roi et piaffait à merveille. Tous deux étaient noirs comme l'ébène. — Pécopin, les yeux presque effarés d'admiration, contemplait ces deux merveilleuses bêtes.

— Eh bien, dit le seigneur clopinant et toussant, et souriant toujours, lequel prends-tu?

Pécopin n'hésita plus, et sauta sur le genet.

— Es-tu bien en selle? lui cria le vieillard.

— Oui, dit Pécopin.

Alors le vieux éclata de rire, arracha d'une main le harnais, le panache, la selle et le caparaçon du cheval tartare, le saisit de l'autre à la crinière, bondit comme un tigre et enfourcha à cru la superbe bête, qui tremblait de tous ses membres;

puis, saisissant sa trompe à sa ceinture, il se mit à sonner une fanfare tellement formidable, que Pécopin, assourdi, crut que cet effrayant vieillard avait le tonnerre dans la poitrine.

XI

A QUOI L'ON S'EXPOSE EN MONTANT UN CHEVAL
QU'ON NE CONNAÎT PAS

Au bruit de ce cor, la forêt s'éclaira dans ses profondeurs de mille lueurs extraordinaires, des ombres passèrent dans les futaies, des voix lointaines crièrent : « En chasse! » La meute aboya, les chevaux reniflèrent et les arbres frissonnèrent comme par un grand vent.

En ce moment-là une cloche fêlée, qui semblait bêler dans les ténèbres, sonna minuit.

Au douzième coup, le vieux seigneur emboucha son cor d'ivoire une seconde fois, les valets délièrent la meute, les chiens lâchés partirent comme la poignée de pierres que lance la baliste, les cris et les hurlements redoublèrent, et tous les chasseurs, et tous les piqueurs, et tous les veneurs, et le vieillard, et Pécopin, s'élancèrent au galop.

Galop rude, violent, rapide, étincelant, vertigineux, surnaturel, qui saisit Pécopin, qui l'entraîna, qui l'emporta, qui faisait résonner dans son cerveau tous les pas du cheval comme si son crâne eût été le pavé du chemin, qui l'éblouissait comme un éclair, qui l'enivrait comme une orgie, qui l'exaspérait comme une bataille ; galop qui par moments devenait tourbillon, tourbillon qui parfois devenait ouragan.

La forêt était immense, les chasseurs étaient innombrables, les clairières succédaient aux clairières, le vent se lamentait, les broussailles sifflaient, les chiens aboyaient, la colossale silhouette noire d'un énorme cerf à seize andouillers apparaissait par instants à travers les branchages et fuyait dans les pénombres et dans les clartés, le cheval de Pécopin soufflait d'une façon terrible, les arbres se penchaient pour voir passer cette chasse et se renversaient en arrière après l'avoir vue, des fanfares épouvantables éclataient par intervalles, puis elles se taisaient tout à coup, et l'on entendait au loin le cor du vieux chasseur.

Pécopin ne savait où il était. En galopant près

d'une ruine ombragée de sapins, parmi lesquels une cascade se précipitait du haut d'un grand mur de porphyre, il crut retrouver le château de Nideck. Puis il vit courir rapidement à sa gauche des montagnes qui lui parurent être les basses Vosges ; il reconnut successivement à la forme de leurs quatre sommets, le Ban-de-la-Roche, le Champ-du-Feu, le Climont et l'Ungersberg. Un moment après il était dans les hautes Vosges. En moins d'un quart d'heure son cheval eut traversé le Giromagny, le Rotabac, le Sultz, le Barenkopf, le Graisson, le Bressoir, le Haut-de-Honce, le mont de Lure, la Tête-de-l'Ours, le grand Donon et le grand Ventron. Ces vastes cimes lui apparaissaient pêle-mêle dans les ténèbres, sans ordre et sans lien ; on eût dit qu'un géant avait bouleversé la grande chaîne d'Alsace. Il lui semblait par moments distinguer au-dessous de lui les lacs que les Vosges portent sur leurs sommets, comme si ces montagnes eussent passé sous le ventre de son cheval. C'est ainsi qu'il vit son ombre se réfléchir dans le Bain-des-Païens et dans le Saut-des-Cuves, dans le lac Blanc et dans le lac Noir. Mais il la vit comme les hirondelles voient la leur en rasant le miroir des étangs, aussitôt disparue qu'apparue. Cependant, si étrange et si effrénée que fût cette course, il se rassurait en portant la main à son talisman et en songeant qu'après tout il ne s'éloignait pas du Rhin.

Tout à coup une brume épaisse l'enveloppa, les arbres s'y effacèrent, puis s'y perdirent, le bruit de la chásse redoubla dans cette ombre, et son genet d'Espagne se mit à galoper avec une nouvelle furie. Le brouillard était si épais, que Pécopin y distinguait à peine les oreilles de son cheval dressées devant lui. Dans des moments si terribles, ce doit être un grand effort, et c'est, à coup sûr, un grand mérite que de jeter son âme jusqu'à Dieu et son cœur jusqu'à sa maîtresse. C'est ce que faisait dévotement le brave chevalier. Il songeait donc au bon Dieu et à Bauldour, plus encore peut-être à Bauldour qu'au bon Dieu, quand il lui sembla que la lamentation du vent devenait comme une voix et prononçait distinctement ce mot : *Heimburg;* en ce moment une grosse torche, portée par quelque piqueur, traversa le brouillard, et, à la clarté de cette torche, Pécopin vit passer au-dessus de sa tête un milan qui était percé d'une flèche et qui volait pourtant. Il voulut regarder cet oiseau, mais son cheval fit un bond, le milan donna un coup d'aile, la torche s'enfonça dans le bois, et Pécopin retomba dans la nuit. Quelques instants après, le vent parla encore et dit *Vaugtsberg;* une nouvelle lueur illumina le brouillard, et Pécopin aperçut dans l'ombre un vautour dont l'aile était traversée par un javelot et qui volait pourtant. Il ouvrit les yeux pour voir, il ouvrit la bouche pour crier; mais, avant qu'il eût lancé son regard, avant qu'il eût jeté son cri, la lueur, le vautour et le javelot avaient disparu. Son cheval ne s'était pas ralenti une minute et donnait tête baissée dans tous ces fantômes, comme s'il eût été le cheval aveugle du démon Paphos ou le cheval sourd du roi Sisymordachus. Le vent cria une troisième fois, et Pécopin entendit cette voix lugubre de l'air qui disait : *Rheinstein;* un troisième éclair empourpra les arbres dans la brume, et un troisième oiseau passa. C'était un aigle qui avait une sagette dans le ventre et qui volait pourtant. Alors Pécopin se souvint de la chasse du pfalzgraf, où il s'était laissé entraîner, et il frissonna. Mais le galop du genet était si éperdu, les arbres et les objets vagues du paysage nocturne fuyaient si promptement, la vitesse de tout était si prodigieuse autour de Pécopin, que, même en lui, rien ne pouvait s'arrêter. Les apparences et les visions se succédaient si confusément, qu'il ne pouvait même fixer sa pensée à ses tristes souvenirs. Les idées passaient dans sa tête comme le vent. On entendait toujours au loin le bruit de la chasse, et par instants le monstrueux cerf de la nuit bramait dans les halliers.

Peu à peu le brouillard s'était levé. Soudain l'air devint tiède, les arbres changèrent de forme; des chênes-liéges, des pistachiers et des pins d'Alep apparurent dans les rochers; une large lune blanche entourée d'un immense halo éclairait lugubrement les bruyères. Pourtant ce n'était pas jour de lune.

En courant au fond d'un chemin creux, Pécopin se pencha et arracha à la berge une poignée d'herbes. A la lueur de la lune il examina ces plantes et reconnut avec angoisse l'anthylle vulnéraire des Cévennes, la véronique filiforme et la férule commune dont les feuilles hideuses se terminent par des griffes. Une demi-heure après le vent était encore plus chaud, je ne sais quels mirages de la mer remplissaient à de certains moments les intervalles des futaies; il se courba encore une fois sur la berge du chemin et arracha de nouveau les premières plantes que sa main rencontra. Cette fois, c'étaient le cytise argenté de Cette, l'anémone étoilée de Nice, la lavatère maritime de Toulon, le *geranium sanguineum* des basses Pyrénées, si reconnaissable à sa feuille cinq fois palmée, et l'*astrantia major*, dont la fleur est un soleil qui rayonne à travers un anneau, comme la planète Saturne. Pécopin vit qu'il s'éloignait du Rhin avec une effroyable rapidité : il avait fait plus de deux cents lieues entre les deux poignées d'herbes. Il avait traversé les Vosges, il avait traversé les Cévennes, il traversait en ce moment les Pyrénées. — Plutôt la mort! pensa-t-il. — Et il voulut se jeter en bas de son cheval. Au mouvement qu'il fit pour se désarçonner, il se sentit étreindre les pieds comme par deux mains de fer. Il regarda. Ses étriers l'avaient saisi et le tenaient. C'étaient des étriers vivants.

Les cris lointains, les hennissements et les aboiements faisaient rage; le cor du vieux chasseur, précédant la chasse à une distance effrayante, sonnait des mélodies sinistres : et à travers de grands branchages bleuâtres que le vent secouait, Pécopin voyait les chiens traverser à la nage des étangs pleins de reflets magiques.

Le pauvre chevalier se résigna, ferma les yeux, et se laissa emporter.

Une fois il les rouvrit; la chaleur de fournaise d'une nuit tropicale lui frappait le visage ; de vagues rugissements de tigres et de chacals arrivaient jusqu'à lui; il entrevit des ruines de pagodes sur le faîte desquelles se tenaient gravement debout, rangés par longues files, des vautours, des philosophes et des cigognes; des arbres d'une forme bizarre prenaient dans les vallées mille attitudes étranges; il reconnut le banyan et le baobab; l'oüénonbouyh sifflait, l'*oyra rameum* fredonnait, le petit gonambuch chantait. Pécopin était dans une forêt de l'Inde.

Il ferma les yeux.

Puis il les rouvrit encore. En un quart d'heure, aux souffles de l'équateur avait succédé un vent de glace. Le froid était terrible. Le sabot du cheval faisait crier le givre. Les rangifères, les alses et les satyres couraient comme des ombres à travers la brume. L'âpreté des bois et des montagnes était affreuse. Il n'y avait à l'horizon que deux ou trois rochers d'une hauteur immense autour desquels volaient les mouettes et les stercoraires, et à travers d'horribles verdures noires on entrevoyait de grandes vagues blanches auxquelles le ciel jetait des flocons de neige et qui jetaient au ciel des flocons d'écume. Pécopin traversait les mélèzes de la Biarmie, qui sont au cap Nord.

Un moment après, la nuit s'épaissit, Pécopin ne vit plus rien, mais il entendit un bruit épouvantable, et il reconnut qu'il passait près du gouffre Maelstron, qui est le Tartare des anciens et le nombril de la mer.

Qu'était-ce donc que cette effroyable forêt qui faisait le tour de la terre?

Le cerf à seize andouillers reparaissait par intervalles, toujours fuyant et toujours poursuivi. Les ombres et les rumeurs se précipitaient pêle-mêle sur sa trace, et le cor du vieux chasseur dominait tout, même le bruit du gouffre Maelstron.

Tout à coup le genet s'arrêta court. Les aboiements cessèrent, tout se tut autour de Pécopin. Le pauvre chevalier, qui depuis plus d'une heure avait refermé les yeux, les rouvrit. Il était devant la façade d'un sombre et colossal édifice dont les fenêtres éclairées semblaient jeter des regards. Cette façade était noire comme un masque et vivante comme un visage.

XII

DESCRIPTION D'UN MAUVAIS GÎTE

Ce qu'était cet édifice, il serait malaisé de le dire. C'était une maison forte comme une citadelle, une citadelle magnifique comme un palais, un palais menaçant comme une caverne, une caverne muette comme un tombeau.

On n'y entendait aucune voix, on n'y voyait aucune ombre.

Autour de ce château, dont l'immensité avait je ne sais quoi de surnaturel, la forêt s'étendait à perte de vue. Il n'y avait plus de lune sur l'horizon. On n'apercevait au ciel que quelques étoiles qui étaient rouges comme du sang.

Le cheval s'était arrêté au pied d'un perron qui aboutissait à une grande porte fermée. Pécopin regarda à droite et à gauche, et il lui sembla distinguer tout le long de la façade d'autres perrons au bas desquels se tenaient immobiles d'autres cavaliers arrêtés comme lui et qui semblaient attendre en silence.

Pécopin tira son poignard; et il allait heurter du pommeau la balustrade de marbre du perron, quand le cor du vieux chasseur éclata subitement près du château, probablement derrière la façade, puissant, énorme, sonore, assourdissant comme le clairon plein d'orage où souffle le mauvais ange. Ce cor, dont le bruit courbait visiblement les arbres, chantait dans les ténèbres un effroyable hallali.

Le cor se tut. A peine eut-il fini que les portes du château s'ouvrirent en dehors à deux battants, comme si un vent intérieur les eût violemment poussées toutes à la fois. Un flot de lumière en sortit.

Le genet monta les degrés du perron, et Pécopin entra dans une vaste salle splendidement illuminée.

Les murailles de cette salle étaient couvertes de tapisseries figurant des sujets tirés de l'histoire romaine. Les entre-deux des lambris étaient revêtus de cyprès et d'ivoire. En haut régnait une galerie pleine de fleurs et d'arbres, et dans un angle, sous une rotonde, on voyait un lieu pour les femmes pavé d'agate. Le reste du pavé était une mosaïque représentant la guerre de Troie.

Du reste, personne; la salle était déserte. Rien de plus sinistre que cette grande clarté dans cette grande solitude.

Le cheval, qui allait de lui-même et dont le pas sonnait gravement sur le pavé, traversa lentement cette première salle et entra dans une seconde chambre, qui était de même illuminée, immense et déserte.

De larges panneaux de cèdre sculpté se développaient autour de cette chambre, et dans ces panneaux un mystérieux artiste avait encadré des tableaux merveilleux incrustés de nacre et d'or. C'étaient des batailles, des chasses, des fêtes représentant des châteaux pleins d'artifices à feu assiégés et pris par des faunes et des sauvages, des joutes et des guerres navales avec toutes sortes de vaisseaux courant sur un océan de turquoises, d'émeraudes et de saphirs, qui imitait admirablement la rondeur de l'eau salée et la tumeur de la mer.

Au-dessous de ces tableaux une frise fouillée du ciseau le plus fin et le plus magistral figurait, dans les innombrables rapports qu'elles ont entre elles, les trois espèces de créatures terrestres qui contiennent des esprits : les géants, les hommes et les nains; et partout dans cette œuvre les géants et les nains humiliaient l'homme, plus petit que les géants et plus bête que les nains.

Le plafond pourtant semblait rendre je ne sais quel malicieux hommage au génie humain. Il était entièrement composé de médaillons accostés dans lesquels brillaient, éclairés d'un feu sombre et coiffés de couronnes de Pluton, les portraits de tous les hommes à qui la terre doit des découvertes réputées utiles, et qui, pour ce motif, sont appelés les *bienfaiteurs de l'humanité*. Chacun était là pour l'invention qu'il a faite. Arabus y était pour la médecine, Dédalus pour les labyrnthes, Pisistrate pour les livres, Aristote pour les bibliothèques, Tubalcaïn pour les enclumes, Architas pour les machines de guerre, Noé pour la navigation, Abraham pour la géométrie, Moïse pour la trompette, Amphictyon pour la divination des songes, Frédéric Barberousse pour la chasse au faucon, et le sieur Bachou, Lyonnais, pour la quadrature du cercle. Dans les angles de la voûte et dans les pendentifs se groupaient, comme les maîtresses constellations de ce ciel d'étoiles humaines, force visages illustres : Flavius, qui a trouvé la boussole; Christophe Colomb, qui a découvert l'Amérique; Botargus, qui a imaginé les sauces de cuisine; Mars, qui a inventé la guerre; Faustus, qui a inventé l'imprimerie; le moine Schwartz, qui a inventé la poudre, et le pape Pontian, qui a inventé les cardinaux.

Plusieurs de ces fameux personnages étaient inconnus à Pécopin, par la grande raison qu'ils n'étaient pas encore nés à l'époque où se passe cette histoire.

Le chevalier pénétra ainsi, marchant où le menait le pas de son cheval, dans une longue enfilade de salles magnifiques. En l'une d'elles il remarqua sur le mur oriental cette inscription en lettres d'or : « Le caoué des Arabes, autrement dit cavé, est une herbe qui croît en abondance dans l'empire du Turc, et qu'on appelle dans l'Inde l'herbe miraculeuse, étant préparée comme il s'ensuit : prenez demi-once de cette herbe, que vous mettrez en poudre et ferez infuser dans une pinte d'eau commune trois ou quatre heures; puis vous la faites bouillir de sorte qu'il y ait un tiers de consommé. Buvez-la peu à peu, quasi comme en humant. Les personnes de condition l'adoucissent avec le sucre et l'aromatisent avec l'ambre gris. »

En face, sur le mur occidental, brillait cette autre légende : « Le feu grégeois se fait et excite dans l'eau avec du charbon de saule, du sel, de l'eau-de-vie, du soufre, de la poix, de l'encens et du camphre, lequel même brûle seul dans l'eau sans autre mixtion et consume toute matière. »

Dans une autre salle il n'y avait pour tout ornement que le portrait fort ressemblant de ce laquais qui, au festin de Trimalcion, faisait le tour de la table en chantant d'une voix délicate les sauces où il entre du benjoin.

Partout des torchères, des lustres, des chandelles et des girandoles, reflétés par d'immenses miroirs de cuivre et d'acier; étincelaient dans ces chambres démesurées et opulentes, où Pécopin ne rencontra pas un être vivant, et à travers lesquelles il s'avançait, l'œil hagard et l'esprit troublé, seul, inquiet, effaré, plein de ces idées inexprimables et confuses qui viennent aux rêveurs dans le sombre des bois.

Enfin il arriva devant une porte de métal rougeâtre au-dessus de laquelle s'arrondissait, dans un feuillage de pierreries, une grosse pomme d'or, et sur cette pomme il lut ces deux lignes :

ADAM A INVENTÉ LE REPAS,
ÈVE A INVENTÉ LE DESSERT.

XIII

TELLE AUBERGE, TELLE TABLE D'HÔTE

Comme il cherchait à approfondir le sens lugubrement ironique de cette inscription, la porte s'ouvrit lentement, le cheval entra, et Pécopin fut comme un homme qui passe brusquement du plein soleil de midi dans une cave. La porte s'était refermée derrière lui, et le lieu dans lequel il venait d'entrer était si ténébreux, qu'au premier moment il se crut aveuglé. Il apercevait seulement à quelque distance une large lueur blême. Peu à peu ses yeux, éblouis par la lumière surnaturelle des antichambres qu'ils venaient de traverser, s'accoutumèrent à l'obscurité, et il commença à distinguer comme dans une vapeur les mille piliers monstrueux d'une prodigieuse salle babylonienne. La lueur qui était au milieu de cette salle prit des contours, des formes s'y dessinèrent, et, au bout de quelques instants, le chevalier vit se développer dans l'ombre, au centre d'une forêt de colonnes torses, une grande table lividement éclairée par un chandelier à sept branches, à la pointe desquelles tremblaient et vacillaient sept flammes bleues.

Au haut bout de cette table, sur un trône d'or vert, était assis un géant d'airain qui était vivant. Ce géant était Nemrod. A sa droite et à sa gauche siégeaient, sur des fauteuils de fer, une foule de convives pâles et silencieux, les uns coiffés du bonnet à la moresque, les autres plus couverts de perles que le roi de Bisnagar.

Pécopin reconnut là tous les fameux chasseurs qui ont laissé trace dans les histoires : le roi Mithrobuzane, le tyran Machanidas, le consul romain Æmilius Barbula II; Rollo, roi de la mer; Zuentibold, l'indigne fils du grand Arnolphe, roi de Lorraine; Haganon, favori de Charles de France; Herbert, comte de Vermandois; Guillaume Tête d'Étoupe, comte de Poitiers, auteur de l'illustre maison de Rechignevoisin; le pape Vitalianus; Fardulphus, abbé de Saint-Denis; Athelstan, roi d'Angleterre, et Aigrold, roi de Danemark. A côté de Nemrod se tenait accoudé le grand Cyrus, qui fonda l'empire persan deux mille ans avant Jésus-Christ, et qui portait sur sa poitrine ses armoiries, lesquelles sont, comme on sait, de sinople à un lion d'argent sans vilenie, couronné de laurier d'or à une bordure crénelée d'or et de gueules chargée de huit tierces feuilles à queue d'argent.

Cette table était servie selon l'étiquette impériale, et aux quatre angles il y avait quatre chasseresses distinguées et illustres : la reine Emma, la reine Ogive, mère de Louis d'Outre-mer, la reine Gerberge, et Diane, laquelle, en sa qualité de déesse, avait un dais et un cadenas comme les trois reines.

Aucun de ces convives ne mangeait, aucun ne parlait, aucun ne regardait. Une large place vide au milieu de la nappe semblait attendre qu'on servît le repas, et il n'y avait sur la table que des flacons où étincelaient mille boissons des pays les plus variés, le vin de palme de l'Inde, le vin de riz de Bengala, l'eau distillée de Sumatra, l'arak du Japon, le pamplis des Chinois et le pechmez des Turcs. Çà et là, dans de vastes cruches de terre richement émaillée, écumait ce breuvage que les Norvégiens appellent wel, les Goths buska, les Carinthiens vo, les Sclavons oll, les Dalmates bieu, les Hongrois ser, les Bohêmes piva, les Polonais pwo, et que nous nommons bière.

Des nègres qui ressemblaient à des démons ou des démons qui ressemblaient à des nègres entouraient la table, debout, muets, la serviette au bras et l'aiguière à la main. Chaque convive avait, comme il convient, son nain à côté de lui. Madame Diane avait son lévrier.

En regardant attentivement dans les profondeurs les plus brumeuses de ce lieu extraordinaire, Pécopin vit que dans l'immensité peut-être sans fond de la salle, sous la forêt de colonnes, il y avait une multitude de spectateurs, tous à cheval comme lui, tous en habit de chasse : ombres par l'obscurité, statues par l'immobilité, spectres par le silence. Parmi les plus rapprochés, il crut reconnaître les cavaliers qui accompagnaient le vieux chasseur dans le bois des Pas-Perdus. Comme je viens de le dire, convives, valets, assistants, gardaient un silence effrayant, et, plutôt que d'entendre un souffle sortir de cette foule, on eût entendu chuchoter les pierres d'un tombeau.

Il faisait très-froid dans ces ténèbres. Pécopin était glacé jusque dans les os; cependant il sentait la sueur ruisseler sur tous ses membres.

Tout à coup des jappements retentirent, d'abord lointains, bientôt violents, joyeux et sauvages; puis le cor du vieux chasseur s'y mêla brusquement et se mit à exécuter, avec une splendeur triomphale, un admirable hallali, parfaitement étrange et nouveau, qui, retrouvé plusieurs siècles plus tard par Roland de Lattre dans une inspiration nocturne, valut à ce grand musicien, le 6 avril 1574, l'honneur d'être créé, par le pape Grégoire XIII, chevalier de Saint-Pierre à l'éperon d'or *de numero participantium*.

A ce bruit Nemrod leva la tête, et l'abbé Fardulfus se détourna à demi, et Cyrus, qui s'appuyait sur le coude droit, s'appuya sur le coude gauche.

XIV

NOUVELLE MANIÈRE DE TOMBER DE CHEVAL

Les aboiements et le cor se rapprochèrent; une grande porte, faisant face à celle par où Pécopin était entré, s'ouvrit à deux battants, et le chevalier vit venir dans une longue galerie obscure les deux cents valets porte-flambeaux soutenant sur leurs épaules un immense plat d'or vert dans lequel gisait, au milieu d'une vaste sauce, le cerf aux seize andouillers, rôti, noirâtre et fumant.

En avant des valets, dont les deux cents torches étaient rouges comme braise, marchait le vieux chasseur, son cor de buffle à la main, à cheval sur le coureur tartare inondé d'écume. Il ne soufflait plus dans sa trompe; mais il souriait courtoisement au milieu des hurlements inouïs de la meute, qui escortait le cerf, toujours conduite par le piqueur masqué.

Au moment où ce cortége déboucha de la galerie et rentra dans la salle, les torches des valets devinrent bleues, et les chiens se turent subitement. Ces effroyables dogues, aux gueules de lions et aux rugissements de tigres, s'avancèrent à la suite de leur maître, à pas lents, la tête basse, la queue serrée entre les jambes, les reins frissonnants d'une profonde terreur, les yeux suppliants, vers la table où siégeaient les mystérieux convives, toujours blêmes, impassibles et mornes comme des faces de marbre.

Arrivé près de la table, le vieux regarda en face les lugubres soupeurs et éclata de rire. — *Hombres y mugeres*, or çà, *vosotros, belle signore, domini et dominæ, amigos mios*, comment va la besogne?

— Tu viens bien tard, dit l'homme d'airain.

— C'est que j'avais un ami à qui je voulais faire voir la chasse, répondit le vieillard.

— Oui, répliqua Nemrod, mais regarde.

En même temps, étendant le pouce de sa main droite par-dessus son épaule de bronze, il désignait derrière lui le fond de la salle. L'œil de Pécopin suivit machinalement l'indication du géant, et il vit au loin se dessiner sur les murailles noires des ogives blanchâtres : comme s'il y eût eu là des fenêtres vaguement frappées par les premières lueurs de l'aube.

— Eh bien, reprit le chasseur, il faut dépêcher.

Et, sur un signe qu'il leur fit, les deux cents porte-flambeaux, aidés par les nègres, se disposèrent à placer le cerf rôti sur la table, au pied du chandelier à sept branches.

Alors Pécopin enfonça les éperons dans les flancs du genet, qui lui obéit, chose étrange! peut-être à cause de l'approche du jour, qui affaiblit les sortiléges ; il poussa son cheval entre les valets et la table, se dressa debout sur les étriers, mit l'épée à la main, regarda fixement tour à tour les sinistres visages de la grande table et le vieux chasseur, et s'écria d'une voix tonnante : — Pardieu! qui que vous soyez, spectres, larves, apparences et visions, empereurs ou démons, je vous défends de faire un pas, ou, par la mort, et que Dieu m'aide! je vous apprendrai à tous, même à toi, l'homme de bronze, ce que pèse sur la tête d'un fantôme le soulier de fer d'un chevalier vivant! Je suis dans la caverne des ombres, mais je prétends y faire à ma fantaisie et à ma guise des choses réelles et terribles : ne vous en mêlez pas, mes maîtres! Et toi qui m'as menti, vieux misérable, tu peux bien dégainer en jeune homme, puisque tu souffles dans ta trompe avec plus de rage qu'un taureau. Mets-toi donc en garde, ou, par la messe! je te coupe les reins à travers le ventre, fusses-tu le roi Pluto en personne!

— Ah! vous voilà, mon cher! dit le vieux. Eh bien, vous allez souper avec nous.

Le sourire qui accompagnait cette gracieuse invitation exaspéra Pécopin. — En garde, vieux drôle! Ah! tu m'avais fait une promesse, et tu m'as trompé!

— *Hijo*, attends la fin! qu'en sais-tu?

— En garde, te dis-je!

— Ouais! mon bon ami, vous prenez mal les choses.

— Rends-moi Bauldour, tu me l'as promis!

— Qui vous dit que je ne vous la rendrai pas? Mais qu'en ferez-vous quand vous la reverrez?

— Elle est ma fiancée, tu le sais bien, misérable! et je l'épouserai, dit Pécopin.

— Et ce sera probablement avant peu un triste et malheureux couple de plus, répondit le vieux chasseur en hochant la tête. Après tout, bah! qu'est-ce que cela me fait! Il faut que les choses soient ainsi. Le mauvais exemple est donné aux mâles et aux femelles d'ici-bas par le mâle et la femelle de là-haut, le soleil et la lune, qui font un détestable ménage et ne sont jamais ensemble.

— Holà! trêve à la raillerie, cria le chevalier, ou je t'extermine et j'extermine ces démons et leurs déesses, et j'en purge cette caverne!

Le vieux répondit avec un rire de bateleur :
— Purge, mon ami! voici la formule : séné, rhubarbe, sel d'Epsom. Le séné balaye l'estomac, la rhubarbe nettoie le duodénum, le sel d'Epsom ramone les intestins.

Pécopin furieux s'élança sur lui, l'épée haute; mais à peine son cheval avait-il fait un pas qu'il le sentit trembler et s'affaisser. Il regarda. Un froid et blanc rayon de jour pénétrait dans l'antre et glissait sur les dalles bleuies. Excepté le vieux chasseur, toujours souriant et immobile, tous les assistants commençaient à s'effacer. Le chandelier et les torches se mouraient; la prunelle des spectres, que la brusque incartade de Pécopin avait un moment ranimée, n'avait plus de regard; et à travers l'énorme torse d'airain du géant Nemrod, comme à travers une jarre de verre, Pécopin distinguait nettement les piliers du fond de la salle.

Son cheval devenait impalpable et fondait lentement sous lui. Les pieds de Pécopin étaient près de toucher la terre.

Tout à coup un coq chanta. Il y avait je ne sais quoi de terrible dans ce chant clair, métallique et vibrant, qui traversa l'oreille de Pécopin comme une lame d'acier. Au même instant un vent frais passa, son cheval s'évanouit sous lui, il chancela et faillit tomber. Quand il se redressa, tout avait disparu.

Il se trouvait seul, debout sur le sol, l'épée à la main, dans un ravin obstrué de bruyères, à quelques pas d'une eau qui écumait dans des rochers, à la porte d'un vieux château. Le jour naissait. Il leva les yeux et poussa un cri de joie. Ce château, c'était le Falkenburg.

XV

OU L'ON VOIT QUELLE EST LA FIGURE DE RHÉTORIQUE
DONT LE BON DIEU USE LE PLUS VOLONTIERS

Le coq chanta une seconde fois. Son chant partait de la basse-cour du château. Ce coq, dont la voix venait de faire écrouler autour de Pécopin le palais plein de vertiges des chasseurs nocturnes, avait peut-être cette nuit même becqueté les miettes qui tombaient chaque soir des mains bénies de Bauldour.

O puissance de l'amour! force généreuse du cœur! chaud rayonnement des belles passions et des belles années! A peine Pécopin eut-il revu ces tours bien-aimées, que la fraîche et éblouissante image de sa fiancée lui apparut et le remplit de lumière, et qu'il sentit se dissoudre en lui comme une fumée toutes les misères du passé, et les ambassades, et les rois, et les voyages, et les spectres, et l'effrayant gouffre de visions dont il sortait.

Certes, ce n'est pas ainsi, avec la tête haute et le regard enflammé, que le prêtre couronné dont parle le *Speculum historiale* émergea du milieu des fantômes après qu'il eut visité le sombre et splendide intérieur du dragon d'airain. Et, puisque cette figure redoutable vient d'apparaître à celui qui raconte ces histoires, il convient de lui jeter une malédiction, et d'imposer ici un stigmate à ce faux sage qui avait deux faces, tournées l'une vers la clarté, l'autre vers l'ombre, et qui était à la fois, pour Dieu, le pape Sylvestre II, et, pour le diable, le magicien Gerbert.

Vis-à-vis les traîtres et les personnages doubles, la haine est devoir. Tout Parisien doit en passant une pierre à Périnet Leclercq, tout Espagnol au comte Julien, tout chrétien à Judas; et tout homme à Satan.

Du reste, ne l'oublions pas, Dieu met invariablement le jour à côté de la nuit, le bien auprès du mal, l'ange en face du démon. L'enseignement austère de la Providence résulte de cette éternelle et sublime antithèse. Il semble que Dieu dise sans cesse : Choisissez. Au onzième siècle, en regard du prêtre cabaliste Gerbert il plaça le chaste et savant Emuldus. Le magicien fut pape, le saint docteur fut médecin. En sorte que les hommes purent voir sous le même ciel, parmi les mêmes événements et à la même époque, la science blanche dans la robe noire, et la science noire dans la robe blanche.

Pécopin avait remis son épée au fourreau et marchait à grands pas vers le manoir, dont les fenêtres, déjà égayées d'un rayon de soleil, semblaient rendre à l'aube son sourire. Comme il approchait du pont, duquel il ne reste qu'une arche aujourd'hui, il entendit derrière lui une voix qui disait : — Eh bien, chevalier de Sonneck, ai-je tenu ma promesse ?

XVI

OU EST TRAITÉE LA QUESTION DE SAVOIR SI L'ON PEUT
RECONNAÎTRE QUELQU'UN QU'ON NE CONNAÎT PAS

Il se retourna. Deux hommes étaient debout dans la bruyère. L'un était le piqueur masqué, et Pécopin frissonna en l'apercevant. Il portait sous son bras un grand portefeuille rouge. L'autre était un vieux petit homme bossu, boiteux et fort laid. C'était lui qui avait parlé à Pécopin, et Pécopin cherchait à se rappeler où il avait vu ce visage.

— Mon gentilhomme, reprit le bossu, tu ne me reconnais donc pas ?

— Si fait, dit Pécopin.

— A la bonne heure!

— Vous êtes l'esclave des bords de la mer Rouge.

— Je suis le chasseur du bois des Pas-Perdus, répondit le petit homme.

C'était le diable.

— Sur ma foi, repartit Pécopin, soyez ce qu'il vous plaît d'être; mais, puisque en somme vous m'avez tenu parole, puisque me voilà à Falkenburg, puisque je vais revoir Bauldour, je suis vôtre, messire, et en toute loyauté je vous remercie.

— Cette nuit tu m'accusais. Que t'ai-je dit?

— Vous m'avez dit : Attends la fin.

— Eh bien, maintenant tu me remercies; et je te dis encore : Attends la fin! Tu te pressais peut-être trop de m'accuser, tu te hâtes peut-être trop de me remercier.

En parlant ainsi, le petit bossu avait un air inexprimable. L'ironie, c'est le visage même du diable. Pécopin tressaillit.

— Que voulez-vous dire?

Le diable lui montra le piqueur masqué.

— Reconnais-tu cet homme?

— Oui.

— Le connais-tu?

— Non.

Le piqueur se démasqua : c'était Érilangus. Pécopin se sentit trembler. Le diable continua :

— Pécopin, tu étais mon créancier. Je te devais deux choses : cette bosse et ce pied bot. Or, je suis bon débiteur. Je suis allé trouver ton ancien valet Érilangus, pour m'informer de tes goûts. Il m'a conté que tu aimais la chasse. Alors j'ai dit : Ce serait dommage de ne pas faire chasser la chasse noire à ce beau chasseur. Comme le soleil baissait je t'ai rencontré dans une clairière. Tu étais dans le bois des Pas-Perdus. J'arrivais à temps; le nain Roulon t'allait prendre pour lui, je t'ai pris pour moi. Voilà.

Pécopin frémissait involontairement. Le diable ajouta :

— Si tu n'avais eu ton talisman, je t'aurais gardé. Mais j'aime autant que les choses soient comme elles sont. La vengeance se doit assaisonner à diverses sauces.

— Mais enfin que veux-tu dire, démon? reprit Pécopin avec effort.

Le diable poursuivit : — Pour récompenser Érilangus de ses renseignements, je l'ai fait mon portefeuille. Il a de bons bénéfices.

— Mauvais drôle, me diras-tu enfin ce que cela signifie? répéta Pécopin.

— Que t'avais-je promis ?

— Qu'après cette nuit passée en chasse avec toi, au soleil levant, tu me ramènerais au Falkenburg.

— T'y voici.

— Dis-moi, démon, est-ce que Bauldour est morte?

— Non.

— Est-ce qu'elle est mariée?

— Non.

— Est-ce qu'elle a pris le voile ?

— Non.

— Est-ce qu'elle n'est plus au Falkenburg?

— Si.

— Est-ce qu'elle ne m'aime plus?

— Toujours.

— En ce cas, et si tu dis vrai, s'écria Pécopin, respirant comme s'il eût été délivré du poids d'une montagne, qui que tu sois et quoi qu'il arrive, je te remercie.

— Va donc, dit le diable, tu es content, et moi aussi.

Cela dit, il saisit Érilangus dans ses bras, quoiqu'il fût petit et qu'Érilangus fût grand; puis, tordant sa jambe difforme autour de l'autre, et se dressant sur la pointe du pied, il fit une pirouette, et Pécopin le vit s'enfoncer dans la terre comme une vrille. Une seconde après il avait disparu.

La terre en se refermant sur le diable laissa échapper une jolie petite lueur violette semée d'étincelles vertes, qui s'en alla gaiement, avec force gambades et gabrioles, jusqu'à la forêt, où elle resta quelque temps arrêtée et comme accrochée dans les arbres, les colorant de mille nuances lumineuses, ainsi que fait l'arc-en-ciel lorsqu'il se mêle à des feuillages.

XVII

LES BAGATELLES DE LA PORTE

Pécopin haussa les épaules. — Bauldour est vivante, Bauldour est libre, pensa-t-il, et Bauldour m'aime! Que puis-je craindre? Il y avait hier au soir, avant que je rencontrasse ce démon, cinq ans précisément que je l'avais quittée. Eh bien, il y aura cinq ans et un jour! Je vais la revoir plus belle que jamais. La femme, c'est le beau sexe; et vingt ans, c'est le bel âge.

Dans ces temps de fidélités robustes, on ne s'étonnait pas de cinq ans.

Tout en monologuant de la sorte, il approchait du château et il reconnaissait avec joie chaque bossage du portail, chaque dent de la herse et chaque clou du pont-levis. Il se sentait heureux et bienvenu. Le seuil de la maison qui nous a vus enfants sourit, en nous revoyant hommes, comme le visage satisfait d'une mère.

Comme il traversait le pont, il remarqua près de la troisième arche un fort beau chêne dont la tête dépassait de très-haut le parapet. — C'est singulier, se dit-il, il n'y avait point d'arbre là. — Puis il se souvint que, deux ou trois semaines avant le jour où il avait rencontré la chasse du palatin, il avait joué avec Bauldour au jeu des glands et des osselets, en s'accoudant au parapet du pont, et que, précisément à cet endroit, il avait laissé tomber un gland dans le fossé. — Diable! pensa-t-il, le gland s'est fait chêne en cinq ans. Voilà un bon terrain.

Quatre oiseaux perchés dans ce chêne y jasaient à qui mieux mieux : c'étaient un geai, un merle, une pie et un corbeau. Pécopin y fit à peine attention, non plus qu'à un pigeon qui roucoulait dans un colombier, et à une poule qui gloussait dans la basse-cour. Il ne songeait qu'à Bauldour, et il se hâtait.

Le soleil étant sur l'horizon, les valets de conciergerie venaient de baisser le pont-levis. Au moment où Pécopin entra sous la porte, il entendit derrière lui un éclat de rire qui semblait venir de très-loin, quoique parfaitement distinct et fort prolongé. Il regarda partout au dehors et ne vit personne. C'était le diable qui riait dans sa caverne.

Il y avait sous la voûte un réservoir d'eau que l'ombre et la réverbération changeaient en miroir. Le chevalier s'y pencha. Après les fatigues de ce long voyage, qui lui avait à peine laissé sur le corps quelques haillons, surtout après les secousses de cette nuit de chasse surnaturelle, il s'attendait à avoir effroi de lui-même. Pas du tout. Était-ce vertu du talisman que lui avait donné la sultane, était-ce effet de l'élixir que le diable lui avait fait boire, il était plus charmant, plus frais, plus jeune et plus reposé que jamais. Ce qui l'étonna surtout, ce fut de se voir couvert de vêtements tout neufs et très-magnifiques. Les idées étaient tellement brouillées dans son cerveau, qu'il ne put se rappeler à quel instant de la nuit on l'avait équipé de la sorte. Il était fort beau ainsi. Il avait l'habit d'un prince et l'air d'un génie.

Tandis qu'il se mirait, un peu surpris, mais fort satisfait et se trouvant à son goût, il entendit un second éclat de rire plus joyeux encore que le premier. Il se retourna et ne vit personne. C'était le diable qui riait dans sa caverne.

Il traversa la cour d'honneur. Les hommes d'armes se penchèrent aux créneaux des murailles ; aucun ne le reconnut, et il n'en reconnut aucun. Les servantes à jupons courts qui battaient le linge au bord des lavoirs se retournèrent; aucune ne le reconnut, et il n'en reconnut aucune. Mais il avait si bonne figure, qu'on le laissa passer. Grande mine suppose grand nom.

Il savait son chemin et se dirigea vers la petite tourelle-escalier qui conduisait à la chambre de Bauldour. Tout en franchissant la cour, il lui sembla que les façades du château étaient un peu bien assombries et ridées, et que les lierres qui étaient aux murailles du nord s'étaient démesurément épaissis, et que les vignes qui étaient aux murailles du midi avaient singulièrement grossi. Mais un cœur amoureux s'émerveille-t-il pour quelques pierres noires et quelques feuilles de plus ou de moins?

Quand il arriva à la tourelle, il eut quelque peine à en reconnaître la porte. La voûte de cet escalier était une voûte quartier-de-vis suspendue en tour ronde, et, au moment où Pécopin était parti du pays, le père de Bauldour venait d'en faire reconstruire l'entrée à neuf avec du beau grès blanc de Heidelberg. Or, cette entrée, qui, selon le calcul de Pécopin, était bâtie depuis cinq ans à peine, était maintenant fort brunie et toute refendue et rongée par les herbes, et elle abritait sous sa voussure trois ou quatre nids d'hirondelles. Mais un cœur amoureux s'étonne-t-il pour quelques nids d'hirondelles?

Si les éclairs avaient coutume de monter les escaliers, je leur comparerais Pécopin. En un clin d'œil il fut au cinquième étage, devant la porte du retrait de Bauldour. Cette porte-là du moins n'était ni noircie ni changée; elle était toujours propre, gaie, nette et sans tache, avec ses ferrures luisantes comme l'argent, avec les nœuds de son bois clairs comme la prunelle d'une belle fille, et l'on voyait que c'était bien cette même porte virginale que la jeune châtelaine n'avait jamais manqué de faire laver par ses femmes chaque matin. La clef était à la serrure, comme si Bauldour eût attendu Pécopin.

Il n'avait qu'à poser la main sur cette clef et à entrer. Il s'arrêta. Il était haletant de joie, de tendresse et de bonheur et un peu aussi d'avoir monté cinq étages. De grandes flammes roses passaient devant ses yeux, et il lui semblait qu'elles rafraîchissaient son front. Un bourdonnement lui remplissait la tête, son cœur battait dans ses tempes.

Quand ce premier moment fut calmé, quand le silence commença à se faire en lui, il écouta. Comment dire ce qui s'émut dans cette pauvre âme ivre d'amour? Il entendit à travers la porte le bruit d'un rouet dans la chambre.

XVIII

OU LES ESPRITS GRAVES APPRENDRONT QUELLE EST LA PLUS
IMPERTINENTE DES MÉTAPHORES

A la rigueur, ce pouvait ne pas être le rouet de Bauldour; ce n'était peut-être que le rouet d'une de ses femmes; car, auprès de sa chambre, Baüldour avait son oratoire, où souvent elle passait ses journées. Si elle filait beaucoup, elle priait plus encore. Pécopin se dit bien un peu tout cela; mais il n'en écouta pas moins le rouet avec ravissement. Ce sont là de ces bêtises d'homme qui aime, qu'on fait surtout quand on a un grand esprit et un grand cœur.

Les moments comme celui où se trouvait Pécopin se composent d'extase qui veut attendre et d'impatience qui veut entrer; l'équilibre dure quelques minutes, puis il vient un instant où l'impatience l'emporte. Pécopin tremblant posa enfin la main sur la clef, elle tourna dans la serrure; le pêne céda, la porte s'ouvrit; il entra.

— Ah! pensa-t-il, je me suis trompé, ce n'était pas le rouet de Bauldour.

En effet, il y avait bien dans la chambre quelqu'un qui filait, mais c'était une vieille femme. Une vieille femme, c'est trop peu dire, c'était une vieille fée, car les fées seules atteignent à ces âges fabuleux et à ces décrépitudes séculaires. Or, cette duègne paraissait avoir et avait nécessairement plus de cent ans. Figurez-vous, si vous pouvez, une pauvre petite créature humaine ou surhumaine courbée, pliée, cassée, tannée, rouillée, éraillée, écaillée, renfrognée, ratatinée et rechignée; blanche de sourcils et de cheveux, noire de dents et de lèvres, jaune du reste, maigre, chauve, glabre, terreuse, branlante et hideuse. Et, si vous voulez avoir quelque idée de ce visage, où mille rides venaient aboutir à la bouche comme les rais d'une roue au moyeu, imaginez que vous voyez vivre l'insolente métaphore des Latins, *anus*. Cet être vénérable et horrible était assis ou accroupi près de la fenêtre, les yeux baissés sur son rouet et le fuseau à la main comme une Parque.

La bonne dame était probablement fort sourde;

car, au bruit que firent la porte en s'ouvrant et Pécopin en entrant, elle ne bougea pas.

Cependant le chevalier ôta son infule et son bicoquet, comme il sied devant des personnes d'un si grand âge, et dit en faisant un pas : — Madame la duègne, où est Bauldour?

La dame centenaire leva les yeux, laissa tomber son fil, trembla de tous ses petits membres, poussa un petit cri, se souleva à demi sur sa chaise, étendit vers Pécopin ses longues mains de squelette, fixa sur lui son œil de larve, et dit avec une voix faible et osseuse qui semblait sortir d'un sépulcre :

— O ciel! chevalier Pécopin! que voulez-vous? vous faut-il des messes? O mon Dieu Seigneur! Chevalier Pécopin, vous êtes donc mort, que voilà votre ombre qui revient?

— Pardieu, ma bonne dame, — répondit Pécopin, éclatant de rire et parlant très-haut pour que Bauldour l'entendît si elle était dans son oratoire, un peu surpris pourtant que cette duègne sût son nom, — je ne suis pas mort. Ce n'est pas mon ombre qui apparaît; c'est moi qui reviens, s'il vous plaît, moi, Pécopin, un bon revenant de chair et d'os. Et je ne veux pas de messes, je veux un baiser de ma fiancée, de Bauldour, que j'aime plus que jamais. Entendez-vous, ma bonne dame?

Comme il achevait ces mots, la vieille se jeta à son cou.

C'était Bauldour.

Hélas! la nuit de chasse du diable avait duré cent ans.

Bauldour n'était pas morte, grâce à Dieu ou au démon; mais, au moment où Pécopin, aussi jeune et plus beau peut-être qu'autrefois, la retrouvait et la revoyait, la pauvre fille avait cent vingt ans et un jour.

La pauvre fille avait cent vingt ans et un jour.

XIX

BELLES ET SAGES PAROLES DE QUATRE PHILOSOPHES
A DEUX PIEDS ORNÉS DE PLUMES

Pécopin, éperdu, s'enfuit. Il se précipita au bas de l'escalier, traversa la cour, poussa la porte, passa le pont, gravit l'escarpement, franchit le ravin, sauta le torrent, troua la broussaille, escalada la montagne et se réfugia dans la forêt de Sonneck. Il courut tout le jour, effaré, épouvanté, désespéré, fou. Il aimait toujours Bauldour, mais il avait horreur de ce spectre. Il ne savait plus où en était son esprit, où en était sa mémoire, où en était son cœur. Le soir venu, voyant qu'il approchait des tours de son château natal, il déchira ses riches vêtements ironiques qui lui venaient du diable, et les jeta dans le profond torrent de Sonneck. Puis il s'arracha les cheveux, et tout à coup il s'aperçut qu'il tenait à la main une poignée de cheveux blancs. Puis voilà que subitement ses genoux tremblèrent, ses reins fléchirent, il fut obligé de s'appuyer à un arbre, ses mains étaient affreusement ridées. Dans l'égarement de sa douleur, n'ayant plus conscience de ce qu'il faisait, il avait saisi le talisman suspendu à son cou, en avait brisé la chaîne et l'avait jeté au torrent avec ses habits.

Et les paroles de l'esclave de la sultane s'étaient sur-le-champ accomplies. Il venait de vieillir de cent ans en une minute. Le matin il avait perdu ses amours, le soir il perdait sa jeunesse. En ce moment-là, pour la troisième fois dans cette fatale journée, quelqu'un éclata de rire quelque part derrière lui. Il se retourna et ne vit personne. Le diable riait dans sa caverne.

Que faire après ce dernier accablement? Il ramassa à terre un cotret oublié par quelque fagotier; et, appuyé sur ce bâton, il marcha péniblement vers son château, qui par bonheur était fort proche. Comme il y arrivait, il vit aux derniers rayons du crépuscule un geai, une pie, un merle et un corbeau qui étaient perchés sur le toit de la porte entre les girouettes, et qui semblaient l'attendre. Il entendit une poule qu'il ne voyait pas et qui disait : *Pécopin! Pécopin!* Et il entendit un pigeon qu'il ne voyait pas et qui disait : *Bauldour! Bauldour! Bauldour!* Alors il se souvint de son rêve de Bacharach et des paroles que lui avait adressées jadis — hélas! il y avait cent cinq ans de cela! — le vieillard qui rangeait des souches le long d'un mur : *Sire, pour le jeune homme, le merle siffle, le geai garrule, la pie glapit, le corbeau croasse, le pigeon roucoule, la poule glousse; pour le vieillard, les oiseaux parlent.* Il prêta donc l'oreille, et voici le dialogue qu'il entendit :

LE MERLE
Enfin, mon beau chasseur, te voilà de retour!

LE GEAI
Tel qui part pour un an croit partir pour un jour.

LE CORBEAU
Tu fis la chasse à l'aigle, au milan, au vautour.

LA PIE
Mieux eût valu la faire au doux oiseau d'amour!

LA POULE
Pécopin! Pécopin!

LE PIGEON
Bauldour! Bauldour! Bauldour!

LETTRE XXII

LETTRE XXII

BINGEN

Un souvenir au peintre Poterlet. — Bingen. — Un peu d'histoire. — Comment les villes se font dans les confluents. — Paysage. — Le Johannisberg. —, Le Niederwald. — L'Ehrenfels. — Le Rupertsberg. — Les ruines de Disibodenberg. — Toutes sortes d'antithèses que le bon Dieu se plaît à faire. — L'auteur dénonce à l'indignation publique l'abominable *restauration* de l'abbaye de Saint-Denis. — Bingen à vol d'oiseau. — Le couplet de Barberousse. — Les poëtes sont des empereurs; il faut bien que de temps en temps les empereurs soient des poëtes. — Chant de Quasimodo chanté sur le Rhin. — Rudesheim. — Éloge senti et littéraire du vent du sud. — Comment on mange à Bingen. — Un gros major est un savant chétif. — Monographie de la table d'hôte. — M. Chose et M. Machin. — Le poëte et l'avocat. — Les sagres bleues. — L'auteur défie qui que ce soit de comprendre quoi que ce soit aux vingt dernières lignes de cette lettre.

Mayence, 15 septembre.

Vous me grondez dans votre dernière lettre, mon ami, et vous avez un peu tort et un peu raison.

Vous avez tort pour ce qui est de l'église d'Épernay, car je n'ai pas réellement écrit ce que vous croyez avoir lu. Et puis en même temps vous avez raison, car il paraît que je n'ai pas été clair. Vous m'écrivez que vous avez pris des renseignements au sujet de l'église d'Épernay, « que je me suis trompé en l'attribuant à Poterlet-Galichet, que M. Poterlet-Galichet, brave, digne et honorable bourgeois d'Épernay, est parfaitement étranger à la construction de l'église, et qu'en outre il y a dans la ville deux hommes fort distingués, du nom de Poterlet : un ingénieur de rare mérite et un jeune peintre plein d'avenir. » Je souscris à tout cela; et j'ai connu moi-même, il y a dix ans, un jeune et charmant peintre qui s'appelait Poterlet, et qui, si la mort ne l'avait enlevé à vingt-cinq ans, serait aujourd'hui un grand talent pour le public comme il était en 1829 un grand talent pour ses amis. Mais je n'ai pas dit ce que vous me faites dire. Relisez ma lettre, la seconde, je crois; je n'y attribue pas le moins du monde l'église d'Épernay à M. Galichet. Je dis seulement : « Cette église *me fait l'effet* d'avoir été bâtie, etc. » Plaisanterie quelconque qui ne tombe que sur l'église.

Ce petit compte réglé, je reviens d'Épernay à Bingen. La transition est brusque et le pas est large; mais vous êtes de ces écouteurs intelligents et doux, pénétrés de la nécessité des choses et de la loi des natures, qui accordent aux poëtes les enjambements et aux rêveurs les enjambées.

Bingen est une jolie et belle ville, à la fois blanche et noire, grave comme une ville antique et gaie comme une ville neuve, qui, depuis le consul Drusus jusqu'à l'empereur Charlemagne, depuis l'empereur Charlemagne jusqu'à l'archevêque Willigis, depuis l'archevêque Willigis jusqu'au marchand Montemagno, depuis le marchand Montemagno jusqu'au visionnaire Holzhausen, depuis le visionnaire Holzhausen jusqu'au notaire Fabre, actuellement régnant dans le château de Drusus, s'est peu à peu agglomérée et amoncelée, maison à maison, dans l'Ÿ du Rhin et de la Nähe, comme la rosée s'amasse goutte à goutte dans le calice d'un lis. Passez-moi cette comparaison, qui a le tort d'être fleurie, mais qui a le mérite d'être vraie et qui représente fidèlement, et pour tous les cas possibles, le mode de formation d'une ville dans un confluent.

Tout contribue à faire de Bingen une sorte d'antithèse bâtie au milieu d'un paysage qui est lui-même une antithèse vivante. La ville, pressée à gauche par la rivière, à droite par le fleuve, se développe en forme de triangle autour d'une église gothique adossée à une citadelle romaine. Dans la citadelle, qui date du premier siècle et qui a longtemps servi de repaire aux chevaliers-bandits, il y a un jardin de curé; dans l'église, qui est du quinzième siècle, il y a le tombeau d'un docteur quasi sorcier, ce Barthélemy de Holzhausen, que l'électeur de Mayence eût probablement fait brûler comme devin, s'il ne l'avait payé comme astrologue. Du côté de Mayence rayonne, étincelle et verdoie la fameuse plaine-paradis qui ouvre le Rhingau. Du côté de Coblenz les sombres montagnes de Leyen froncent le sourcil. Ici la nature rit comme une belle nymphe étendue toute nue sur l'herbe; là elle menace comme un géant couché.

Mille souvenirs, représentés l'un par une forêt, l'autre par un rocher, l'autre par un édifice, se mêlent et se heurtent dans ce coin du Rhingau. Là-bas, ce coteau vert, c'est le joyeux Johannisberg; au pied du Johannisberg, ce redoutable donjon carré qui flanque l'angle de la forte ville de Rudesheim, a servi de tête de pont aux Romains. Au sommet du Niederwald, qui fait face à Bingen, au bord d'une admirable forêt, sur la montagne qui commence maintenant l'encaissement du Rhin, et qui avant les temps historiques en barrait l'entrée, un petit temple à colonnes blanches, pareil à une rotonde de café parisien, se dresse au-dessus du morose et superbe Ehrenfels, construit au douzième siècle par l'archevêque Siegfried, mornes tours qui ont été jadis une formidable citadelle et qui sont aujourd'hui une ruine magnifique. Le joujou domine et humilie la forteresse. De l'autre côté du Rhin, sur le Rupertsberg, qui regarde le Niederwald, dans les ruines du couvent de Disibodenberg, le puits béni creusé par sainte Hildegarde avoisine l'infâme tour bâtie par Hatto. Les vignes entourent le couvent, les gouffres environnent la tour. Des forgerons se sont établis dans la tour, le bureau des douanes prussiennes s'est installé dans le couvent. Le sceptre de Hatto écoute sonner l'enclume, et l'ombre de Hildegarde assiste au plombage des colis.

Par un contraste bizarre, l'émeute de Civilis qui détruisit le pont de Drusus, la guerre du Palatinat qui détruisit le pont de Willigis, les légions de Tutor, les querelles des gaugraves Adolphe de Nassau et Didier d'Isembourg, les Normands en 890, les bourgeois du Creuznach en 1279, l'archevêque Baudouin de Trèves en 1334, la peste en 1349, l'inondation en 1458, le bailli palatin Goler de Ravensberg en 1496, le landgrave Guillaume de Hesse en 1504, la guerre de Trente ans, les armées de la révolution et de l'empire, toutes les dévastations ont successivement traversé cette plaine heureuse et sereine, tandis que les plus ravissantes figures de la liturgie et de la légende, Gela, Jutta, Liba, Guda; Gisèle, la douce fille de Brœmser; Hildegarde, l'amie de saint Bernard; Hiltrude, la pénitente du pape Eugène, ont habité tour à tour ces sinistres rochers. L'odeur du sang est encore dans la plaine, le parfum des saintes et des belles remplit encore la montagne.

Plus vous examinez ce beau lieu, plus l'antithèse se multiplie sous le regard et sous la pensée. Elle se continue sous mille formes. Au moment où la Nähe débouche à travers les arches du pont de pierre, sur le parapet duquel le lion de Hesse tourne le dos à l'aigle de Prusse, ce qui fait dire aux Hessois qu'il dédaigne et aux Prussiens qu'il a peur, au moment, dis-je, où la Nähe, qui arrive tranquille et lente du mont Tonnerre, sort de dessous ce pont-limite, le bras vert-de-bronze du Rhin saisit brusquement la blonde et indolente rivière et la plonge dans le Bingerloch. Ce qui se fait dans le gouffre est l'affaire des dieux. Mais il est certain que jamais Jupiter ne livra naïade plus endormie à fleuve plus violent.

L'église de Bingen est badigeonnée en gris au dehors comme au dedans. Cela est absurde. Pourtant je vous déclare que les abominables restaurations qui se font maintenant en France finiront par me réconcilier avec ce badigeon. Pour le dire en passant, je ne connais rien en ce genre de plus déplorable que la restauration de l'abbaye de Saint-Denis, achevée à cette heure, hélas! et la restauration de Notre-Dame de Paris, ébauchée en ce moment. Je reviendrai quelque jour, soyez-en certain, sur ces deux opérations barbares. Je ne puis me défendre d'un sentiment de honte personnelle quand je songe que la première s'est accomplie à nos portes et que la seconde se fait au centre même de Paris. Nous sommes tous coupables de ce double crime architectural, par notre silence, par notre tolérance, par notre inertie, et c'est sur nous tous contemporains que la postérité fera un jour justement retomber son blâme et son indignation, lorsqu'en présence de deux édifices défigurés, abâtardis, parodiés, mutilés, travestis, déshonorés, méconnaissables, elle nous demandera compte de ces deux admirables basiliques, belles entre les belles églises, illustres entre les illustres monuments, l'une qui était la métropole de la royauté, l'autre qui est la métropole de la France!

Baissons la tête d'avance. De pareilles restaurations équivalent à des démolitions.

Le badigeonnage, lui, se contente d'être stupide. Il n'est pas dévastateur. Il salit, il englue, il souille, il enfarine, il tatoue, il ridiculise, il enlaidit; il ne détruit pas. Il accommode la pensée de César Césariano ou de Herwyn de Steinbach comme la face de Gauthier Garguille; il lui met un masque de plâtre. Rien de plus. Débarbouillez cette pauvre façade empâtée de blanc, de jaune, ou de rose, ou de gris, vous retrouverez vivant et pur le vénérable visage de l'église.

S'asseoir au haut du Klopp, vers l'heure où le soleil décline, et de là regarder la ville à ses pieds et autour de soi l'immense horizon; voir les monts se rembrunir, les toits fumer, les ombres s'allonger et les vers de Virgile vivre dans le paysage; aspirer dans un même souffle le vent des arbres, l'haleine du fleuve, la brise des montagnes et la respiration de la ville, quand l'air est tiède, quand la saison est douce, quand le jour est beau, c'est une sensation intime, exquise, inexprimable, pleine de petites jouissances secrètes voilées par la grandeur du spectacle et la profondeur de la contemplation. Aux fenêtres des mansardes, de jeunes filles chantent, les yeux baissés sur leur ouvrage; les oiseaux babillent gaiement dans les lierres de la ruine, les rues fourmillent de peuple, et ce peuple fait un bruit de travail et de bonheur; des barques se croisent sur le Rhin, on entend les rames couper la vague, on voit frissonner les voiles; les colombes volent autour de l'église; le fleuve miroite, le ciel pâlit; un rayon de soleil horizontal empourpre au loin la poussière sur la route ducale de Rudesheim à Biberich et fait étinceler de rapides calèches qui semblent fuir dans un nuage d'or portées par quatre étoiles. Les laveuses du Rhin étendent leur toile sur les buissons; les laveuses de la Nähe battent leur linge, vont et viennent, jambes nues et les pieds mouillés, sur des radeaux formés de troncs de sapins amarrés au bord de l'eau, et rient de quelque touriste qui dessine l'Ehrenfels. La tour des Rats, présente et debout au milieu de cette joie, fume dans l'ombre des montagnes.

Le soleil se couche, le soir vient, la nuit tombe, les toits de la ville ne font plus qu'un seul toit, les monts se massent en un seul tas de ténèbres où s'enfonce et se perd la grande clarté blanche du Rhin. Des brumes de crêpe montent lentement de l'horizon au zénith; le petit dampschiff de Mayence à Bingen vient prendre sa place de nuit le long du quai, vis-à-vis de l'hôtel Victoria; les laveuses, leurs paquets sur la tête, s'en retournent chez elles par les chemins creux; les bruits s'éteignent, les voix se taisent : une dernière lueur rose, qui ressemble au reflet de l'autre monde sur le visage blême d'un mourant, colore encore quelque temps, au faîte de son rocher, l'Ehrenfels, pâle, décrépit et décharné. — Puis elle s'efface, — et alors il semble que la tour de Hatto, presque inaperçue deux heures auparavant, grandit tout à coup et s'empare du paysage. Sa fumée, qui était sombre pendant que le jour rayonnait, rougit maintenant peu à peu aux réverbérations de la forge, et, comme l'âme d'un méchant qui se venge, devient lumineuse à mesure que le ciel devient noir.

J'étais, il y a quelques jours, sur la plate-forme

du Klopp, et, pendant que toute cette rêverie s'accomplissait autour de moi, j'avais laissé mon esprit aller je ne sais où, quand une petite croisée s'est subitement ouverte sur un toit au-dessous de mes pieds, une chandelle a brillé, une jeune fille s'est accoudée à la fenêtre, et j'ai entendu une voix claire, fraîche, pure, — la voix de la jeune fille, — chanter ce couplet sur un air lent, plaintif et triste :

> Plas mi cavalier frances,
> E la dona catalana,
> E l'onraz del ginoes,
> E la court de castelana,
> Lou cantaz provencales,
> E la danza trevisana,
> E lou corps aragones,
> La mans a kara d'angles,
> E lou donzel de Toscana.

J'ai reconnu les joyeux vers de Frédéric Barberousse, et je ne saurais vous dire quel effet m'a fait, dans cette ruine romaine métamorphosée en villa de notaire, au milieu de l'obscurité, à la lueur de cette chandelle, à deux cents toises de la tour des Rats, changée en serrurerie, à quatre pas de l'hôtel Victoria, à dix pas d'un bateau à vapeur-omnibus, cette poésie d'empereur, devenue poésie populaire; ce chant de chevalier, devenu chanson de jeune fille; ces rimes romanes, accentuées par une bouche allemande; cette gaieté du temps passé, transformée en mélancolie; ce vif rayon des croisades, perçant l'ombre d'à présent et jetant brusquement sa lumière jusqu'à moi, pauvre rêveur effaré.

Au reste, puisque je vous parle ici des musiques qu'il m'est arrivé d'entendre sur les bords du Rhin, pourquoi ne vous dirais-je pas qu'à Braubach, au moment où notre dampschiff stationnait devant le port pour le débarquement des voyageurs, des étudiants, assis sur le tronc d'un sapin détaché de quelque radeau de la Murg, chantaient en chœur, avec des paroles allemandes, cet admirable air de Quasimodo, qui est une des beautés les pius vives et les plus originales de l'opéra de mademoiselle Bertin? L'avenir, n'en doutez pas, mon ami, remettra à sa place ce sévère et remarquable opéra, déchiré à son apparition avec tant de violence, et proscrit avec tant d'injustice. Le public, trop souvent abusé par les tumultes haineux qui se font autour de toutes les grandes œuvres, voudra enfin reviser le jugement passionné fulminé unanimement par les partis politiques, les rivalités musicales et les coteries littéraires, et saura admirer un jour cette douce et profonde musique, si pathétique et si forte, si gracieuse par endroits, si douloureuse par moments; création où se mêlent, pour ainsi dire, dans chaque note, ce qu'il y a de plus tendre et ce qu'il y a de plus grave, le cœur d'une femme et l'esprit d'un penseur. L'Allemagne lui rend déjà justice, la France la lui rendra bientôt.

Comme je me défie un peu des curiosités locales exploitées, je n'ai pas été voir, je vous l'avoue, la miraculeuse corne de bœuf, ni le lit nuptial, ni la chaîne de fer du vieux Brœmser. En revanche, j'ai visité le donjon carré de Rudesheim, habité à cette heure par un maître intelligent qui a compris que cette ruine devait garder son air de masure pour garder son air de palais. Les logis sont, comme les gentilshommes, d'autant plus nobles qu'ils sont plus anciens. L'admirable manoir que ce donjon carré! Des caves romaines, des murailles romanes, une salle des Chevaliers dont la table est éclairée d'une lampe fleuronnée pareille à celle du tombeau de Charlemagne, des vitraux de la renaissance, des molosses presque homériques qui aboient dans la cour, des lanternes de fer du treizième siècle accrochées au mur, d'étroits escaliers à vis, des oubliettes dont l'abîme effraye, des urnes sépulcrales rangées dans une espèce d'ossuaire, tout un ensemble de choses noires et terribles, au sommet duquel s'épanouit une énorme touffe de verdure et de fleurs. Ce sont les mille végétations de la ruine que le propriétaire actuel, homme de vrai goût, entretient, épaissit et cultive. Cela forme une terrasse odorante et touffue, d'où l'on contemple les magnificences du Rhin. Il y a des allées dans ce monstrueux bouquet, et l'on s'y promène. De loin, c'est une couronne; de près, c'est un jardin.

Les coteaux de Johannisberg abritent ce vénérable donjon et le protégent contre le nord. Le vent tiède du midi y entre par les fenêtres ouvertes sur le Rhin. Je ne connais pas de souffle plus charmant et de vent plus littéraire que le vent du sud. Il fait germer dans la tête les idées riantes, profondes, sérieuses et nobles. En réchauffant le corps, il semble qu'il éclaire l'esprit. Les Athéniens, qui s'y connaissaient, ont exprimé cette pensée dans une de leurs plus ingénieuses sculptures. Dans les bas-reliefs de la tour des Vents, les vents glacés sont hideux et poilus, et ont l'air stupide, et sont vêtus comme des barbares; les vents doux et chauds sont habillés comme des philosophes grecs.

A Bingen, je voyais quelquefois, à l'extrémité de la salle où je dînais, deux tables fort différemment servies. A l'une était assis tout seul un gros major bavarois, parlant un peu français, lequel regardait tous les jours passer devant lui, sans presque y toucher, un vrai dîner allemand complet à cinq services. A l'autre table s'accoudait mélancoliquement devant un plat de choucroute un pauvre diable qui, après avoir mangé sa maigre pitance, achevait de dîner en dévorant des yeux le festin pantagruélique de son voisin. Je n'ai jamais mieux compris qu'une présence de cette vibrante parabole le mot de d'Ablancourt : *La Providence met volontiers l'argent d'un côté et l'appétit de l'autre.*

Le pauvre diable était un jeune savant, pâle, sérieux et chevelu, fort épris d'entomologie et un peu amoureux d'une servante de l'auberge, ce qui est un goût de savant. Du reste, un savant amoureux est un problème pour moi. Comment se comporte la passion, avec ses soubresauts, ses colères, sa jalousie et son temps perdu, au milieu de ce calme enchaînement d'études exactes, d'expérimentations froides et d'observations minutieuses qui compose la vie du savant? Vous représentez-vous, par exemple, de quelle façon pouvait être amoureux le docte Huxham, qui, dans son beau traité *De aere et morbis epidemicis*, a consigné, mois par mois, de 1724 à 1746, les quantités de pluie tombées à Plymouth pendant vingt-deux années consécutives?

Vous figurez-vous Roméo, l'œil au microscope, comptant les dix-sept mille facettes de l'œil d'une mouche; don Juan, en tablier de serge, analysant le paratartrate d'antimoine et le paratartrovinate de potasse, et Othello, courbé sur une lentille de premier grossissement, cherchant des gaillonnelles et des gomphonèmes dans la farine fossile des Chinois?

Quoi qu'il en soit, en dépit de toute théorie contraire, mon entomologiste était amoureux. Il causait parfois, parlait français mieux que le major, et avait un assez beau système du monde, mais il n'avait pas le sou.

J'aime les systèmes, quoique j'y croie peu. Descartes rêve. Huyghens modifie les rêveries de Descartes. Mariotte modifie les modifications de Huyghens. Où Descartes voit des étoiles, Huyghens voit des globules, et Mariotte voit des aiguilles. Qu'y a-t-il de prouvé dans tout cela? Rien que la brièveté de l'homme et la grandeur de Dieu.

C'est quelque chose.

Après tout, je le dis, j'aime les systèmes. Les systèmes sont les échelles au moyen desquelles on monte à la vérité.

Quelquefois mon jeune savant venait boire une bouteille de bière à l'heure de la table d'hôte; je prenais un journal, je m'asseyais dans l'embrasure d'une croisée, et je l'observais. La table d'hôte de l'hôtel Victoria était fort mêlée et fort peu harmonieuse, comme tout ce que le hasard fait par juxtaposition. Il y avait au haut bout une assez vieille dame anglaise avec trois jolis enfants. Une duègne plutôt qu'une nourrice; une tante plutôt qu'une mère. Je plaignais fort les pauvres petits. La main de la bonne dame était un magasin de tapes. Le major dînait quelquefois à côté de la dame pour se mettre en appétit. Il causait avec un avocat parisien en vacances, lequel allait à Bade *parce que*,

disait-il, *il faut bien y aller, tout le monde y va.*
Près de l'avocat s'asseyait un noble et digne gentilhomme à cheveux blancs, plus qu'octogénaire, qui avait cet air doux que donne l'approche de la tombe, et qui citait volontiers des vers d'Horace. Comme il n'avait pas de dents, le mot *mors*, dans sa prononciation, se changeait en *mox* : ce qui, dans cette bouche de vieillard, avait un sens mélancolique.

En face du vieillard se posait un monsieur qui faisait des vers français, et qui lut un jour à ses voisins, après boire, un dithyrambe en vers libres sur la Hollande, où il parlait pompeusement des harangues qui sortent de la mer. Des harangues de la mer! j'avoue que, pour ma part, je n'y aurais guère trouvé que des harengs.

Le tout était complété par deux gros marchands alsaciens, enrichis par la contrebande des peaux de belettes, qui sont aujourd'hui électeurs et jurés, et qui fumaient leurs pipes tout en se racontant l'un à l'autre des histoires toujours les mêmes. Quand ils les avaient finies, ils les recommençaient. Comme ils avaient invariablement oublié le nom des personnages dont ils parlaient, l'un disait *M. Chose*, et l'autre *M. Machin.* Ils se comprenaient.

Le faiseur de vers, — le poëte, si vous voulez, — était un gaillard classique, philosophe, constitutionnel, ironique et voltairien, qui se plaisait à *saper*, comme il disait, *les préjugés*, c'est-à-dire à insulter, tout en répétant des lieux communs contre des vieilleries, beaucoup de choses graves, mystérieuses et saintes que les hommes respectent. Il aimait à *donner*, c'était son expression, *de grands coups de lance dans les erreurs humaines;* et, quoiqu'il ne lui arrivât jamais d'attaquer les véritables moulins à vent du siècle, il s'appelait lui-même dans ses gaietés *don Quichotte.* Je l'appelais *don Quichoque.*

Quelquefois le poëte et l'avocat, bien que faits pour s'entendre, se querellaient. Le poëte, pour compléter son portrait, était une intelligence inintelligible, un esprit trouble en tout, un de ces hommes empêchés qui bredouillent en parlant et qui griffonnent en écrivant. L'avocat l'écrasait de sa supériorité. Parfois le poëte s'emportait et fâchait l'autre. Alors l'avocat irrité parlait deux heures durant avec une éloquence claire, limpide, coulante, transparente, intarissable, comme parle le robinet de ma fontaine quand il a mis son bonnet de travers.

Sur ce, l'entomologiste, qui avait de l'esprit, s'amusait à son tour à écraser l'avocat. Il parlait sérieusement bien, se faisait admirer de la cantonade, et regardait de temps en temps de côté si la jolie maritorne l'écoutait.

Il avait un jour fort pertinemment péroré à propos de vertu, de résignation et de renoncement; mais il n'avait pas mangé. Or, c'est un maigre souper que la philosophie quand on n'a rien à mettre dessus. Je l'invitai à dîner; et, quoiqu'il eût à peine pu deviner, aux deux ou trois mots que j'avais prononcés, de quel pays j'étais, il voulut bien accepter. Nous causâmes. Il me prit en amitié, et nous fîmes dans l'île des Rats et sur la rive droite du Rhin quelques excursions ensemble. Je payais le batelier.

Un soir, comme nous revenions de la tour de Hatto, je le priai de souper avec moi. Le major était à table. Mon docte compagnon avait pris dans l'île un beau scarabée à cuirasse d'azur, et, tout en me le montrant, il s'avisa de me dire : *Rien n'est beau comme les sagres bleues.* Sur ce, le major, qui l'écoutait, ne put s'empêcher de l'interrompre : — *Parbleu, monsieur!* fit-il, *les sacrebleu ont du bon parfois pour faire marcher les soldats et les chevaux, mais je ne vois pas ce qu'ils ont de beau.*

Voilà toutes mes aventures à Bingen. Du reste, quoique cette ville ne soit pas grande, c'est une de celles où s'épanche le plus largement, du commissionnaire au batelier, du batelier au cicerone, du cicerone à la servante, de la servante au valet d'auberge, cette cascade de pourboires que je vous ai décrite ailleurs, et au bas de laquelle la bourse de l'infortuné voyageur arrive parfaitement exterminée, aplatie et vide.

A propos, depuis Bacharach je suis sorti des thalers, des silbergrossen et des pfennings, et je suis entré dans les florins et les kreutzers. L'obscurité redouble. Voici, pour peu qu'on se hasarde dans une boutique, comment on dialogue avec les marchands : — Combien ceci? — Le marchand répond : — Monsieur, un florin cinquante-trois kreutzers. — Expliquez-vous plus clairement. — Monsieur, cela fait un thaler, et deux gros, et dix-huit pfennings de Prusse. — Pardon, je ne comprends pas encore. Et en argent de France? — Monsieur, un florin vaut deux francs, trois sous et un centime; un thaler de Prusse vaut trois francs trois quarts; un silbergrossen vaut deux sous et demi; un kreutzer vaut les trois quarts d'un sou; un pfenning vaut les trois quarts d'un liard. — Alors je réponds comme le don César que vous savez : *C'est parfaitement clair*, et j'ouvre ma bourse au hasard, me fiant à la vieille honnêteté qui est probablement cet autel des Ubiens dont parle Tacite. *Ara Ubiorum.*

Les ténèbres se compliquent de la prononciation. *Kreutzer* se prononce chez les Hessois *creuss*, chez les Badois *criche*, et en Suisse *cruche*.

LETTRE XXIII

LETTRE XXIII

MAYENCE

L'auteur définit le chemin de fer. — Particularités du chemin de fer de Mayence à Francfort. — Dévastations sauvages et progrès hideux du « bon goût ». — L'auteur compare entre elles Cologne, Francfort et Mayence. — La cathédrale de Mayence. — Édifice à double abside. — Plan géométral. — Les clochers. — Portes de bronze. — Fac-simile de l'inscription. — Voyage attentif et curieux de l'auteur à travers les tombeaux des archevêques-électeurs. — Dénombrement. — Détails. — Rapprochements. — Singulière histoire de l'astrologue Mabusius. — M. Louis Colmar, pendant de M. Antoine Berdolet. — Jean et Adolphe de Nassau, pendants de Adolphe et Antoine de Schauenbourg. — Il y a quarante-trois tombeaux. — Fastrada, femme de Charlemagne. — Son épitaphe. — Fac-simile. — 792. — Le bon vieux suisse qui raconte ces histoires. — Ameublements différents des deux absides. — Magnifique menuiserie rococo. — Salle capitulaire. — Cloître. — Le bas-relief énigmatique. — Frauenlob. — La fontaine de la place du marché. — Inscriptions. — Mayence du haut de la citadelle. — De quelle façon les femmes sont curieuses à Mayence. — Adlerstein. — Ce que c'est que le point noir qu'on voit là-bas.

Mayence, septembre.

Mayence et Francfort, comme Versailles et Paris, ne sont plus aujourd'hui qu'une même ville. Au moyen âge il y avait entre les deux cités huit lieues, c'est-à-dire deux journées ; aujourd'hui, cinq quarts d'heure les séparent, ou plutôt les rapprochent. Entre la ville impériale et la ville électorale, notre civilisation a jeté ce trait d'union qu'on appelle un chemin de fer. Chemin de fer charmant, qui côtoie le Mein par instants, qui traverse une verte, riche et vaste plaine, sans viaducs, sans tunnels, sans déblais ni remblais, avec de simples assemblages de bois sous les rails; chemin de fer que les pommiers ombragent paternellement ainsi qu'un sentier de village; qui est livré, sans fossés ni grilles, de plain-pied, à la bonhomie saturnienne des gamins allemands, et tout le long duquel il semble qu'une main invisible vous présente l'un après l'autre les vergers, les jardins et les champs cultivés, les retirant ensuite en hâte et les enfonçant pêle-mêle au fond du paysage comme des étoffes dédaignées par l'acheteur.

Francfort et Mayence sont, comme Liége, d'admirables villes dévastées par le bon goût. Je ne sais quelle propriété corrosive ont l'architecture blafarde, les colonnades de plâtre, les églises-théâtres et les palais-guinguettes; mais il est certain que toutes les pauvres vieilles cités fondent et se dissolvent rapidement dans ces affreux tas de maisons blanches. J'espérais voir à Mayence le Martingsburg, résidence féodale des électeurs-archevêques jusqu'au dix-septième siècle; les Français en avaient fait un hôpital, les Hessois l'ont rasé pour agrandir le port franc. Quant à l'hôtel des marchands, bâti en 1317 par la fameuse ligue des cent villes, splendidement décoré des statues de pierre des sept électeurs portant leurs blasons, au-dessous desquelles deux figures colossales soutenaient l'écu de l'empire, on l'a démoli pour faire une place. Je comptais me loger vis-à-vis, dans cette hôtellerie des Trois-Couronnes, ouverte dès 1360 par la famille Cleemann, à coup sûr la plus ancienne auberge de l'Europe; je m'attendais à une de ces hôtelleries comme en décrit le chevalier de Gramont, avec l'immense cheminée, la grande salle à piliers et à solives, dont le mur n'est qu'un vitrage maillé de plomb, et au dehors la borne à monter sur mule. Je n'y suis pas même entré. La vieille auberge Cleemann est à présent une espèce de faux hôtel Meurice, avec des rosaces en carton-pierre aux plafonds, et aux fenêtres ce luxe de draperies et cette indigence de rideaux qui caractérisent les hôtelleries allemandes.

Quelque jour, Mayence fera de la maison de *Bona Monte* et de la maison *Zum Jungen* ce que Paris a fait du vénérable logis du pilier des Halles. On détruira, pour le remplacer par quelque méchante façade ornée d'un méchant buste, le toit natal de ce Jean Gensfleisch, gentilhomme de la chambre de l'électeur Adolphe de Nassau, que la postérité connaît sous le nom de *Gutenberg*, comme elle connaît sous le nom de *Molière*. Jean-Baptiste Poquelin, valet de chambre du roi Louis XIV.

Cependant les vieilles églises défendent encore ce qui les entoure; et c'est autour de sa cathédrale qu'il faut chercher Mayence, comme c'est autour de sa collégiale qu'il faut chercher Francfort.

Cologne est une cité gothique encore attardée dans l'époque romane; Francfort et Mayence sont deux cités gothiques déjà plongées dans la renaissance, et même, par beaucoup de côtés, dans le style rocaille et chinois. De là, pour Mayence et Francfort, je ne sais quel air de villes flamandes qui les distingue et les isole presque parmi les villes du Rhin.

On sent à Cologne que les austères constructeurs du dôme, maître Gérard, maître Arnold et maître Jean, ont longtemps empli toute la ville de leur souffle. Il semble que ces trois grandes ombres aient

veillé pendant quatre siècles sur Cologne, protégeant
l'église de Plectrude, l'église d'Annon, le tombeau
de Théophanie, et la chambre d'or des onze mille
vierges, barrant la route au faux goût, tolérant à
peine les imaginations presque classiques de la renaissance, gardant la pureté des ogives et des archivoltes, sarclant les chicorées de Louis XV partout
où elles se hasardaient, maintenant dans toute la
vivacité de leurs profils et de leurs arêtes les pignons
taillés et les sévères hôtels du quatorzième siècle;
et qu'elles ne se soient retirées, comme le lion
devant l'âne, qu'en présence de l'art bête et abominable des architectes parisiens de l'empire et de la
restauration. A Mayence et à Francfort, l'architecture de Rubens, la ligne gonflée et puissante, le
riche caprice flamand, l'épaisse et inextricable végétation des grillages de fer chargés de fleurs et
d'animaux, l'inépuisable variété des encoignures et
des tourelles; la couleur, le phénomène; le contour
jouffu, pansu, opulent, ayant plus de santé encore
que de beauté; le mascaron, le triton, la naïade,
le dauphin ruisselant, toute la sculture païenne
charnue et robuste, l'ornementation énorme, hy-
perbolique et exorbitante, le mauvais goût magnifique, ont envahi la ville depuis le commencement
du dix-septième siècle, et ont empanaché et en-
guirlandé, selon leur poétique fantasque, la vieille
et grave maçonnerie allemande. Aussi ce ne sont

partout que devantures historiées, ouvrées et guillochées; frontons compliqués de pots à feu, de grenades, de pommes de pin, de cippes et de rocailles, offrant des profils de buissons d'écrevisses; et pignons volutés à trois marteaux comme la perruque de cérémonie de Louis XIV.

Vues à vol d'oiseau, Mayence et Francfort, ayant l'une sur le Rhin, l'autre sur le Mein, la même position que Cologne, ont nécessairement la même forme. Sur la rive qui leur fait face, le pont de bateaux de Mayence a produit Castel, et le pont de pierre de Francfort a produit Sachshausen, comme le pont de Cologne a produit Deutz.

Le dôme de Mayence, de même que les cathédrales de Worms et de Trèves, n'a pas de façade, et se termine à ses deux extrémités par deux chœurs. Ce sont deux absides romanes, ayant chacune son transsept, qui se regardent et que réunit une grande nef. On dirait deux églises soudées l'une à l'autre par leur façade. Les deux croix se touchent et se mêlent par le pied.

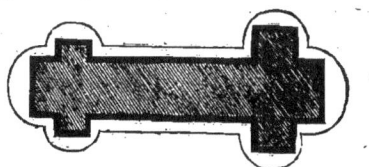

Cette disposition géométrale engendre en élévation six campaniles, c'est-à-dire sur chaque abside un gros clocher entre deux tourelles, ainsi que le prêtre entre le diacre et le sous-diacre, symbolisme que reproduit, comme je l'ai déjà dit ailleurs, la grande rosace de nos cathédrales entre ses deux ogives.

. Les deux absides dont la réunion compose la cathédrale de Mayence sont de deux époques différentes, et, quoique presque identiques en dessin géométral, aux dimensions près, présentent, comme édifices, un contraste complet et frappant. La première et la moins grande date du dixième siècle. Commencée en 978, elle a été terminée en 1009. La seconde, dont le gros clocher a deux cents pieds de haut, a été commencée peu après, mais elle a été incendiée en 1190, et depuis lors chaque siècle y a mis sa pierre. Il y a cent ans, le goût régnant a envahi le dôme; toute la flore de l'architecture Pompadour a mêlé ses jets de pierre, ses falbalas et ses ramages aux dentelures byzantines, aux losanges lombards et aux pleins cintres saxons, et aujourd'hui cette végétation bizarre et grimaçante couvre la vieille abside. Le gros clocher, cône large, trapu, ample à sa base, superbement chargé de trois riches diadèmes fleuronnés, dont les diamètres décroissent de sa base à son sommet, taillé partout à roses et à facettes, semble plutôt bâti avec des pierreries qu'avec des pierres. Sur l'autre grosse tour, grave, simple, byzantine et gothique, qui lui fait face, des maçons modernes ont érigé, probablement par économie, une coupole également pointue, appuyée à sa base sur un cercle de pignons aigus ressemblant à la couronne de fer des rois lombards, coupole en zinc, parfaitement nue, sans dorure et sans ornement, d'un profil légèrement renflé, qui rappelle l'ancienne coiffure pontificale des temps primitifs. On dirait la sévère tiare de Grégoire VII regardant la tiare splendide de Boniface VIII. Haute pensée, posée, construite et sculptée là par le temps et le hasard, ces deux grands architectes.

Tout ce vénérable ensemble est badigeonné en rose; tout, du haut en bas, les deux absides, la grande nef et les six clochers. La chose est faite avec recherche et goût. On a décerné le rose pâle au clocher byzantin, et le rose vif au clocher Pompadour.

Comme la chapelle d'Aix, la cathédrale de Mayence a ses portes de bronze ornées de têtes de lions; celles d'Aix-la-Chapelle sont romaines. Quand j'ai visité Aix et que j'ai vu ces portes, j'y ai, vous vous en souvenez, vainement cherché la fêlure qu'y fit, dit-on, et qu'y dut faire en effet le coup de pied du diable lorsqu'il s'en alla furieux d'avoir avalé l'âme d'un loup au lieu de l'âme d'un bourgeois ayant pignon sur rue. Aucune histoire de ce genre ne recommande les portes du dôme de Mayence. Elles sont du onzième siècle, et ont été données par l'archevêque Willigis à l'église, aujourd'hui démolie, de Notre-Dame, où on les a prises pour les enclaver dans un majestueux portail roman de la cathédrale. Sur les deux battants d'en haut, sont écrits, en caractères romains, les priviléges accordés à la ville en 1135 par l'archevêque Adalbert, second électeur de Cologne. Audessous est gravée sur une seule ligne cette légende plus ancienne (sic) :

WILLGSVS ARCHEPS EX METALL SPECIE VALVAS EFFECERAT PRIMVS

Si l'intérieur de Mayence rappelle les villes flamandes, l'intérieur de sa cathédrale rappelle les églises belges. La nef, les chapelles, les deux transsepts et les deux absides sont sans vitraux, sans mystère, badigeonnés en blanc du pavé à la voûte, mais somptueusement meublés. De toutes parts surgissent à l'œil les fresques, les tableaux, les boiseries, les colonnes torses et dorées; mais les vrais joyaux de cet immense édifice, ce sont les tombeaux des archevêques-électeurs. L'église en est pavée, les autels en sont faits, les piliers en sont étayés, les murs en sont couverts; ce sont de magnifiques lames de marbre et de pierre, plus précieuses quelquefois par la sculpture et le travail que les lames d'or du temple de Salomon. J'ai constaté, tant dans l'église que dans la salle capitulaire et le cloître, un tombeau du huitième siècle, deux du treizième, six du quatorzième, six du quinzième, onze du seizième, huit du dix-septième, et neuf du dix-huitième; en tout quarante-trois sépulcres. Dans ce nombre je ne compte ni les tombeaux-autels, difficiles à aborder et à explorer, ni les tombeaux-pavés, sombre et confuse mosaïque de la mort, de jour en jour plus effacée sous les pieds de ceux qui vont et viennent.

J'omets également les quatre ou cinq tombeaux insignifiants du dix-neuvième siècle.

Toutes ces tombes, cinq exceptées, sont des sépultures d'archevêques. Sur ces trente-huit cénotaphes, dispersés sans ordre chronologique et comme au hasard sous une forêt de colonnes byzantines à chapiteaux énigmatiques, l'art de six siècles se développe, végète et croise inextricablement ses rameaux, d'où tombent, comme un double fruit, l'histoire de la pensée en même temps que l'histoire des faits. Là, Liebenstein, Hompurg, Gemmingen, Heufenstein, Brandebourg, Steinburg, Ingelheim, Dalberg, Eltz, Stadion, Weinsberg, Ostein, Leyen, Hennenberg, Tour-et-Taxis, presque tous les grands noms de l'Allemagne rhénane, apparaissent à travers ce sombre rayonnement que les tombeaux répandent dans les ténèbres des églises. Toutes les fantaisies d'époque, d'artiste et de mourant se mêlent à toutes les épitaphes. Les mausolées du dix-huitième siècle s'entr'ouvent, et laissent échapper leur squelette emportant dans ses longs doigts sans chair des mitres d'archevêque et des chapeaux d'électeurs. Les archevêques contemporains de Richelieu et de Louis XIV rêvent couchés au bas de leurs sarcophages et appuyés sur le coude. Les arabesques de la renaissance accrochent leurs vrilles et perchent leurs chimères dans les délicats feuillages du quinzième siècle et font entrevoir, sous mille complications charmantes, des statuettes, des distiques latins et des blasons coloriés. Des noms sévères, *Mathias Burhecg, Conradus Rheingraf* (Conrad, comte du Rhin), s'inscrivent, entre le moine tonsuré qui figure le clergé, et l'homme d'armes morionné qui figure la noblesse, sous la pure ogive à triangle équilatéral du quatorzième siècle; et sur la lame peinte et dorée du treizième siècle, de gigantesques archevêques qui ont des monstres apocalyptiques sous les pieds couronnent de leurs deux mains à la fois des rois et des empereurs moindres qu'eux. C'est dans cette hautaine attitude que vous regardent fixement avec leurs yeux de momie égyptienne Siegfried, qui couronna deux empereurs : Henri de Thuringe et Wilhelm de Hollande; et Pierre Aspeld, qui couronna deux empereurs et un roi : Louis de Bavière, Henri VII et Jean de Bohême. Les armoiries, les manteaux héraldiques, la mitre, la couronne, le chapeau électoral, le chapeau cardinal, les sceptres, les épées, les crosses, abondent, s'entassent et s'amoncellent sur ces monuments, et s'efforcent de recomposer devant l'œil du passant cette grande et formidable figure qui présidait les neuf électeurs de l'empire d'Allemagne, et qu'on appelait l'archevêque de Mayence. Chaos, déjà à demi submergé dans l'ombre, de choses augustes ou illustres, d'emblèmes vénérables ou redoutables, d'où ces puissants princes voulaient faire sortir une idée de grandeur et d'où sort une idée de néant.

Chose remarquable, et qui prouve jusqu'à quel point révolution française était un fait providentiel et comme la résultante nécessaire, et pour ainsi dire algébrique, de tout l'antique ensemble européen, c'est que tout ce qu'elle a détruit a été détruit pour jamais. Elle est venue à l'heure dite, comme un bûcheron pressé de finir sa besogne, abattre en hâte et pêle-mêle tous les vieux arbres mystérieusement marqués par le Seigneur. On sent, ainsi que je crois l'avoir déjà indiqué quelque part, qu'elle avait en elle le *quid divinum*. Rien de ce qu'elle a jeté bas ne s'est relevé, rien de ce qu'elle a condamné n'a survécu, rien de ce qu'elle a défait ne s'est recomposé. Et observons ici que la vie des États n'est pas suspendue au même fil que celle des individus : il ne suffit pas de frapper un empire pour le tuer; on ne tue les villes et les royaumes que lorsqu'ils doivent mourir. La révolution française a touché Venise, et Venise est tombée; elle a touché l'empire d'Allemagne, et l'empire d'Allemagne est tombé; elle a touché les électeurs, et les électeurs se sont évanouis. La même année, la grande année-abîme, a vu s'engloutir le roi de France, cet homme presque dieu, et l'archevêque de Mayence, ce prêtre presque roi.

La révolution n'a pas extirpé ni détruit Rome, parce que Rome n'a pas de fondements, mais des racines; racines qui vont sans cesse croissant dans l'ombre sous Rome et sous toutes les nations, qui traversent et pénètrent le globe entier de part en part, et qu'on voit reparaître à l'heure qu'il est en Chine et au Japon, de l'autre côté de la terre.

Le Jean de Troyes de Cologne, Guillaume de Hagen, greffier de la ville en 1270, raconte, dans sa *Petite Chronique* manuscrite, malheureusement lacérée pendant l'occupation française, et dont il ne reste plus que quelques feuillets dépareillés à Darmstadt, qu'en 1247, sous le règne de ce même archevêque de Mayence Siegfried dont le tombeau fait dans la cathédrale une si redoutable figure, un vieux astrologue, nommé Mabusius, fut condamné à la potence comme sorcier et devin, et conduit, pour y mourir, au gibet de pierre de Lorchhausen, lequel marquait la frontière de l'archevêque de

LETTRE XXIII

Mayence, et faisait face à un autre gibet qui marquait la frontière du comte palatin. Arrivé là, comme l'astrologue refusait le crucifix et s'obstinait à se dire prophète, le moine qui l'accompagnait lui demanda en raillant en quelle année finiraient les archevêques de Mayence. Le vieillard pria qu'on lui déliât la main droite, ce qu'on fit; puis il ramassa un clou patibulaire tombé à terre, et après avoir rêvé un instant, il grava avec ce clou, sur la face du gibet qui regardait Mayence, ce polygramme singulier :

IV.   XX.   XIII.

Après quoi il se livra au bourreau pendant que les assistants riaient de sa folie et de son énigme. Aujourd'hui, en rapprochant l'un de l'autre les trois nombres mystérieux écrits par le vieillard, on trouve ce chiffre formidable : *quatre-vingt-treize.*

Et, ceci est à noter aussi, ce gibet menaçant qui, dès le treizième siècle, portait sur sa plinthe sinistre la date de la chute des empires, portait en même temps sa condamnation à lui-même et la date de son propre écroulement. Le gibet faisait p art de l'ancien pouvoir. La révolution française n'a pas plus respecté la permanence des gibets que la permanence des dynasties. Comme rien n'est plus de marbre, rien n'est plus de pierre. Au dix-neuvième siècle, l'échafaud a aussi perdu sa majesté et sa grandeur; il est de sapin, comme le trône.

Ainsi qu'Aix-la-Chapelle, Mayence a eu un évêque, un seul, nommé par Napoléon, digne et respectable pasteur, dit-on, qui a siégé de 1802 à 1818, et qui est enterré, comme les autres, dans ce qui fut sa cathédrale. Cependant, il faut en convenir, en présence du majestueux néant des électeurs archiépiscopaux de Mayence, c'est un néant bien pauvre et bien petit que celui de M. Louis Colmar, évêque du département du Mont-Tonnerre, dans sa tombe ogive en style troubadour, laquelle serait un admirable modèle de pendule gothique pour les bourgeois riches de la rue Saint-Denis, si l'on y avait ajusté un cadran au lieu d'un évêque. Du reste, ainsi que je le disais tout à l'heure, ce chétif évêque, qui avait en lui cela de grand qu'il était un fait révolutionnaire, a tué l'archevêque souverain. Depuis M. Louis Colmar il n'y a plus qu'un évêque à Mayence, aujourd'hui capitale de la Hesse rhénane.

J'ai trouvé là aussi un couple arcadien d'archevêques frères, enterrés vis-à-vis l'un de l'autre, après avoir régné sur le même peuple et gouverné les mêmes âmes, l'un en 1390, et l'autre 1419. Jean et Adolphe de Nassau se regardent dans la nef de Mayence comme Adolphe et Antoine de Schauenbourg dans le chœur de Cologne.

J'ai dit que l'un des quarante-trois tombeaux était du huitième siècle. Ce monument, qui n'est pas d'un archevêque, est celui que j'ai cherché d'abord et qui m'a arrêté le plus longtemps, car il s'accouplait dans ma pensée au grand sépulcre d'Aix-la-Chapelle. C'est la tombe de Fastrada, femme de Charlemagne. La tombe de Fastrada est une simple lame de marbre blanc aujourd'hui enchâssée dans un mur. J'y ai déchiffré cette épitaphe, écrite en lettres romaines avec les abréviations byzantines :

FASTRADANA PIA CAROLI CONIVX VOCITATA.
CHRISTO DILECTA IACET HOC SVB MARMORE TECTA
ANNO SEPTINGENTESIMO NONAGESIMO QVARTO.

Puis viennent ces trois vers mystérieux :

QVEM NVMERVM METRO CLAVDERE MVSA NEGAT
REX PIE QVEM GESSIT VIRGO LICET HIC CINERESCIT
SPIRITVS HÆRES SIT PATRIE QVÆ TRISTIA NESCIT.

Et au-dessous le millésime en chiffres arabes :

C'est en 794, en effet, que Fastrada, déposée d'abord dans l'église de Saint-Alban, s'est endormie sous cette lame. Mille ans après, car l'histoire mêle quelquefois aux grandes choses une effrayante précision géométrique, en 1794, la compagne de Charlemagne s'est réveillée. Sa vieille ville de Mayence était bombardée, son église de Saint-Alban croulait dans l'incendie, sa tombe était ouverte. On ne sait ce que ses ossements sont devenus à cette époque. La pierre de son tombeau a été transportée dans la cathédrale.

Aujourd'hui un pauvre bon vieux suisse en perruque aventurine, vêtu d'une espèce d'uniforme d'invalide, raconte cela aux passants.

Outre les tombeaux, les châssis à statuettes, les tableaux-volets à fond d'or, les bas reliefs d'autels, chacune des deux absides a son ameublement spécial. La vieille abside de 978, ornée de deux charmants escaliers byzantins, s'arrondit autour d'une magnifique urne baptismale en bronze du quatorzième siècle. Sur la face extérieure de cette vaste piscine sont sculptés les douze apôtres et saint Martin, patron de l'église. Le couvercle a été brisé pendant le bombardement. Sous l'empire, époque de goût on a coiffé la vasque gothique d'une espèce de casserole.

L'autre abside, la plus grande et la moins ancienne, est occupée et, pour ainsi dire, encombrée par une grosse boiserie de chœur en chêne noir, où le style tourmenté et furieux du dix-huitième siècle se déploie et s'insurge contre la ligne droite avec tant de violence, qu'il atteint presque la beauté. Jamais on n'a mis au service du mauvais goût un ciseau plus délicat, une fantaisie plus puissante, une invention plus variée. Quatre statues, Crescentius, premier évêque de Mayence en 70; Boniface, premier archevêque en 755; Willigis, premier électeur en 1011, et Bardo, fondateur du dôme en 1050, se tiennent gravement debout sur le pourtour du chœur, dominé au-dessus du dais asiatique de l'archevêque par le groupe équestre de saint Martin et du pauvre. A l'entrée du chœur se dressent, dans toute la pompe mystérieuse du grand prêtre hébraïque, Aaron, qui représente l'évêque du dedans, et Melchisédech, qui figure l'évêque du dehors.

L'archevêque de Mayence, comme les princes-évêques de Worms et de Liége, comme les archevêques de Cologne et de Trèves, comme le pape, réunissait dans sa personne le double pontife. Il était à la fois Aaron et Melchisédech.

C'est une sombre et superbe halle romane que la salle capitulaire qui avoisine le chœur et qui répète avec la splendide menuiserie Pompadour l'antithèse des deux gros clochers. Là rien qu'un grand mur nu, un pavé poudreux bossué par les reliefs des tombes, un reste de vitrail à la fenêtre basse, un tympan colorié figurant saint Martin, non en cavalier romain, mais en évêque de Tours; trois grandes sculptures du seizième siècle, qui sont le *Crucifiement*, la *Sortie du tombeau* et l'*Ascension;* autour de la salle un banc de pierre pour les chanoines, et, au fond, pour l'archevêque président, une large sellette aussi en pierre, qui rappelle cette sévère chaise de marbre des premiers papes qu'on garde à Notre-Dame des Doms d'Avignon. Et, si l'on sort de cette salle, on entre dans le cloître, cloître du quatorzième siècle, qui, de tout temps, a été un lieu austère, et qui est aujourd'hui un lieu lugubre. Le bombardement de 93 est là écrit partout. De grandes herbes humides parmi lesquelles moisissent des pierres argentées par la bave des reptiles; des arcades-ogives aux fenestrages brisés; des tombes fêlées par les obus comme des carreaux de vitre; des chevaliers de pierre armés de toutes pièces, souffletés à la face par des éclats de bombe, et n'ayant plus que cette balafre pour visage; des haillons de vieille femme séchant sur une corde; des cloisons en planches rapiéçant çà et là les murailles de granit; une solitude morne, un accablement profond coupé par le croassement intermittent des corbeaux : voilà, aujourd'hui, le cloître archiépiscopal de Mayence. Une des assises d'un contre-fort, frappée par un boulet, a glissé tout entière dans son alvéole sous le choc, mais n'est pas tombée et apparaît encore là aujourd'hui comme une touche de clavecin sur laquelle se poserait un doigt invisible. Deux ou trois statues tristes et terribles, debout dans un coin sous la pluie et le vent, regardent en silence cette désolation.

Il y a là, sous les galeries du cloître, un monument obscur, un bas-relief du quatorzième siècle, dont j'ai cherché vainement à deviner l'énigme. Ce sont, d'un côté, des hommes enchaînés dans toutes les attitudes du désespoir ; de l'autre, un empereur accompagné d'un évêque et entouré d'une foule de personnages triomphants. Est-ce Barberousse ? Est-ce Louis de Bavière ? Est-ce la révolte de 1160 ? Est-ce la guerre de ceux de Mayence contre ceux de Francfort en 1332 ? N'est-ce rien de tout cela ? — Je ne sais. J'ai passé outre.

Comme j'allais sortir des galeries, j'ai distingué dans l'ombre une tête de pierre sortant à demi du mur et ceinte d'une couronne à trois fleurons d'ache, comme les rois du onzième siècle. J'ai regardé. C'était une figure douce et sévère en même temps, une de ces faces empreintes de la beauté auguste que donne au visage de l'homme l'habitude d'une grande pensée. Au-dessous, la main d'un passant avait charbonné ce nom : FRAUENLOB.

MAYENCE 227

Je me suis souvenu de ce Tasse de Mayence, si calomnié pendant sa vie, si vénéré après sa mort. Quand Henri Frauenlob fut mort, en 1318, je crois, les femmes de Mayence, qui l'avaient raillé et insulté, voulurent porter son cercueil. Ces femmes et ce cercueil chargé de fleurs et de couronnes sont ciselés dans la lame un peu plus bas que la tête. J'ai regardé encore cette noble tête. Le sculpteur lui a laissé les yeux ouverts. Dans cette église pleine de sépulcres, dans cette foule de princes et d'évêques gisants, dans ce cloître endormi et mort, il n'y a plus que le poëte qui soit resté debout et qui veille.

La place du marché, qui entoure deux côtés de la cathédrale, est d'un ensemble copieux, fleuri et divertissant. Au milieu se dresse une jolie fontaine trigone de la renaissance allemande, ravissant petit poëme qui, d'un entassement d'armoiries, de mitres, de fleuves, de naïades, de crosses épiscopales, de cornes d'abondance, d'anges, de dauphins et de sirènes, fait un piédestal à la vierge Marie. Sur l'une des faces on lit ce pentamètre :

Albertus princeps, civibus ipse suis,

lequel rappelle, avec moins de bonhomie, la dédicace écrite sur la fontaine élevée par le dernier électeur de Trèves, près de son palais, dans la ville neuve de Coblentz : CLEMENS VINCESLAUS, ELECTOR,

VICINIS SUIS. *A ses concitoyens* est constitutionnel. *A ses voisins* est charmant.

La fontaine de Mayence a été bâtie par Albert de Brandebourg, qui régnait vers 1540, et dont je venais de lire l'épitaphe dans la cathédrale : *Albert, cardinal-prêtre de Saint-Pierre aux Liens, archichancelier du saint-empire, marquis de Brandebourg, duc de Stettin et de Poméranie, électeur.* Il a érigé ou plutôt reconstruit cette fontaine en souvenir des prospérités de Charles-Quint et de la captivité de François Ier, comme le constate cette inscription en lettres d'or ravivées récemment :

DIVO KAROLO V CÆSARE SEMP. AVG. POST VICTORIA GALLICAM REGE IPSO AD TICINV SVPERATO AC CAPTO TRIVPHANTE FATALIQ RUSTICORV PER GERMNIA COSPI RATIONE PROSTRATA ALBER. CARD. ET ARCHIEP. MOG. FONTE HVNC VETVSTATE DILAPSV AD CIVIV SVORVM POSTERITATIS QVE VSVM RESTITVI CVRAVIT.

Vue du haut de la citadelle, Mayence présente seize faîtes vers lesquels se tournent gracieusement les canons de la confédération germanique : les six clochers de la cathédrale, deux beaux beffrois militaires, une aiguille du douzième siècle, quatre clochetons flamands, plus le dôme des Carmes de la rue Cassette répété trois fois, ce qui est beaucoup. Sur la pente de la colline que couronne la forteresse, un de ces ignobles dômes coiffe une pauvre vieille église saxonne, la plus triste et la plus humiliée du monde, accostée d'un charmant cloître gothique à meneaux flamboyants, où les kaiserlichs font boire leurs chevaux dans des sarcophages romans.

La beauté des riveraines du Rhin ne se dément pas à Mayence; seulement les femmes y sont tout à la fois curieuses à la façon des Flamandes et à la façon des Alsaciennes. Mayence est le point de jonction de l'espion-miroir d'Anvers et de l'espion-tourelle de Strasbourg.

La ville, si blanchie qu'elle soit, a gardé en beaucoup d'endroits son honorable aspect de cité marchande de la hanse rhénane. On lit encore sur des portes : PRO CELERI MERCATVRÆ EXPEDITIONE. Dans deux ou trois ans on y lira : *Roulage accéléré.*

Du reste, une vie profonde, qui sort du Rhin, anime cette ville. Elle n'est pas moins hérissée de mâts, pas moins encombrée de ballots, pas moins pleine de rumeurs que Cologne. On marche, on parle, on pousse, on traîne, on arrive, on part, on vend, on achète, on crie, on chante, on vit enfin dans tous les quartiers, dans toutes les maisons, dans toutes les rues. — La nuit, cet immense bourdonnement se tait; et l'on n'entend plus dans Mayence que le murmure du Rhin et le bruit éternel des dix-sept moulins à eau amarrés aux piles englouties du pont de Charlemagne.

Quoi qu'aient fait les congrès, ou, pour mieux dire, à cause de ce qu'ont fait les congrès, le vide laissé à Mayence par la triple domination des Romains, des archevêques et des Français n'est pas comblé. Personne n'y est chez soi. M. le grand duc de Hesse n'y règne que de nom. Sur sa forteresse de Castel il peut lire: CURA CONFŒDERATIONIS CONDITUM; et il peut voir un soldat blanc et un soldat bleu, c'est-à-dire l'Autriche et la Prusse, se promener nuit et jour, l'arme au bras, devant sa forteresse de Mayence. La Prusse ni l'Autriche n'y sont pas non plus chez elles; elles se gênent et se coudoient. Évidemment ceci n'est qu'un état provisoire. Il y a dans le mur même de la citadelle une ruine à demi engagée dans le rempart neuf, — une espèce de piédestal tronqué qu'on appelle encore maintenant la *pierre de l'Aigle*, Adlerstein. C'est le tombeau de Drusus. Une aigle en effet, une aigle impériale, une aigle formidable et toute-puissante, s'est posée là pendant seize cents ans, puis s'est éclipsée. En 1804, elle a reparu; en 1814, elle s'est envolée de nouveau. — Aujourd'hui, à l'heure même où nous sommes, Mayence aperçoit à l'horizon, du côté de la France, un point noir qui grossit et qui s'approche. C'est l'aigle qui revient.

LETTRE XXIV

LETTRE XXIV

FRANCFORT-SUR-LE-MEIN

Quel aspect présente une certaine rue de Francfort un certain jour de la semaine. — Ce qui abonde à Francfort. — Quel est le plus grand danger que Francfort puisse courir. — L'auteur va à la boucherie. — Il pousse beaucoup de cris d'enthousiasme. — Le massacre des innocents. — L'auteur oublie tous ses devoirs au point de désobéir à une petite fille de quatre ans. — La place publique. — Les deux fontaines. — L'auteur dit des vérités à la Justice. — Le Rœmer. — Utilité d'une servante qui prend une clef à un clou dans sa cuisine. — Salle des Électeurs. — Détails. — Salle des Empereurs. — Les quarante-cinq niches. — Ce qui se passait dans la place quand les électeurs avaient élu l'empereur. — Ce qui se passait à l'église après ce qui s'était passé dans la place. — L'église collégiale de Francfort. — Ce qui pend aux murailles. — L'horloge. — Les tableaux. — Sainte Cécile telle qu'on l'a trouvée dans son tombeau. — La couronne impériale. — Saint-Barthélemy. — Gunther de Schwarzbourg. — L'auteur monte sur le clocher. — Francfort-sur-le-Mein à vol d'oiseau. — Les habitants du haut du clocher. — Philosophie.

Mayence, septembre.

J'étais à Francfort un samedi. Il y avait longtemps déjà que, marchant au hasard, je cherchais mon vieux Francfort dans un labyrinthe de maisons neuves fort laides et de jardins fort beaux, lorsque je suis arrivé tout à coup à l'entrée d'une rue singulière. Deux longues rangées parallèles de maisons noires, sombres, hautes, sinistres, presque pareilles, mais ayant cependant entre elles ces légères différences dans les choses semblables qui caractérisent les bonnes époques d'architecture; entre ces maisons toutes contiguës et compactes et comme serrées avec terreur les unes contre les autres, une chaussée étroite, obscure, tirée au cordeau; rien que des portes bâtardes surmontées d'un treillis de fer bizarrement brouillé; toutes les portes fermées; au rez-de-chaussée rien que des fenêtres garnies d'épais volets de fer; tous ces volets fermés; aux étages supérieurs, des devantures de bois presque partout armées de barreaux de fer; un silence morne, aucun chant, aucune voix, aucun souffle; par intervalles le bruit étouffé d'un pas dans l'intérieur des maisons; à côté des portes un judas grillé à demi entr'ouvert sur une allée ténébreuse; partout la poussière, la cendre, les toiles d'araignée, l'écroulement vermoulu, la misère plutôt affectée que réelle; un air d'angoisse et de crainte répandu sur les façades des édifices; un ou deux passants dans la rue me regardant avec je ne sais quelle défiance effarée : aux fenêtres des premiers étages, de belles jeunes filles parées, au teint brun, au profil busqué, apparaissant furtivement, ou des faces de vieilles femmes, au nez de hibou, coiffées d'une mode exorbitante, immobiles et blêmes derrière la vitre trouble; dans les allées des rez-de-chaussée, des entassements de ballots et de marchandises; des forteresses plutôt que des maisons, des cavernes plutôt que des forteresses, des spectres plutôt que des passants. — J'étais dans la rue des Juifs, et j'y étais le jour du sabbat.

A Francfort, il y a encore des juifs et des chrétiens; de vrais chrétiens qui méprisent les juifs, de vrais juifs qui haïssent les chrétiens. Des deux parts on s'exècre et l'on se fuit. Notre civilisation, qui tient toutes les idées en équilibre et qui cherche à ôter de tout la colère, ne comprend plus rien à ces regards d'abomination qu'on se jette réciproquement entre inconnus. Les juifs de Francfort vivent dans leurs lugubres maisons, retirés dans des arrière-cours pour éviter l'haleine des chrétiens. Il y a douze ans, cette rue des Juifs, rebâtie et un peu élargie en 1662, avait encore à ses deux extrémités des portes de fer, garnies de barres et d'armatures extérieurement et intérieurement. La nuit venue, les juifs rentraient, et les deux portes se fermaient. On les verrouillait en dehors comme des pestiférés, et ils se barricadaient en dedans comme des assiégés.

La rue des Juifs n'est pas une rue, c'est une ville dans la ville.

En sortant de la rue des Juifs, j'ai trouvé la vieille cité. Je venais de faire mon entrée dans Francfort.

Francfort est la ville des caryatides. Je n'ai vu nulle part autant de colonnes portefaix qu'à Francfort. Il est impossible de faire travailler, geindre et hurler le marbre, la pierre, le bronze et le bois avec une invention plus riche et une cruauté plus variée. De quelque côté qu'on se tourne, ce sont de pauvres figures de toutes les époques, de tous les styles, de tous les sexes, de tous les âges, de toutes les fantasmagories, qui se tordent et gémissent misérablement sous des poids énormes. Satyres cornus, nymphes à gorges flamandes, nains, géants, sphinx, dragons, anges, diables, tout un infortuné peuple d'êtres surnaturels, pris par quelque magicien qui pêchait effrontément dans toutes les mythologies à la fois, et enfermé par lui dans des enveloppes pétrifiées, est là enchaîné sous les entablements, les impostes et les architraves, et scellé jusqu'à mi-corps dans les murailles. Les uns portent des balcons, les autres des tourelles, les plus accablés des maisons; d'autres exhaussent sur leurs épaules quelque insolent nègre de bronze vêtu d'une robe d'argent doré, ou un immense empereur romain de pierre dans toute la pompe du costume de Louis XIV, avec sa grande perruque, son ample manteau, son fauteuil, son estrade, sa crédence où est sa couronne, son dais à pentes découpées et à vastes draperies; colossale machine qui figure une gravure d'Audran complétement reproduite en ronde bosse dans un monolithe de vingt pieds de haut. Ces prodigieux monuments sont des enseignes d'auberges. Sous ces fardeaux titaniques les caryatides fléchissent dans toutes les postures de la rage, de la douleur et de la fatigue. Celles-ci courbent la tête, celles-là se retournent à demi; quelques-unes posent sur leurs hanches leurs deux mains crispées ou compriment leur poitrine gonflée prête à éclater; il y a des Hercules dédaigneux qui soutiennent une maison à six étages d'une seule épaule et montrent le poing aux gens; il y a de tristes Vulcains bossus qui s'aident de leurs genoux, ou de malheureuses sirènes dont la queue écaillée s'écrase affreusement entre les pierres de refend; il y a des chimères exaspérées qui s'entre-mordent avec fureur; d'autres pleurent, d'autres rient d'un rire amer, d'autres font aux passants des grimaces effroyables. J'ai remarqué que beaucoup de salles de cabaret, retentissantes du choc des verres, sont posées en surplomb sur des caryatides. Il paraît que c'est un goût des vieux bourgeois libres de Francfort de faire porter leurs ripailles par des statues souffrantes.

Le plus horrible cauchemar qu'on puisse avoir à Francfort, ce n'est ni l'invasion des Russes, ni l'irruption des Français, ni la guerre européenne traversant le pays, ni les vieilles guerres civiles déchirant de nouveau les quatorze quartiers de la ville, ni le typhus, ni le choléra ; c'est le réveil, le déchaînement et la vengeance des caryatides.

Une des curiosités de Francfort, qui disparaîtra bientôt, j'en ai peur, c'est la boucherie. Elle occupe deux anciennes rues. Il est impossible de voir des maisons plus vieilles et plus noires se pencher sur un plus splendide amas de chair fraîche. Je ne sais quel air de jovialité gloutonne est empreint sur ces façades bizarrement ardoisées et sculptées, dont le rez-de-chaussée semble dévorer, comme une gueule profonde toute grande ouverte, d'innombrables quartiers de bœufs et de moutons. Les bouchers sanglants et les bouchères roses causent avec grâce sous des guirlandes de gigots. Un ruisseau rouge, dont deux fontaines jaillissantes modifient à peine la couleur, coule et fume au milieu de la rue. Au moment où j'y passais, elle était pleine de cris effrayants. D'inexorables garçons tueurs, à figures hérodiennes, y commettaient un massacre de cochons de lait. Les servantes, leur panier au bras, riaient à travers le vacarme. Il y a des émotions ridicules qu'il ne faut pas laisser voir; pourtant j'avoue que si j'avais su que faire d'un pauvre petit cochon de lait qu'un boucher emportait devant moi par les deux pieds de derrière et qui ne criait pas, ignorant ce qu'on lui voulait et ne comprenant rien à la chose, je l'aurais acheté et sauvé. Une jolie petite fille de quatre ans, qui comme moi le considérait avec compassion, semblait m'y encourager du regard. Je n'ai pas fait ce que cet œil charmant me disait, j'ai désobéi à ce doux regard, et je me le reproche. — Une superbe et grandiose enseigne dorée, soutenue par une grille en potence, la plus belle et la plus riche du monde, composée de tous les emblèmes du corps des bouchers et surmonté de la couronne impériale, domine et complète cette magnifique écorcherie digne de Paris au moyen âge, devant laquelle, à coup sûr, se fussent ébahis Calatagirone au quinzième siècle et Rabelais au seizième.

De l'écorcherie on débouche dans une place de grandeur médiocre, digne de la Flandre, et qui mériterait d'être célébrée et admirée, même après le Vieux-Marché de Bruxelles. C'est une de ces places trapèzes autour desquelles tous les styles et tous les caprices de l'architecture bourgeoise au moyen âge et à la renaissance se dressent, représentés par des maisons modèles où, selon l'époque et le goût, l'ornementation a tout employé avec un à-propos prodigieux, l'ardoise comme la pierre, le plomb comme le bois. Chaque devanture a sa valeur à part et concourt en même temps à la composition et à l'harmonie générale de la place. A Francfort comme à Bruxelles, deux ou trois maisons neuves, de l'aspect le plus bête et qui ont l'air de deux ou trois imbéciles dans une assemblée de gens d'esprit, gâtent l'ensemble de la place et rehaussent la beauté des vieux édifices voisins. Une merveilleuse masure du quinzième siècle, composée, je ne sais pour quel usage, d'une nef d'église et d'un beffroi d'hôtel de ville, remplit de sa superbe et élégante silhouette un des côtés du trapèze. Vers le milieu de la place, à des endroits quelconques, que n'a évidemment désignés aucune symétrie, ont germé, comme deux buissons vivaces, deux fontaines, l'une de la renaissance, l'autre du dix-huitième siècle. Sur ces deux fontaines se rencontrent et s'affrontent, par un hasard singulier, debout chacune au sommet de sa colonne, Minerve et Judith, la virago homérique et la virago biblique, l'une avec la tête de Méduse, l'autre avec la tête d'Holopherne.

Judith, belle, hautaine et charmante, entourée

de quatre renommées-sirènes qui soufflent à ses pieds dans des trompettes, est une héroïque fille de la renaissance. Elle n'a plus la tête d'Holopherne, qu'elle élevait de la main gauche, mais elle tient encore l'épée de sa main droite, et sa robe, chassée par le vent, se relève au-dessus de son genou de marbre et découvre sa jambe fine et ferme avec le pli le plus fier qu'on puisse voir.

Quelques explicateurs prétendent que cette statue représente la Justice, et qu'elle tenait à la main, non la tête d'Holopherne, mais une balance. Je n'en crois rien. Une Justice qui tiendrait la balance de la main gauche et l'épée de la main droite serait l'Injustice. D'ailleurs, la Justice n'a le droit d'être ni si jolie ni si retroussée.

Vis-à-vis de cette figure s'élèvent, avec leur cadran noir et leur cinq graves fenêtres de hauteur inégale, les trois pignons juxtaposés du Rœmer.

C'est dans le Rœmer qu'on élisait les empereurs; c'est dans cette place qu'on les proclamait.

C'est aussi dans cette place que se tenaient et que se tiennent encore les deux fameuses foires de Francfort : la foire de septembre, instituée en 1240 par lettre de haut conduit de Frédéric II; et la foire de Pâques, établie en 1330 par Louis de Bavière. Les foires ont survécu aux empereurs et à l'empire.

Je suis entré dans le Rœmer.

Après avoir erré, sans rencontrer personne, dans une grande salle basse et torte, voûtée en ogive et encombrée des baraques de la foire, puis dans un large escalier à rampes Louis XIII, tapissé de mauvais tableaux sans cadres, puis dans une foule de corridors et de degrés obscurs, à force de frapper à toutes les portes, j'ai fini par trouver une servante qui, sur ce mot : *Kaisersaal,* a pris une clef à un clou dans sa cuisine et m'a conduit à la salle des Empereurs.

La brave fille, souriante, m'a fait passer d'abord par la salle des Électeurs, qui sert aujourd'hui, je crois, aux séances du haut sénat de la ville de Francfort. C'est là que les électeurs ou leurs délégués déclaraient entre eux l'empereur roi des Romains. Sur un fauteuil entre les deux fenêtres, l'archevêque de Mayence présidait. Puis venaient par ordre, assis autour d'une immense table couverte de cuir fauve, chacun au-dessous de son blason peint au plafond, à la droite de l'archevêque de Mayence, Trèves, Bohême et Saxe; à sa gauche, Cologne, le Palatinat, Brandebourg; en face de lui, Brunswick et Bavière. Le passant éprouve l'impression que produisent les choses simples qui contiennent de grandes choses, lorsqu'il voit et qu'il touche le cuir roux et poudreux de cette table où l'on faisait l'empereur d'Allemagne. Du reste, à part la table, qu'on a transportée dans une salle voisine, la salle des Électeurs est aujourd'hui dans l'état où elle était au dix-septième siècle. Les neuf blasons au plafond encadrant une mauvaise fresque, une tenture de damas rouge, des appliques-candélabres en cuivre argenté figurant des renommées, une grande glace à baguettes contournées, en face de laquelle on a mis pour pendant, au siècle dernier, un portrait en pied de Joseph II; au-dessus de la porte, un trumeau, un portrait de ce dernier des petits-fils de Charlemagne, qui mourut en 910, au moment de régner, et que les Allemands appellent l'*Enfant.* Rien de plus. — L'ensemble est austère, sérieux, tranquille, et fait plus songer que regarder.

Après la salle des Électeurs, j'ai vu la salle des Empereurs.

Au quatorzième siècle, les marchands lombards qui ont laissé leur nom au Rœmer, et qui y tenaient boutique, eurent idée de faire entourer la grande salle de niches afin d'y étaler leurs marchandises. Un architecte dont le nom s'est perdu mesura le pourtour de la salle et y construisit quarante-cinq niches. En 1564, Maximilien II fut élu à Francfort et montré au peuple du balcon de cette salle, qui, à partir de Maximilien II, s'appela le Kaisersaal, et servit à la proclamation des empereurs. On songea alors à la décorer, et la première pensée qui vint ce fut d'installer, dans les niches développées autour de la halle impériale, les portraits de tous les Césars allemands élus et couronnés depuis l'extinction de la race de Charlemagne, en réservant aux Césars futurs les niches vacantes. Seulement, depuis Conrad Ier, en 911, jusqu'à Ferdinand Ier, en 1556, trente-six empereurs avaient déjà été sacrés à Aix-la-Chapelle. En y joignant le nouveau roi des Romains, il ne restait plus que huit niches vides pour l'avenir. C'était bien peu. La chose fut pourtant exécutée, et l'on se promit d'agrandir la salle quand besoin serait. Les cases se meublaient peu à peu, à quatre empereurs environ par siècle. En 1764, quand Joseph II monta sur le trône impérial sacro-césaréen, il ne restait plus qu'une place vide. On songea de nouveau sérieusement à allonger le Kaisersaal et à ajouter de nouvelles cases aux compartiments préparés cinq siècles auparavant par l'architecte des marchands lombards. En 1794, François II, le quarante-cinquième roi des Romains, vint occuper la quarante-cinquième case. C'était la dernière niche, ce fut le dernier empereur. La salle remplie, l'empire germanique s'écroula.

Cet architecte inconnu, c'était la destinée; cette salle mystérieuse aux quarante-cinq cellules, c'est l'histoire même d'Allemagne, qui, la race de Charlemagne éteinte, ne devait plus contenir que quarante-cinq empereurs.

Là, en effet, dans cette salle oblongue, vaste, froide, presque obscure, encombrée à l'un de ses angles de meubles de rebut, parmi lesquels j'ai vu la table de cuir des électeurs ; à peine éclairée à son extrémité orientale par les cinq étroites fenêtres inégales qui pyramident dans le sens du pignon extérieur ; entre quatre hautes murailles chargées de fresques effacées, sous une voûte en bois à nervures jadis dorées, seuls dans une espèce de pénombre qui ressemble au commencement de l'oubli, tous grossièrement peints et figurés en bustes d'airain dont le piédouche porte les deux dates qui ouvrent et ferment chaque règne, les uns coiffés de lauriers comme des Césars romains, les autres fleuronnés du diadème germanique, là, s'entre-regardent silencieusement, chacun dans sa sombre ogive, les trois Conrad, les sept Henri, les quatre Othon, l'unique Lothaire, les quatre Frédédéric, l'unique Philippe, les deux Rodolphe, l'unique Adolphe, les deux Albert, l'unique Louis, les quatre Charles, l'unique Wenceslas, l'unique Robert, l'unique Sigismond, les deux Maximilien, les trois Ferdinand, l'unique Mathias, les deux Léopold, les deux Joseph, les deux François, les quarante-cinq fantômes qui, pendant neuf siècles, de 911 à 1806, ont traversé l'histoire du monde, l'épée de saint Pierre dans une main et le globe de Charlemagne dans l'autre.

A l'extrémité opposée aux cinq fenêtres, près de la voûte, noircit et s'écaille une peinture médiocre qui représente le jugement de Salomon.

Quand les électeurs avaient enfin désigné l'empereur, le sénat de Francfort se réunissait dans cette salle; les bourgeois, divisés en quatorze sections, selon les quatorze quartiers de la ville, se rassemblaient au dehors dans la place. Alors les cinq fenêtres du Kaisersaal s'ouvraient, faisant face au peuple. La grande fenêtre, celle du milieu, était surmontée d'un dais et restait vide. A la moyenne fenêtre de droite, ornée d'un balcon de fer noir où j'ai remarqué la route de Mayence, l'empereur apparaissait, seul, en grand costume, la couronne en tête. A sa droite il avait, réunis dans la petite fenêtre, les trois électeurs-archevêques de Mayence, de Trèves et de Cologne. Aux deux autres fenêtres, à gauche de la grande fenêtre vide, se tenaient, dans la moyenne, Bohême, Bavière et le palatin du Rhin; dans la petite, Saxe, Brunswick et Brandebourg. Dans la place, devant la façade du Rœmer, au milieu d'un vaste carré vide entouré de gardes, il y avait un grand monceau d'avoine, une urne pleine de monnaies d'or et d'argent, une table portant un lavoir d'argent et un bocal de vermeil, et une autre table chargée d'un bœuf rôti tout entier. Au moment où paraissait l'empereur, les trompettes et les cymbales éclataient, et l'archimaréchal du saint-empire, l'archichancelier, l'archiéchanson, l'architrésorier et l'architranchant entraient en cortége dans la place. Au milieu des acclamations et des fanfares, l'archimaréchal, à cheval, montait dans le tas d'avoine jusqu'à la sangle de la selle et y remplissait une mesure d'argent; l'archichancelier prenait le lavoir sur la table; l'archiéchanson remplissait de vin et d'eau le bocal de vermeil; l'architrésorier puisait des monnaies dans l'urne et les jetait au peuple à pleines mains; l'architranchant coupait un morceau du bœuf rôti. En ce moment-là surgissait le grand référendaire de l'empire, qui proclamait à haute voix le nouveau César et lisait la formule du serment. Quand il avait fini, le sénat dans la salle et les bourgeois dans la place répondaient gravement : *Oui*. Pendant la prestation du serment, le nouvel empereur, déjà formidable, ôtait la couronne et tenait le glaive.

De 1564 à 1794, cette place aujourd'hui ignorée, cette salle aujourd'hui déserte, ont vu neuf fois cette cérémonie majestueuse.

Les grandes charges de l'empire, étant héréditairement acquises aux électeurs, étaient remplies par des délégués. Au moyen âge, les monarchies secondaires tenaient à insigne honneur et à bonne politique d'occuper les grands offices des deux empires qui avaient remplacé l'empire romain.

Chaque prince gravitait vers le centre impérial le plus voisin de lui. Le roi de Bohême était archiéchanson de l'empire d'Allemagne; le doge de Venise était protospataire de l'empire d'Orient.

Après la proclamation au Rœmer venait le couronnement à la collégiale.

J'ai suivi le cérémonial. En sortant du Kaisersaal je suis allé à l'église.

L'église collégiale de Francfort, dédiée à saint Barthélemy, se compose d'une double nef-croisée du quatorzième siècle, surmontée d'une belle tour du quinzième, malheureusement inachevée. L'église et la tour sont en beau grès rouge noirci et rouillé par les années. L'intérieur seul est badigeonné.

Encore ici une église belge. Des murs blancs; par de vitraux; un riche mobilier d'autels sculptés, de tombes coloriées, de tableaux et de bas-reliefs. Dans les nerfs, de sévères chevaliers de marbre, des évêques moustachus du temps de Gustave-Adolphe qui ont des têtes de lansquenets, d'admirables clochetons de pierre évidés et fouillés par les fées, de magnifiques luminaires de cuivre qui rappellent la lampe de l'*Alchimiste* de Gérard Dow, un *Christ au tombeau* peint au quatorzième siècle, une *Vierge au lit de mort* sculptée au quinzième. Dans le chœur, de curieuses fresques, horribles avec saint Barthélemy, charmantes avec la Madeleine; une rude et sauvage boiserie menuisée vers 1400 ; boiseries et fresques données par le chevalier d'Ingelheim, qui s'est fait peindre à genoux dans un coin et qui portait d'or aux chevrons de gueules. Sur les murailles une collection complète de ces morions fantasques et de ces cimiers effrayants propres à la chevalerie germanique, accrochés à des clous comme les poêlons et les écumoires d'une batterie de cuisine. Près de la porte, une de ces énormes horloges qui sont une maison à deux étages, un livre à trois tomes, un poëme en vingt chants, un monde. En haut, sur un large fronton flamand, s'épanouit le cadran de la journée; en bas, au fond d'une espèce de caverne où se meuvent pêle-mêle dans les ténèbres une foule de gros fils qu'on prendrait pour des antennes d'insectes monstrueux, rayonne mystérieusement le cadran de l'année. Les heures tournent en haut, les saisons marchent en bas. Le soleil dans sa gloire de rayons dorés, la lune blanche et noire, les étoiles sur fond bleu, opèrent des évolutions compliquées, lesquelles déplacent à l'autre bout de l'horloge un système de petits tableaux où des écoliers patinent, où des vieillards se chauffent, où des paysans coupent le blé, où des bergères cueillent des fleurs. Des maximes et des sentences un peu dévernies reluisent dans le ciel à la clarté des étoiles un peu dédorées. Chaque fois que l'aiguille atteint un chiffre, des portes s'ouvrent et se ferment sur le fronton de l'horloge, et des jacquemarts armés de marteaux, sortant ou rentrant brusquement, frappent l'heure sur le timbre en exécutant des pyrrhiques bizarres. Tout cela vit, palpite et gronde, dans la muraille même de l'église, avec le bruit que ferait un cachalot enfermé dans la grosse tonne de Heidelberg.

Cette collégiale possède un admirable *Crucifiement* de Van Dick. Albert Durer et Rubens y ont chacun un tableau, un *Christ sur les genoux de la Vierge*. Le sujet est le même en apparence; les deux tableaux sont bien différents. Rubens a posé sur les genoux de la divine mère un Jésus enfant, Albert Durer y a jeté un Christ crucifié. Rien n'égale la grâce du premier tableau, si ce n'est l'angoisse du second. Chacun des deux peintres a suivi son génie. Rubens a choisi la vie, Albert Durer a choisi la mort.

Un autre tableau, où l'angoisse et la grâce sont mêlées, c'est une précieuse peinture sur cuir, du seizième siècle, qui représente l'intérieur du sépulcre de sainte Cécile. L'encadrement est composé de tous les principaux instants de la vie de la sainte. Au milieu, sous une sombre crypte, la sainte est couchée tout de son long sur la face, dans sa robe d'or, avec l'entaille de la hache au cou, plaie rose et délicate qui ressemble à une bouche charmante et qu'on voudrait baiser à genoux. Il semble qu'on va entendre la voix de la sainte musicienne sortir et chanter *por la boca de su herida*. Au-dessous du cercueil ouvert ceci est écrit en lettres d'or : *En tibi sanctissimæ virginis Cæciliæ in sepulchro jacentis imaginem, prorsus eodem corporis situ expressam*. En effet, au seizième siècle, un pape, Léon X, je crois, fit ouvrir la tombe de sainte Cécile, et cette ravissante peinture n'est, dit-on, qu'un portrait exact du miraculeux cadavre.

C'est au centre de la collégiale, à l'entrée du chœur, au point d'intersection du transsept et de la nef, que, depuis Maximilien II, on couronnait les empereurs. J'ai vu dans un coin du transsept, enveloppée dans un sac de papier gris qui lui donne la forme d'un bourrelet d'enfant, l'immense couronne impériale en charpente plaquée d'or qu'on suspendait au-dessus de leur tête pendant la cérémonie, et je me suis souvenu qu'il y a un an j'avais vu le tapis fleurdelisé du sacre de Charles X roulé, ficelé et oublié sur une brouette dans les combles de la cathédrale de Reims. A la droite même de la porte du chœur, précisément à côté de l'endroit où l'on couronnait l'empereur, la boiserie gothique étale complaisamment cette antithèse sculptée en chêne : saint Barthélemy écorché, portant sa peau sur son bras, et regardant avec dédain à sa gauche le diable juché sur une magnifique pyramide de mitres, de diadèmes, de cimiers, de tiares, de sceptres, d'épées et de couronnes. Un peu plus loin, le nouveau César pouvait, sous les tapisseries dont on le cachait sans doute, entrevoir par instants debout dans l'ombre contre le mur, comme une apparition sinistre, le spectre de pierre de cet infortuné pseudo-empereur Gunther de Schwarzbourg, la fatalité et la haine dans les yeux, tenant d'un bras son écu au lion rampant et de l'autre son morion impérial; fier et terrible tombeau qui, pendant deux cent trente ans, a assisté à l'intronisation des empereurs, et dont la tristesse de granit a survécu à toutes ces fêtes de carton peint et de bois doré.

J'ai voulu monter sur le clocher. Le glockner qui m'avait conduit dans l'église, et qui ne sait pas un mot de français, m'a abandonné aux premières marches de la vis, et je suis monté seul. Arrivé en haut, j'ai trouvé l'escalier obstrué par une barrière à pointes de fer; j'ai appelé, personne n'a répondu; sur quoi j'ai pris le parti d'enjamber la barrière. L'obstacle franchi, j'étais sur la plate-forme du Pfarthurm. Là, j'ai eu un charmant spectacle. Sur ma tête un beau soleil, à mes pieds toute la ville; à ma gauche la place du Rœmer, à ma droite la rue des Juifs, posée comme une longue et inflexible arête noire parmi les maisons blanches; çà et là quelques chevets d'antiques églises pas trop défaites, deux ou trois hauts beffrois flanqués de tourelles, sculptés à l'aigle de Francfort, et répétés, comme par des échos, au fond de l'horizon, par les trois ou quatre vieilles tours-vigies qui marquaient autrefois les limites du petit État libre; derrière moi le Mein, nappe d'argent rayée d'or par le sillage des bateaux; le vieux pont avec les toits de Sachshausen et les murs rougeâtres de l'ancienne maison teutonique; autour de la ville, une épaisse ceinture d'arbres; au delà des arbres, une grande table ronde de plaines et de champs labourés, terminée par les croupes bleues du Taunus. Pendant que je rêvais, je ne sais quelle rêverie, adossé au tronçon du clocher tronqué de 1509, des nuages sont venus et se sont mis à rouler dans le ciel, chassés par le vent, couvrant et découvrant à chaque instant de larges déchirures d'azur, et laissant tomber partout sur la terre de grandes plaques d'ombre et de lumière. Cette ville et cet horizon étaient admirables ainsi. Le paysage n'est jamais plus beau que quand il revêt sa peau de tigre. — Je me croyais seul sur la tour, et j'y serais resté toute la journée. Tout à coup un petit bruit s'est fait entendre à côté de moi; j'ai tourné la tête : c'était une toute jeune fille de quatorze ans environ, à demie sortie d'une lucarne, qui me regardait avec un sourire. J'ai risqué quelques pas, j'ai dépassé un angle du Pfarthurm que je n'avais pas encore franchi, et je me suis trouvé au milieu des habitants du clocher. Il y a là tout un petit monde doux et heureux. La jeune fille, qui tricote; une vieille femme, sa mère sans doute, qui file son rouet; des colombes qui roucoulent, perchées sur les gargouilles du clocher; un singe hospitalier qui vous tend la main du fond de sa petite cabane; les poids de la grosse horloge qui montent et descendent avec un bruit sourd et s'amusent à faire mouvoir des marionnettes dans l'église où l'on a couronné des empereurs; ajoutez à cela cette paix profonde des lieux élevés, qui se compose du murmure du vent, des rayons du soleil et de la beauté du paysage, — n'est-ce pas que c'est un ensemble pur et charmant? — De la cage des anciennes cloches, la jeune fille a fait sa chambre; elle y a mis son lit dans l'ombre, et elle y chante comme chantaient les cloches, mais d'une voix plus douce, pour elle et pour Dieu seulement. De l'un des clochetons inachevés, la mère a fait la cheminée du petit feu de veuve où cuit sa pauvre marmite. Voilà le haut du clocher de Francfort. Comment et pourquoi cette colonie est-elle là, et qu'y fait-elle? Je l'ignore, mais j'ai admiré cela: Cette fière ville impériale, qui a soutenu tant de guerres, qui a reçu tant de boulets, qui a intronisé tant de Césars, dont les murailles étaient comme une armure, dont l'aigle tenait dans ses deux serres les diadèmes que l'aigle d'Autriche posait sur ses deux têtes, est aujourd'hui dominée et couronnée par l'humble foyer d'une vieille femme, d'où sort un peu de feu.

LETTRE XXV

LETTRE XXV

LE RHIN

D'où il sort — La Suisse, le Rhin. — Aspects. — Qu'un fleuve est un arbre. — Le trajet de Mayence à Cologne. — Détails. — Où commence l'encaissement du fleuve. — Où il finit. — Tableaux. — Les vignes. — Les ruines. — Les hameaux. — Les villes. — Histoire et archéologie mêlées. — Bingen. — Oberwesel. — Saint-Goar. — Neuwied. — Andernach. — Linz. — Sinzig. — Boppart. — Caub. — Braubach. — Coblenz. — Ce qui a effrayé l'auteur à Coblenz. — Musées. — Quels sont les peintres que possède chaque ville. — Curiosités et bric-à-brac. — Paysages du Rhin. — Ce qu'a été le Rhin. — Ce qu'il est. — Remontez-le. — Le bateau-flèche. — Le dampfschiff. — La barque à voile. — Le grand radeau. — Curieux détails sur les anciennes grandes flottaisons du Rhin. — Vingt-cinq bateaux à vapeur en route chaque jour. — Parallèle de l'ancienne navigation et de la nouvelle. — Quarante-neuf îles. — Souvenirs. — Une jovialité de Schinderhannes rencontrant une bande de juifs. — Ce que firent en 1400, dans une église de village, les quatre électeurs du Rhin. — Détails secrets et inconnus de la disposition de Wenceslas. — Le Kœnigsstühl. — L'auteur reconstruit le Kœnigsstühl, aujourd'hui disparu. — De quelle manière et dans quelle forme s'y faisait l'élection des empereurs. — Ce que c'était que les sept électeurs du saint-empire. — L'élection dans le Rœmer de Francfort comparée avec l'élection sur le Kœnigsstühl. — Côtés inédits et ignorés de l'histoire. — La bannière impériale. — Ce qu'elle était avant Lothaire. — Ce que Lothaire y changea. — Ce qu'elle a été depuis. — L'aigle à deux têtes. — Sa première apparition. — Ce que le peuple concluait de la façon dont la bannière flottait. — Chute de la bannière. — Vue de Caub. — Étrange aspect du Pfalz. — Ce que c'est. — Les châteaux du Rhin. — Dénombrement. — Combien il y en a. — Quels sont leurs noms. — Leurs dates. — Leur histoire. — Qui les a bâtis. — Qui les a ruinés. — Destinées de tous. — Détail de chacun. — Coup d'œil dans les vallées. — Sept burgs dans le Wisperthal. — Une abbaye et six forteresses dans les Sept-Monts. — Trois cidadelles dans la plaine de Mayence. — Le Godesberg dans la plaine de Cologne. — Hymne aux châteaux du Rhin.

Mayence, 1er octobre.

Un ruisseau sort du lac de Toma, sur la pente orientale du Saint-Gothard; un autre ruisseau sort d'un autre lac au pied du mont Lukmanierberg; un troisième ruisseau suinte d'un glacier et descend à travers les rochers d'une hauteur de mille toises. A quinze lieues de leurs sources, ces ruisseaux viennent aboutir au même ravin près Reichenau. Là, ils se mêlent. N'admirez-vous pas, mon ami, de quelle façon puissante et simple la Providence produit les grandes choses? Trois pâtres se rencontrent, c'est un peuple; trois ruisseaux se rencontrent, c'est un fleuve.

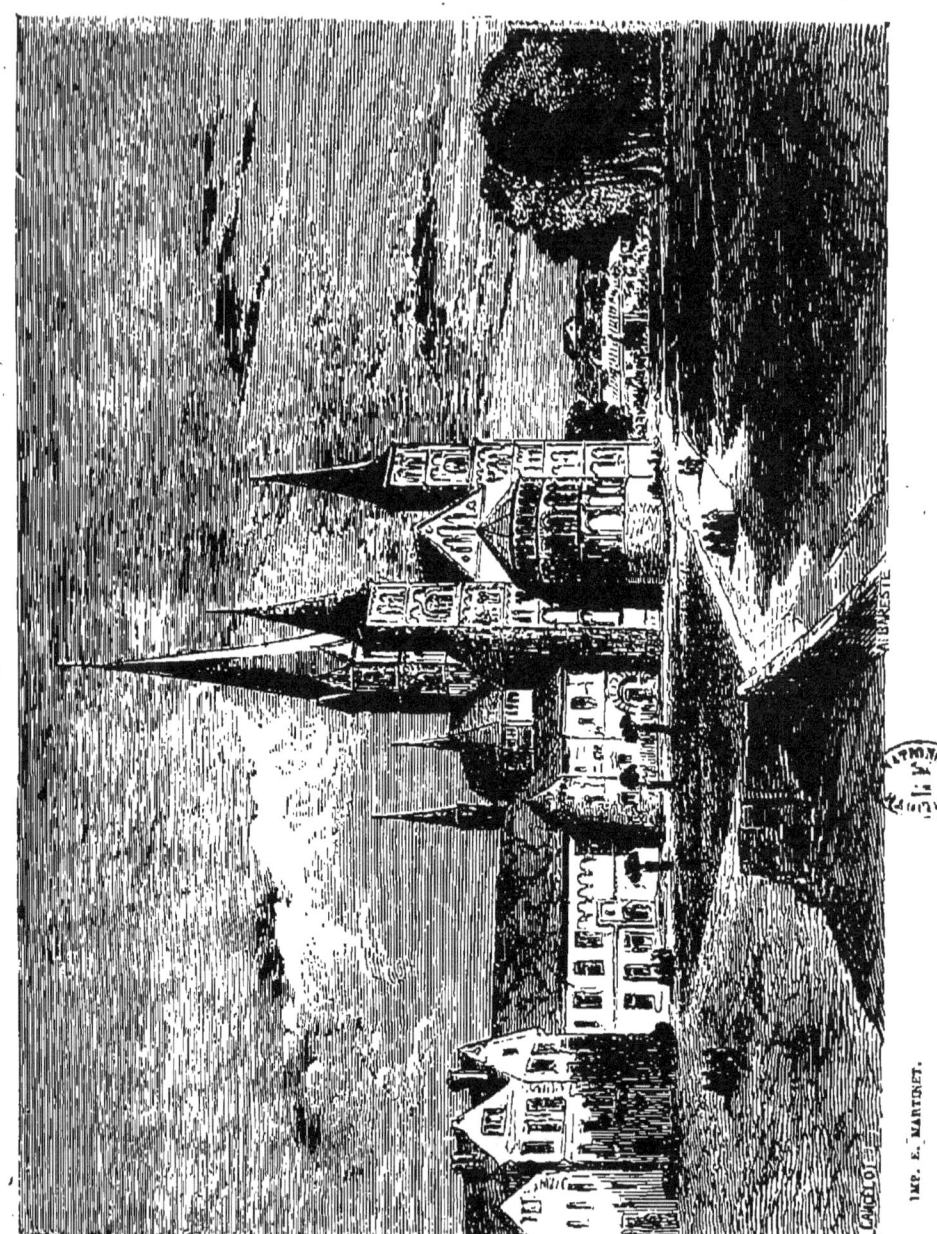

La cathédrale de Bonn.

Le peuple naît le 17 novembre 1307, la nuit, au bord d'un lac où trois pasteurs viennent de s'embrasser ; il se lève, il atteste le grand Dieu qui fait les paysans et les Césars, puis il court aux fléaux et aux fourches. Géant rustique, il prend corps à corps le souverain géant, l'empereur d'Allemagne. Il brise à Kussnacht le bailli Gessler, qui faisait adorer son chapeau ; à Sarnen le bailli Landenberg, qui crevait les yeux aux vieillards ; à Thalewyl le bailli Wolfenchiess, qui tuait les femmes à coups de hache ; à Morgarten le duc Léopold ; à Morat Charles le Téméraire. Il enterre sous la colline de Buttisholz les trois mille Anglais d'Enguerrand de Coucy. Il tient en respect à la fois les quatre formidables ennemis qui lui viennent des quatre points cardinaux ; il bat à Sempach le duc d'Autriche, à Granson le duc de Bourgogne, à Chillon le duc de Savoie, à Novare le duc de Milan ; et notons en passant qu'à Novare, en 1513, le duc de Milan était duc par le droit de l'épée et s'appelait Louis XII, roi de France. Il accroche à un clou dans ses arsenaux, au-dessus de ses habits de paysan, à côté des colliers de fer qu'on lui destinait, les splendides armures ducales des princes vaincus ; il a de grands citoyens, Guillaume Tell d'abord, puis les trois libérateurs, puis Pierre Collin et Gundoldingen, qui ont laissé leur sang sur la bannière de leur ville, et Conrad Baumgarten et Scharnachthal, et Winkelried, qui se jetait sur les piques comme Curtius dans le gouffre; il lutte à Bellinzona pour l'inviolabilité du sol, et à Cappel pour l'inviolabilité de la conscience; il perd Zwingli en 1531, mais il délivre Bonnivard en 1536; et depuis lors il est debout. Il accomplit sa destinée entre les quatre colosses du continent, ferme, solide, impénétrable, nœud de civilisation, asile de science, refuge de la pensée, obstacle aux envahissements injustes, point d'appui aux résistances légitimes. Depuis six cents ans, au centre de l'Europe, au milieu d'une nature sévère, sous l'œil d'une providence bienveillante, ces grands montagnards, dignes fils des grandes montagnes, graves, froids et sereins comme elles, soumis à la nécessité, jaloux de leur indépendance, en présence des monarchies absolues, des aristocraties oisives et des démocraties envieuses, vivent de la forte vie populaire, pratiquant à la fois le premier des droits, la liberté, et le premier des devoirs, le travail.

Le fleuve naît entre deux murailles de granit; il fait un pas et il rencontre, à Andeer, village roman, le souvenir de Charlemagne; à Coire, l'ancienne Curia, le souvenir de Drusus; à Feldkirch, le souvenir de Masséna; puis, comme consacré pour les destinées qui l'attendent par ce triple baptême germanique, romain et français, laissant l'esprit indécis entre son étymologie grecque ῥέειν, et son étymologie allemande *rinnen*, qui toutes deux signifient *couler*, il coule en effet, franchit la forêt et la montagne, gagne le lac de Constance, bondit à Schaffhouse, longe et contourne les arrière-groupes du Jura, côtoie les Vosges, perce la chaîne des volcans morts du Taunus, traverse les plaines de la Frise, inonde et noie les bas-fonds de la Hollande, et, après avoir creusé dans les rochers, les terres, les laves, les sables et les roseaux, un ravin tortueux de deux cent soixante-dix-sept lieues, après avoir promené dans la grande fourmilière européenne le bruit perpétuel de ses vagues, qu'on dirait composé de la querelle éternelle du Nord et du Midi, après avoir reçu douze mille cours d'eau, arrosé cent quatorze villes, séparé, ou, pour mieux dire, divisé onze nations, roulant dans son écume et mêlant à sa rumeur l'histoire de trente siècles et de trente peuples, il se perd dans la mer. Fleuve-Protée; ceinture des empires, frontière des ambitions, frein des conquérants; serpent de l'énorme caducée qu'étend sur l'Europe le dieu Commerce; grâce et parure du globe; longue chevelure verte des Alpes qui traîne jusque dans l'Océan.

Ainsi trois pâtres, trois ruisseaux. La Suisse et le Rhin s'engendrent de la même façon dans les mêmes montagnes.

Le Rhin a tous les aspects. Il est tantôt large,

tantôt étroit. Il est glauque, transparent, rapide, joyeux de cette grande joie qui est propre à tout ce qui est puissant. Il est torrent à Schaffhouse, gouffre à Laufen, rivière à Sickingen, fleuve à Mayence, lac à Saint-Goar, marais à Leyde.

Il se calme, dit-on, et devient lent vers le soir comme s'il s'endormait ; phénomène plutôt apparent que réel, visible sur tous les grands cours d'eau.

Je l'ai dit quelque part, l'unité dans la variété, c'est le principe de tout art complet. Sous ce rapport, la nature est la plus grande artiste qu'il y ait. Jamais elle n'abandonne une forme sans lui avoir fait parcourir tous ses logarithmes. Rien ne se ressemble moins en apparence qu'un arbre et un fleuve ; au fond pourtant l'arbre et le fleuve ont la même ligne génératrice. Examinez, l'hiver, un arbre dépouillé de ses feuilles, et couchez-le en esprit à plat sur le sol, vous aurez l'aspect d'un fleuve vu par un géant à vol d'oiseau. Le tronc de l'arbre, ce sera le fleuve ; les grosses branches, ce seront les rivières ; les rameaux et les ramuscules, ce seont les torrents, les ruisseaux et les sources ; l'élargissement de la racine, ce sera l'embouchure. Tous les fleuves, vus sur une carte géographique, sont des arbres qui portent des villes tantôt à l'extrémité des rameaux comme des fruits, tantôt dans l'entre-deux des branches comme des nids ; et leurs confluents et leurs affluents innombrables imitent, suivant l'inclinaison des versants et la nature des terrains, les embranchements variés des différentes espèces végétales, qui toutes, comme on sait, tiennent leurs jets plus ou moins écartés de la tige selon la force spéciale de leur séve et la densité de leur bois. Il est remarquable que si l'on considère le Rhin de cette façon, l'idée royale qui semble attachée à ce robuste fleuve ne l'abandonne pas. L'Y de presque tous les affluents du Rhin, de la Murg, du Neckar, du Mein, de la Nähe, de la Lahn, de la Moselle et de l'Aar, a une ouverture d'environ quatre-vingt-dix degrés. Bingen, Niederlahnstein, Coblenz, sont dans des angles droits. Si l'on redresse par la pensée debout sur le sol l'immense silhouette géométrale du fleuve, le Rhin apparaît portant toutes ses rivières à bras tendu et prend la figure d'un chêne.

Les innombrables ruisseaux dans lesquels il se divise avant d'arriver à l'Océan sont ses racines mises à nu.

La partie du fleuve la plus célèbre et la plus admirée, la plus riche pour le géologue, la plus curieuse pour l'historien, la plus importante pour la politique, la plus belle pour le poëte, c'est ce tronçon du Rhin central qui, de Bingen à Kœnigswinter, traverse du levant au couchant le noir chaos de collines volcaniques que les Romains nommaient les Alpes des Cattes.

C'est là ce fameux trajet de Mayence à Cologne que presque tous les *tourists* font en quatorze heures dans les longues journées d'été. De cette manière on a l'éblouissement du Rhin, et rien de plus. Lorsqu'un fleuve est rapide, pour le bien voir il faut le remonter, et non le descendre. Quant à moi, comme vous savez, j'ai fait le trajet de Cologne à Mayence, et j'y ai mis un mois.

De Mayence à Bingen, comme de Kœnigswinter à Cologne, il y a sept ou huit lieues de riches plaines vertes et riantes, avec de beaux villages heureux au bord de l'eau. Mais, ainsi que je vous le disais tout à l'heure, le grand encaissement du Rhin commence à Bingen par le Rupertsberg et le Niederwald, deux montagnes de schiste et d'ardoise, et finit à Kœnigswinter, au pied des Sept-Monts.

Là tout est beau. Les escarpements sombres des deux rives se mirent dans les larges squames de l'eau. La roideur des pentes fait que la vigne est cultivée sur le Rhin de la même manière que l'olivier sur les côtes de la Provence. Partout où tombe le rayon du Midi, si le rocher fait une petite saillie, le paysan y porte à bras des sacs et des paniers de terre, et, dans cette terre, en Provence il plante un olivier et sur le Rhin il plante un cep. Puis il contre-butte son terrassement avec un mur de pierres sèches, qui retient la terre et laisse fuir les eaux. Ici, par surcroît de précaution, pour que les pluies n'entraînent pas la terre, le vigneron la couvre, comme un toit, avec les ardoises brisées de la montagne. De cette façon, au flanc des roches les plus abruptes, la vigne du Rhin, comme l'olivier de la Méditerranée, croît sur des espèces de consoles posées au-dessus de la tête du passant comme le pot de fleurs d'une mansarde. Toutes les inclinaisons douces sont hérissées de ceps.

C'est, du reste, un travail ingrat. Depuis dix ans les riverains du Rhin n'ont pas fait une bonne récolte. Dans plusieurs endroits, et notamment à Saint-Goarshausen, dans le pays de Nassau, j'ai vu des vignobles abandonnés.

D'en bas tous ces épaulements en pierres sèches qui suivent les mille ondulations de la pente, et auxquels les cannelures du rocher donnent nécessairement presque toujours la forme d'un croissant, surmontés de la frange verte des vignes, rattachés et comme accrochés aux saillies de la montagne par leurs deux bouts qui vont s'amincissant, figurent d'innombrables guirlandes suspendues à la muraille austère du Rhin.

L'hiver, quand la vigne et le sol sont noirs, ces terrassements d'un gris sale ressemblent à ces grandes toiles d'araignées étagées et superposées dans les angles des masures abandonnées, espèces de hamacs hideux où s'est amoncelée la poussière.

A chaque tournant du fleuve se développe un groupe de maisons, cité ou bourgade. Au-dessus de chaque groupe de maisons se dresse un donjon en ruine. Les villes et les villages, hérissés de pignons, de tourelles et de clochers, font de loin comme une flèche barbelée à la pointe basse de la montagne.

Souvent les hameaux s'allongent, à la lisière de la berge, en forme de *queue*, égayés de laveuses qui chantent et d'enfants qui jouent. Çà et là une chèvre broute les jeunes pousses des oserais. Les maisons du Rhin ressemblent à de grands casques d'ardoise posés au bord du fleuve. L'enchevêtrement exquis des solives peintes en rouge et en bleu sur le plâtre blanc fait l'ornement de la façade. Plusieurs de ces villages, comme ceux de Bergheim et de Mondorf près Cologne, sont habités par des pêcheurs de saumon et des faiseurs de corbeilles. Dans les belles journées d'été, cela compose des spectacles charmants : le vannier tresse son panier sur le seuil de sa maison, le pêcheur raccommode ses filets dans sa barque, au-dessus de leurs têtes le soleil mûrit la vigne sur la colline. Tous font ce que Dieu leur donne à faire, l'astre comme l'homme.

Les villes sont d'un aspect plus compliqué et plus tumultueux. Elles abondent sur le Rhin. C'est Bingen, c'est Oberwesel, c'est Saint-Goar, c'est Neuwied, c'est Andernach. C'est Linz, grosse commune à tours carrées, qui a été assiégée par Charles le Téméraire en 1476, et qui regarde vis-à-vis d'elle, sur l'autre bord du Rhin, Sinzig, bâtie par Sentius pour garder l'embouchure de l'Aar. C'est Boppart, l'ancienne Bodobriga, fort de Drusus, cense royale de rois francs, ville impériale proclamée en même temps qu'Oberwesel, bailliage de Trèves, vieille cité charmante qui conserve une idole dans son église, au-dessus de laquelle deux clochers romans accouplés par un pont ressemblent à deux grands bœufs sous un joug. J'y ai remarqué, près de la porte de ville en amont, une ravissante abside ruinée. C'est Caub, la ville des palatins. C'est Braubach, nommée, dans une charte de 933, fief des comtes d'Arnstein du Lahngau, ville impériale sous Rodolphe en 1279, domaine des comtes de Katzenellenbogen en 1283, qui échoit à la Hesse en 1473, à Darmstadt en 1632, et en 1802 à Nassau.

Braubach, qui communique avec les bains du Taunus, est admirablement située au pied du haut rocher qui porte à sa cime le Markusburg. Le vieux château de Saint-Marc est aujourd'hui une prison d'État. Tout marquis veut avoir des pages. Il me paraît que M. de Nassau se donne les airs d'avoir des prisonniers d'État. C'est un beau luxe.

Douze mille six cents habitants dans onze cents maisons, un pont de trente-six bateaux construit en 1819 sur le Rhin, un pont de quatorze arches sur la Moselle bâti en pierre de lave sur les fondations mêmes du pont édifié vers 1311 par l'archevêque Baudouin au moyen d'une large dépense d'indulgences; le célèbre fort Ehrenbreistein, rendu aux Français le 27 janvier 1799 après un blocus où les assiégés avaient payé un chat trois francs et une livre de cheval trente sous; un puits de cinq cent quatre-vingts pieds de profondeur, creusé par le margrave Jean de Bade; la place de l'arsenal, où l'on voyait jadis la fameuse coulevrine *le Griffon*, laquelle portait cent soixante livres et pesait vingt milliers; un bon vieux couvent de franciscains converti en hôpital en 1804; une Notre-Dame romane, restaurée dans le goût Pompadour et peinte en rose; une église de Saint-Florin, convertie en magasin de fourrage par les Français, aujourd'hui église évangélique, ce qui est pire au point de vue de l'art, et peinte en rose; une collégiale de Saint-Castor enrichie d'un portail de 1805 et peinte en rose; point de bibliothèque : voilà Coblenz, que les Français écrivent *Coblentz* par politesse pour les Allemands, et que les Allemands écrivent *Coblence* par ménagement pour les Français. D'abord castrum romain dans l'Altehof, puis cour royale sous les Francs, résidence impériale jusqu'à Louis de Bavière, ville patronnée par les comtes d'Arnstein jusqu'en 1250, et, à dater d'Arnould II, par les archevêques de Trèves, assiégée en vain en 1688 par Vauban et par Louis XIV en personne, Coblenz a été prise par les Français en 1794 et donnée aux Prussiens en 1815. Quant à moi, je n'y suis pas entré. Tant d'églises roses m'ont effrayé.

Comme point militaire, Coblenz est un lieu important. Ses trois forteresses font face de toutes parts. La Chartreuse domine la route de Mayence, le Petersberg garde la route de Trèves et de Cologne, l'Ehrenbreistein surveille le Rhin et la route de Nassau.

Comme le paysage, Coblenz est peut-être trop vantée, surtout si on la compare à d'autres villes du Rhin que personne ne visite et dont personne ne parle. Ehrenbreisten, jadis belle et colossale ruine, est maintenant une glaciale et morne citadelle qui *couronne* platement un magnifique rocher. Les vraies couronnes des montagnes, c'étaient les anciennes forteresses. Chaque tour était un fleuron.

Quelques-unes de ces villes ont d'inestimables richesses d'art et d'archéologie. Les plus vieux maîtres et les plus grands peintres peuplent leurs musées. Le Dominiquin, les Carrache, le Guerchin, Jordaens, Snyders, Laurent Sciarpelloni, sont à Mayence. Augustin Braun, Guillaume de Cologne, Rubens, Albert Durer, Mesquida, sont à Cologne. Holbein, Lucas de Leyde, Lucas Cranach,

Scorel, Raphaël, la *Vénus endormie* de Titien, sont à Darmstadt. Coblenz a l'œuvre complet d'Albert Durer à quatre feuilles près. Mayence a le psautier de 1459. Cologne avait le fameux missel du château de Drachenfels, colorié au douzième siècle; elle l'a laissé perdre; mais elle a conservé et elle garde encore les précieuses lettres de Leibnitz au jésuite de Brosse.

Ces belles villes et ces charmants villages sont mêlés à la nature la plus sauvage. Les vapeurs rampent dans les ravins; les nuées accrochées aux collines semblent hésiter et choisir le vent; de sombres forêts druidiques s'enfoncent entre les montagnes dans les lointains violets, de grands oiseaux de proie planent sous un ciel fantasque qui tient des deux climats que le Rhin sépare, tantôt éblouissant de rayons comme un ciel d'Italie, tantôt sali de brumes rousses comme un ciel du Groënland. La rive est âpre, les laves sont bleues; les basaltes sont noirs; partout le mica et le quartz en poussière; partout les cassures violentes; les rochers ont des profils de géants camards. Des croupes d'ardoises feuilletées et fines comme des soies brillent au soleil et figurent des dos de sangliers énormes. L'aspect de tout le fleuve est extraordinaire.

Il est évident qu'en faisant le Rhin, la nature avait prémédité un désert; l'homme en a fait une rue.

Du temps des Romains et des barbares, c'était la rue des soldats. Au moyen âge, comme le fleuve presque entier était bordé d'États ecclésiastiques, et tenu en quelque sorte, de sa source à son embouchure, par l'abbé de Saint-Gall, le prince-évêque de Constance, le prince-évêque de Bâle, le prince-évêque de Strasbourg, le prince-évêque de Spire, le prince-évêque de Worms, l'archevêque-électeur de Mayence, l'archevêque-électeur de Trèves et l'archevêque-électeur de Cologne, on nommait le Rhin la *rue des Prêtres*. Aujourd'hui c'est la rue des marchands.

Le voyageur qui remonte le fleuve le voit, pour ainsi dire, venir à soi, et, de cette façon, le spectacle est plus beau. A chaque instant on rencontre une chose qui passe : tantôt un étroit bateau-flèche effrayant à voir cheminer, tant il est chargé de paysans, surtout si c'est le dimanche, jour où ces braves riverains catholiques possédés par des hugenots vont quelquefois chercher leur messe bien loin ; tantôt un bateau à vapeur pavoisé ; tantôt une longue embarcation à deux voiles latines descendant le Rhin avec sa cargaison qui fait bosse sous le grand mât, son pilote attentif et sérieux, ses matelots affairés, quelque femme assise sur la porte de la cabine, et, au milieu des ballots, le coffre des marins colorié à rosaces rouges, vertes et bleues. Ou bien ce sont de longs attelages attachés à de lourds navires qui remontent lentement; où un petit cheval courageux remorquant à lui seul une grosse barque pontée, comme une fourmi qui traîne un scarabée mort. Tout à coup le fleuve se replie, et, au tournant qui se présente, un grand radeau de Namedy débouche majestueusement. Trois cents matelots manœuvrent la monstrueuse machine, les immenses avirons battent l'eau en cadence à l'arrière et à l'avant, un bœuf tout entier ouvert et saignant pend accroché aux bigues, un autre bœuf vivant tourne autour du poteau où il est lié, et mugit en voyant les génisses paître sur la rive, le patron monte et descend l'escalier double de son estrade, le drapeau tricolore horizontal flotte déployé au vent, le coq attise le feu sous la grande chaudière, la fumée sort de trois ou quatre cabanes où vont et viennent les matelots, tout un village vit et flotte sur ce prodigieux plancher de sapin.

Eh bien, ces gigantesques radeaux sont aux anciennes grandes flottaisons du Rhin ce qu'une chaloupe est à un vaisseau à trois ponts. Le train d'autrefois, composé comme aujourd'hui de sapins destinés à la mâture, de chênes, de madriers et de menu bois, assemblé à ses extrémités par des chevrons nommés *bundsparren*, renoué à ses jointures avec des harts d'osier et des crampons de fer, portait quinze ou dix-huit maisons, dix ou douze nacelles chargées d'ancres, de sondes et de cordages, mille rameurs, avait huit pied de profondeur dans l'eau, soixante-dix pieds de large et environ neuf cents pieds de long, c'est-à-dire la longueur de dix maîtres sapins de la Murg, attachés bout à bout. Autour du train central et amarrés à son bord au moyen d'un tronc d'arbre qui servait à la fois de pont et de câble, flottaient, soit pour lui donner la direction, soit pour amoindrir les périls de l'échouement, dix ou douze petits trains d'environ quatre-vingts pieds de long, nommés les uns *kniee*, les autres *anhænge*. Il y avait dans le grand radeau une rue qui aboutissait d'un côté à une vaste tente, de l'autre à la maison du patron, espèce de palais de bois. La cuisine fumait sans cesse. Une grosse chaudière de cuivre y bouillait jour et nuit. Soir et matin le pilote criait le mot d'ordre, et élevait au-dessus du train un panier suspendu à une perche; c'était le signal du repas, et les mille travailleurs accouraient avec leurs écuelles de bois. Ces trains consommaient en un voyage huit foudres de vin, six cents muids de bière, quarante sacs de légumes secs, douze mille livres de fromage, quinze cents livres de beurre, dix mille livres de viande fumée, vingt mille livres de viande fraîche et cinquante mille livres de pain. Ils emmenaient un troupeau et des bouchers. Chacun de ces trains représentait sept ou huit cent mille florins, c'est-à-dire environ deux millions de francs.

On se figure difficilement cette grande île de bois cheminant de Namedy à Dordrecht, et traînant tortueusement son archipel d'îlots à travers les coudes, les entonnoirs, les chutes, les tourbillons et les serpentines du Rhin. Les naufrages étaient fréquents. Aussi disait-on proverbialement et dit-on encore qu'un entrepreneur de trains doit avoir trois capitaux : le premier sur le Rhin, le deuxième à terre et le troisième en poche. L'art de conduire parmi tant d'écueils ces effrayants assemblages n'appartenait d'ordinaire qu'à un seul homme par génération. A la fin du siècle dernier, c'était le secret d'un maître flotteur de Rudesheim appelé le vieux Jung. Jung mort, les grandes flottaisons ont disparu.

A l'instant où nous sommes, vingt-cinq bateaux à vapeur montent et descendent le Rhin chaque jour. Les dix-neuf bateaux de la compagnie de Cologne, reconnaissables à leur cheminée blanche et noire, vont de Strasbourg à Dusseldorf; les six bateaux de la compagnie de Dusseldorf, qui ont la cheminée tricolore, vont de Mayence à Rotterdam. Cette immense navigation se rattache à la Suisse par le dampfschiff de Strasbourg à Bâle, et à l'Angleterre par les steamboats de Rotterdam à Londres.

L'ancienne navigation rhénane, que perpétuent

Le grand Radeau.

les bateaux à voiles, contraste avec la navigation nouvelle, que représentent les bateaux à vapeur. Les bateaux à vapeur, riants, coquets, élégants, confortables, rapides, enrubannés et harnachés des couleurs de dix nations, Angleterre, Prusse, Nassau, Hesse, Bade, tricolore hollandais, ont pour invocation des noms de princes et de villes : *Ludwig II, Gross Herzog von Hessen, Kœnigin Victoria, Herzog von Nassau, Prinzessin Mariann, Gross Herzog von Baden, Stadt Manheim, Stadt Coblentz*. Les bateaux à voiles passent lentement, portant à leur proue des noms graves et doux : *Pius, Columbus, Amor, Sancta Maria, Gratia Dei*. Les bateaux à vapeur sont vernis et dorés, les bateaux à voiles sont goudronnés. Le bateau à vapeur, c'est la spéculation; les bateaux à voiles, c'est bien la vieille navigation austère et croyante. Les uns cheminent en faisant une réclame, les autres en faisant une prière. Les uns comptent sur les hommes, les autres sur Dieu.

Cette vivace et frappante antithèse se croise et s'affronte à chaque instant sur le Rhin.

Dans ce contraste respire avec une singulière puissance de réalité le double esprit de notre époque, qui est fille d'un passé religieux et qui se croit mère d'un avenir industriel.

Quarante-neuf îles, couvertes d'une épaisse verdure, cachant des toits qui fument dans des touffes de fleurs, abritant des barques dans des havres charmants, se dispersent sur le Rhin de Cologne à Mayence. Toutes ont quelque souvenir : c'est Graupenwerth, où les Hollandais construisirent un fort qu'ils appelèrent *Bonnet de prêtre*, Pfaffenmüth, fort que les Espagnols scandalisés reprirent et baptisèrent du nom d'*Isabelle*. C'est Graswerth, l'*île de l'Herbe*, où Jean-Philippe de Reichenberg écrit ses *Antiquitates Saynenses*. C'est Niederwerth, jadis si riche des dotations du margrave-archevêque Jean II. C'est Urmitzer Insel, qui a vu César; c'est Nonnenswerth, qui a vu Roland.

Les souvenirs des rives semblent répondre aux souvenirs des îles. Permettez-moi d'en effleurer ici quelques-uns ; je reviendrai tout à l'heure avec plus de détail sur ce sujet intéressant. Toute ombre qui se dresse sur un bord du fleuve en fait dresser une autre sur l'autre bord. Le cercueil de sainte Nizza, petite-fille de Louis le Débonnaire, est à Coblenz; le tombeau de sainte Ida, cousine de Charles-Martel, est à Cologne. Sainte Hildegarde a laissé à Eubingen l'anneau que lui donna saint Bernard, avec cette devise : *J'aime à souffrir*. Sigebert est le dernier roi d'Austrasie qui ait habité Andernach. Sainte Geneviève vivait à Frauenkirch, dans les bois, près d'une source minérale qui avoisine aujourd'hui une chapelle commémorative. Son mari résidait à Altsimmern. Schinderhannes a désolé la vallée de la Nähe. C'est là qu'un jour il s'amusa, le pistolet au poing, à faire déchausser une bande de juifs; puis il les força ensuite à se rechausser précipitamment après avoir mêlé leurs souliers. Les juifs s'enfuirent clopin-clopant, ce qui fit rire Jean l'Écorcheur. Avant Schinderhannes, cette douce vallée avait eu Louis le Noir, duc de Deux-Ponts.

Quand le voyageur qui remonte a passé Coblenz et laissé derrière lui la gracieuse île d'Oberwerth, où je ne sais quelle bâtisse blanche a remplacé la vieille abbaye des dames nobles de Sainte-Madeleine-sur-l'Ile, l'embouchure de la Lahn lui apparaît. Le lieu est admirable. Au bord de l'eau, derrière un encombrement d'embarcations amarrées, montent les deux clochers croulants de Johanniskirch, qui rappellent vaguement Jumiéges. A droite, au-dessus du bourg de Capellen, sur une croupe de rochers, se dresse Stolzenfels, la vaste et magnifique forteresse archiépiscopale où l'électeur Werner étudiait l'Almuchabala; et à gauche, sur la Lahn, au fond de l'horizon, les nuages et le soleil se mêlent aux sombres ruines de Lahneck, pleines d'énigmes pour l'historien et de ténèbres pour l'antiquaire. Des deux côtés de la Lahn deux jolies villes, Niederlahnstein et Oberlahnstein, rattachées l'une à l'autre par une allée d'arbres, se regardent et semblent se sourire. A quelques jets de pierre de la porte orientale d'Oberlahnstein, qui a encore sa noire ceinture de douves et de mâchicoulis, les arbres d'un verger laissent voir et cachent en même temps une petite chapelle du quatorzième siècle, recrépie et et plâtrée, surmontée d'un chétif clocheton. Cette chapelle a vu déposer l'empereur Wenceslas.

C'est dans cette église de village que, l'an du Christ 1400, les quatre électeurs du Rhin, Jean de Nassau, archevêque de Mayence, Frédéric de Saawerden, archevêque de Cologne, Werner de Kœnigstein, archevêque de Trèves, et Rupert III, comte palatin, proclamèrent solennellement du haut du portail la déchéance de Wenzel, empereur d'Allemagne. Wenceslas était un homme mou et méchant, ivrogne, et féroce quand il avait bu. Il faisait noyer les prêtres qui refusaient de lui livrer le secret du confessionnal. Tout en soupçonnant la fidélité de sa femme, il avait confiance dans son esprit et subissait l'influence de ses idées. Or, cela inquiétait Rome. Wenceslas avait pour femme Sophie de Bavière, qui avait pour confesseur Jean Huss. Jean Huss, propageant Wiclef, sapait déjà le pape; le pape frappa l'empereur. Ce fut à l'instigation du saint-siége que les trois archevêques convoquèrent le comte palatin. Le Rhin dès lors dominait l'Allemagne. A eux quatre ils défirent l'empereur; puis ils nommèrent à sa place celui d'entre eux qui n'était pas ecclésiastique, le comte Rupert. Rupert, à qui cette récempense avait sans doute été secrètement promise, fut du reste un digne et noble empereur. Vous voyez que, dans sa haute tutelle des royaumes et des rois, l'action de Rome, tantôt publique, tantôt occulte, était quelquefois bienfaisante. L'arrêt rendu contre Wenceslas reposait sur six chefs; les quatre griefs principaux étaient : premièrement, la dilapidation du domaine; deuxièmement le schisme de l'Église; troisièmement, les guerres civiles de l'empire; quatrièmement, avoir fait coucher des chiens dans sa chambre.

Jean Huss continua, et Rome aussi. — *Plutôt que de plier*, disait Jean Huss, *j'aimerais mieux qu'on me jetât à la mer avec une meule d'âne au cou*. Il prit l'*épée de l'esprit* et lutta corps à corps avec Rome. Puis, quand le concile le manda, il vint hardiment *sans sauf-conduit : venimus sine salvo conductu*. Vous savez la fin. Le dénoûment s'accomplit le 6 juillet 1415. Les années, qui rongent tout ce qui est chair et surface, réduisent aussi les faits à l'état de cadavre, et mettent les fibres de l'histoire à nu. Aujourd'hui, pour qui considère, grâce à cette dénudation, la construction providentielle des événements de cette sombre époque, la déposition de Wenceslas est le prologue d'une tragédie dont le bûcher de Constance est la catastrophe.

En face de cette chapelle, sur la rive opposée, au bord du fleuve, on voyait encore, il n'y a pas un demi-siècle, le siége royal, cet antique Kœnigsstühl dont je vous ai déjà parlé. Le Kœnigsstühl, pris dans son ensemble, avait dix-sept pieds allemand d'élévation et vingt-quatre de diamètre. Voici quelle en était la figure : sept piliers de pierre portaient une large plate-forme octogone de pierre, soutenue à son centre par un huitième pilier plus gros que les autres, figurant l'empereur au milieu des sept électeurs. Sept chaises de pierre, correspondant aux sept piliers au-dessus desquels chacune d'elles était placée, occupaient, disposées en cercle et se regardant, sept des pans de la plate-forme. Le huitième pan, qui regardait le midi, était rempli par l'escalier, massif degré de pierre, composé de quatorze marches, deux marches par électeur. Tout avait un sens dans ce grave et vénérable édifice. Derrière chaque chaise, sur la face de chaque pan de la plate-forme octogone, étaient sculptées et peintes les armoiries des sept électeurs : le lion de Bohême, les épées croisées de Brandebourg; Saxe, qui portait d'argent à l'aigle de gueules; le Palatinat, qui portait de gueules au lion d'argent; Trèves, qui portait d'argent à la croix de gueules; Cologne, qui portait d'argent à la croix de sable; et Mayence, qui portait de gueules à la roue d'argent. Ces blasons, dont les émaux, les couleurs

LE RHIN 283

et les dorures se rouillaient au soleil et à la pluie, étaient le seul ornement de ce vieux trône de granit.

C'était là qu'en plein air, sous les souffles et les rayons du ciel, assis dans ces rigides fauteuils de pierre sur lesquels s'effeuillaient les arbres et courait l'ombre des nuages, rudes et simples, naïfs et augustes comme des rois d'Homère, les antiques électeurs d'Allemagne choisissaient entre eux l'empereur. Plus tard, ces grandes mœurs s'effacèrent, une civilisation moins épique convia autour de la table de cuir de Francfort les sept princes, portés vers la fin du dix-septième siècle au nombre de neuf par l'accession de Bavière et de Brunswick à l'électorat.

Les sept princes qui s'asseyaient sur ces pierres au moyen âge étaient puissants et considérables. Les électeurs occupaient le sommet du saint-empire. Ils précédaient, dans la marche impériale, les quatre ducs, les quatre archimaréchaux, les quatre landgraves, les quatre burgraves, les quatre comtes chefs de guerre, les quatre abbés, les quatre bourgs, les quatre chevaliers, les quatre villes, les quatre villages, les quatre rustiques, les quatre marquis, les quatre comtes, les quatre seigneurs, les quatre montagnes, les quatre barons, les quatre possessions, les quatre veneurs, les quatre offices de Souabe, et les quatre serviteurs. Chacun d'eux faisait porter devant lui, par son maréchal particulier, une épée à fourreau doré. Ils appelaient les autres princes les *têtes couronnées*, et se nommaient les *mains couronnantes*. La bulle d'or les comparait aux sept dons du Saint-Esprit, aux sept collines de Rome, aux sept branches du chandelier de Salomon. Parmi eux la qualité électorale passait avant la qualité royale; l'archevêque de Mayence marchait à la droite de l'empereur, et le roi de Bohême à la droite de l'archevêque. Ils étaient si grands, on les voyait de si loin en Europe, et ils dominaient les nations de si haut, que les paysans de Wesen, en Suisse, appelaient et appellent encore les sept aiguilles de leur lac *Sieben Churfürsten*, les Sept-Électeurs.

Le Kœnigsstühl a disparu, les électeurs aussi. Quatre pierres aujourd'hui marquent la place du Kœnigsstühl; rien ne marque la place des électeurs.

Au seizième siècle, quand la mode arriva de nommer l'empereur à Francfort, tantôt dans la salle du Rœmer, tantôt dans la salle-conclave de Saint-Barthélemy, l'élection devint une cérémonie compliquée. L'étiquette espagnole s'y refléta. Le formulaire fut minutieux; l'appareil sévère, soupçonneux, parfois terrible. Dès le matin du jour fixé pour l'élection, on fermait les portes de la ville, les bourgeois prenaient les armes, les tambours de camp sonnaient, la cloche d'alarme tintait; les électeurs, vêtus de drap d'or et revêtus de la robe rouge doublée d'hermine, coiffés, les séculiers du bonnet électoral, les archevêques de la mitre écarlate, recevaient solennellement le serment du magistrat de la ville, qui s'engageait à les garantir *de la surprise l'un de l'autre;* cela fait, ils se prêtaient eux-mêmes serment les uns aux autres entre les mains de l'archevêque de Mayence; puis on leur disait la messe; ils s'asseyaient sur des chaires de velours noir, le maréchal du saint-empire *fermait les huis*, et ils procédaient à l'élection. Si bien closes que fussent les portes, les chanceliers et les notaires allaient et venaient. Enfin les *très-révérends* tombaient d'accord avec les *très-illustres,* le roi des Romains était nommé, les princes se levaient de leurs chaires, et pendant que la présentation au peuple se faisait aux fenêtres du Rœmer, un des suffragants de Mayence chantait à Saint-Barthélemy un *Te Deum* à trois chœurs sur les orgues de l'église, sur les trompettes des électeurs et sur les trompettes de l'empereur.

Le tout, au bruit *des grosses cloches sonnées sur les tours, et des gros canons qu'on laschoit de joye,* dit, dans son curieux manuscrit, le narrateur anonyme de l'élection de Mathias II.

Sur le Kœnigsstühl, la chose se faisait plus simplement et plus grandement, à mon sens. Les électeurs montaient processionnellement sur la plate-forme par les quatorze degrés, qui avaient chacun un pied de haut, et prenaient place dans leurs fauteuils de pierre. Le peuple de Rhens, contenu par les hacquebutiers, entourait le siége royal. L'archevêque de Mayence debout disait : *Très-généreux princes, le saint-empire est vacant.* Puis il entonnait l'antiphone *Veni, sancte Spiritus*, et les archevêques de Cologne et de Trèves chantaient les autres collectes qui en dépendent. Le chant terminé, tous les sept prêtaient serment, les séculiers la main sur l'Évangile, les ecclésiastiques la main sur le cœur. Distinction belle et touchante, qui veut dire que le cœur de tout prêtre doit être un exemplaire de l'Évangile. Après le serment, on les voyait assis en cercle se parler à voix basse; tout à coup l'archevêque de Mayence se levait, étendait ses mains vers le ciel, et jetait au peuple dispersé au loin dans les haies, les broussailles et les prairies, le nom du nouveau chef temporel de la chrétienté. Alors le maréchal de l'empire plantait la bannière impériale au bord du Rhin, et le peuple criait : *Vivat rex!*

Avant Lothaire II, qui fut élu le 11 septembre 1125, la même aigle, l'aigle d'or, se déployait sur la bannière de l'empire d'Orient et sur la bannière de l'empire d'Occident; mais le ciel vermeil de l'aurore se reflétait dans l'une et le ciel froid du septentrion dans l'autre. La bannière d'Orient était rouge; la bannière d'Occident était bleue. Lothaire substitua à ces couleurs les couleurs de sa maison, or et sable. L'aigle d'or dans un ciel bleu fut remplacée sur la bannière impériale par l'aigle noire dans un ciel d'or. Tant qu'il y eut deux empires, il y eut deux aigles, et ces deux aigles n'eurent qu'une tête. Mais à la fin du quinzième siècle, quand l'empire grec eut croulé, l'aigle germanique, restée seule, voulut représenter les deux empires, regarda à la fois l'occident et l'orient, et prit deux têtes.

Ce n'est pas d'ailleurs la première apparition de l'aigle à deux têtes. On la voit sculptée sur le bouclier de l'un des soldats de la colonne Trajane, et, s'il faut en croire le moine d'Attaich et le recueil d'Urstisius, Rodolphe de Habsbourg la portait brodée sur sa poitrine le 26 août 1278, à la bataille de Marchefeld.

Quand la bannière était plantée au bord du Rhin en l'honneur du nouvel empereur, le vent en agitait les plis, et, de la façon dont elle flottait, le peuple concluait des présages. En 1346, quand les électeurs, poussés par le pape Clément VI, proclamèrent du haut du Kœnigsstühl Charles, margrave de Moravie, roi des Romains, quoique Louis V vécût encore, au cri de : *Vivat rex!* la bannière impériale tomba dans le Rhin et s'y perdit. Cinquante-quatre ans plus tard, en 1400, le fatal présage s'accomplit : Wenceslas, fils de Charles, fut déposé.

Et cette chute de la bannière fut aussi la chute de la maison de Luxembourg, qui, après Charles IV et Wenceslas, ne donna plus qu'un empereur, Sigismond, et s'effaça à jamais devant la maison d'Autriche.

Après avoir laissé derrière soi le lieu où fut le Kœnigsstühl, jeté bas, comme chose féodale, par la révolution française, on monte vers Braubach, on franchit Boppart, Welmich, Saint-Goar, Oberwesel, et tout à coup à gauche, sur la rive droite, apparaît, semblable au toit d'une maison de géants, un grand rocher d'ardoise surmonté d'une tour énorme qui semble dégorger, comme une cheminée colossale, la froide fumée des nuées. Au pied du rocher, le long de la rive, une jolie ville, groupée autour d'une église romane à flèche, étale toutes ses façades au midi. Au milieu du Rhin, devant la ville, souvent à demi voilé par les brumes du fleuve, se dresse sur un rocher à fleur d'eau un édifice oblong, étroit, de haut bord, dont l'avant et l'arrière coupent le flot comme une proue et une poupe, dont les fenêtres larges et basses imitent des écoutilles et des sabords, et sur la paroi inférieure duquel mille crampons de fer dessinent vaguement des ancres et des grappins. Des bossages capricieux et de petites logettes hors d'œuvre se suspendent ainsi que des barques et des chaloupes aux flancs de cette étrange construction, qui livre au vent, comme les banderoles de ses mâts, les cent girouettes de ses clochetons aigus.

Cette tour, c'est le Gutenfels; cette ville, c'est Caub; ce navire de pierre, éternellement à flot sur le Rhin et éternellement à l'ancre devant la ville palatine, c'est le palais, c'est le Pfalz.

Je vous ai déjà parlé du Pfalz. On n'entrait dans cette résidence symbolique, bâtie sur un banc de marbre appelé le *rocher des Comtes palatins*, qu'au moyen d'une échelle, laquelle aboutissait à un pont-levis qu'on voit encore. Il y avait là des cachots pour les prisonniers d'État, et une petite chambre où les comtesses palatines étaient forcées d'attendre l'heure de leur accouchement, sans autre distraction que d'aller voir dans les caves du palais un puits creusé dans le roc plus bas que le lit du Rhin, et plein d'une eau qui n'était pas l'eau du Rhin. Aujourd'hui le Pfalz a changé de maître; M. de Nassau possède le Louvre palatin : le palais est désert, aucun berceau princier ne se balance sur ces dalles, aucun vagissement souverain ne trouble ces voûtes noires. Il n'y a plus que le puits mystérieux qui se remplit toujours. Hélas! une goutte d'eau qui filtre à travers un rocher se tarit moins vite que les races royales.

Sur la grande étendue du fleuve, le Pfalz est voisin du Kœnigsstühl. Le Rhin voyait, presque au même point, une femme enfanter le comte palatin et l'empire enfanter l'empereur.

Du Taunus aux Sept-Monts, des deux côtés du magnifique escarpement qui encaisse le fleuve, quatorze châteaux sur la rive droite : Ehrenfels, Fursteneck, Gutenfels, Rineck, le Chat, la Souris, Liebenstein et Sternberg, qu'on nomme les Frères, Markusburg, Philipsburg, Lahneck, Sayn, Hammerstein et Okenfels; quinze châteaux sur la rive gauche : Vogtsberg, Reichenstein, Rheinstein, Falkenburg, Sonneck, Heimburg, Furstenberg, Stahleck, Schœnberg, Rheinfels, Rheinberg, Stolzenfels, Rheineck et Rolandseck; en tout, vingt-neuf forteresses à demi écroulées, superposent le souvenir des rhingraves au souvenir des volcans, la trace des guerres à la trace des laves, et complètent d'une façon formidable la figure sévère des collines. Quatre de ces châteaux ont été bâtis au onzième siècle : Ehrenfels, par l'archevêque Siegfried; Stahleck, par les comtes palatins; Sayn, par Frédéric, premier comte de Sayn, vainqueur des Maures d'Espagne; Hammerstein, par Othon, comte de Vétéravie. Deux ont été construits au douzième siècle : Gutenfels, par les comtes de Nuringen; Ro-

landseck, par l'archevêque Arnould II, en 1149 ;
deux au treizième : Furstenberg, par les palatins,
et Rheinfels, en 1219, par Thierry III, comte de
Katzenellenbogen ; quatre au quatorzième : Vogtsberg, en 1340, par un Falkenstein ; Fursteneck,
en 1348, par l'archevêque Henri III ; le Chat, en
1383, par le comte de Katzenellenbogen, et la
Souris, dix ans après, par un Falkenstein. Un seulement date du seizième siècle : Philipsburg,
bâti, de 1568 à 1571, par le landgrave Philippe le
Jeune. Quatre de ces citadelles, toutes les quatre
sur la rive gauche, chose remarquable, Reichenstein, Rheinstein, Falkenburg et Sonneck, ont été
détruites, en 1282, par Rodolphe de Habsbourg ;
une, le Rolandseck, par l'empereur Henri V ; cinq
par Louis XIV en 1689 : Fursteneck, Stahleck,
Schœnberg, Stolzenfels et Hammerstein ; une par
Napoléon, le Rheinfels ; une par un incendie,
Rheineck ; et une par la bande noire, Gutenfels.
On ne sait qui a construit Reichenstein, Rheinstein, Falkenburg, Stolzenfels, Rheineck et Markusburg, restauré en 1644 par Jean le Batailleur,
landgrave de Hesse-Darmstadt. On ne sait qui a
démoli Vogtsberg, ancienne demeure d'un seigneur
voué, comme le nom l'indique, Ehrenfels, Fursteneck, Sayn, le Chat et la Souris. Une nuit plus
profonde encore couvre six de ces manoirs : Heimburg, Rheinberg, Liebenstein, Sternberg, Lahneck

et Okenfels. Ils sont sortis de l'ombre et ils y sont rentrés. On ne sait ni qui les a bâtis ni qui les a détruits. Rien n'est plus étrange, au milieu de l'histoire, que cette épaisse obscurité où l'on aperçoit confusément, vers 1400, le fourmillement tumultueux de la hanse rhénane guerroyant les seigneurs, et où l'on distingue plus loin encore, dans les ténèbres grossissantes du douzième siècle, le fantôme formidable de Barberousse exterminant les burgraves. Plusieurs de ces antiques forteresses, dont l'histoire est perdue, sont à demi romaines et à demi carlovingiennes. Des figures plus nettement éclairées apparaissent dans les autres ruines. On peut en retrouver la chronique éparse çà et là dans les vieux chartriers. Stahlech, qui domine Bacharach et qu'on dit fondé par les Huns, a vu mourir Herman au douzième siècle; les Hohenstaufen, les Guelfes et les Wittelsbach l'ont habité, et il a été assiégé et pris huit fois de 1620 à 1640. Schœnberg, d'où sont sorties la famille des Belmont et la légende des Sept-Sœurs, a vu naître le grand général Frédéric de Schœnberg, dont la singulière destinée fut d'affermir les Bragance et de précipiter les Stuarts. Le Rheinfels a résisté aux villes du Rhin en 1225, au maréchal de Tallard en 1692, et s'est rendu à la république française en 1794. Le Stolzenfels était la résidence des archevêques de Trèves. Rheineck a vu s'éteindre le dernier comte de Rheineck, mort en 1544 chanoine custode de la cathédrale de Trèves. Hammerstein a subi la querelle des comtes de Vétéravie et des archevêques de Mayence, le choc de l'empereur Henri II. en 1017, la fuite de l'empereur Henri IV en 1105, la guerre de Trente ans, le passage des Suédois et des Espagnols, la dévastation des Français en 1689, et la honte d'être vendu cent écus en 1823. Gutenfels, la fière guérite de Gustave-Adolphe, le doux asile de la belle comtesse Guda et de l'amoureux empereur Richard, quatre fois assiégé, en 1504 et en 1631 par les Hessois, en 1620 et en 1642 par les Impériaux; vendu, en 1689, par Garnier de Munzenberg à l'électeur palatin Louis le Sévère, moyennant deux mille cent marcs d'argent, a été dégradé, en 1807, pour un bénéfice de six cents francs. Cette longue et double série d'édifices à la fois poétiques et militaires, qui portent sur leur front toutes les époques du Rhin, et qui en racontent toutes les légendes, commence devant Bingen par le château d'Ehrenfels à droite et la tour des Rats à gauche, et finit à Kœnigswinter par le Rolandseck à gauche et le Drachenfels à droite. Symbolisme frappant et digne d'être noté chemin faisant, l'immense arcade couverte de lierre du Rolandseck faisant face à la caverne du dragon qu'assomma Sigefroi le Cornu, la tour des Rats faisant face à l'Ehrenfels, c'est la fable et l'histoire qui se regardent.

Je n'enregistre ici que les châteaux qui se mirent dans le Rhin et que tout voyageur aperçoit en passant. Mais pour peu qu'on pénètre dans les vallées et dans les montagnes, on rencontre une ruine à chaque pas. Dans la seule vallée de la Wisper, sur la rive droite, en une promenade de quelques lieues j'en ai constaté sept : le Rheinberg, château des comtes du Rhingau, écuyers tranchants héréditaires du saint-empire, éteints au dix-septième siècle, redoutable forteresse qui inquiétait jadis la grosse commune de Lorch; dans les broussailles, Waldeck; sur la montagne, à la crête d'un rocher de schiste, près d'une source d'eau minérale qui arrose quelques chétives cabanes, le Sauerburg, bâti en 1356 par Robert, comte palatin, et vendu mille florins, pendant la guerre de Bavière, par l'électeur Philippe à Philippe de Kronberg, son maréchal; Heppenheff, détruit on ne sait quand; Kammerberg, bien domanial de Mayence; Nollig, ancien castrum dont il reste une tour; Sareck, qui s'encadre dans la forêt vis-à-vis du couvent de Winsbach comme le chevalier vis-à-vis du prêtre dans l'ancienne société. Aujourd'hui le château et le couvent, le noble et le prêtre, deux ruines. La forêt seule et la société, renouvelées chaque année, ont survécu.

Si l'on explore les Sept-Monts, on y trouve, à l'état de tronçons enfouis sous le lierre, une abbaye, Schomberg, et six châteaux : le Drachenfels, ruiné par Henri V ; le Wolkenburg, caché dans les nuées, comme le dit son nom, ruiné par Henri V ; le Lowenberg, où se sont réfugiés Bucer et Mélanchthon, où se sont enfuis après leur mariage, qui glorifiait l'hérésie, Agnès de Mansfeld et l'archevêque Guebhard ; le Nonnenstromberg et l'Oelberg, bâtis par Valentinien en 368 ; et le Heimmerich, manoir de ces hardis chevaliers de Heinsberg qui faisaient la guerre aux électeurs de Cologne.

Dans la plaine, du côté de Mayence, c'est Frauenstein, qui date du douzième siècle ; Scharfenstein, fief archiépiscopal ; Greifenklau, bâti en 1350. Du côté de Cologne, c'est l'admirable Godesberg. D'où vient ce nom, Godesberg ? Est-ce du tribunal de canton, *Goding*, qui s'y tenait au moyen âge ? Est-ce de *Wodan*, le monstre à dix mains, que les Ubiens ont adoré là ? Aucun antiquaire étymologiste n'a décidé cette question. Quoi qu'il en soit, la nature, avant les temps historiques, avait fait de Godesberg un volcan ; l'empereur Julien, en 362, en avait fait un camp ; l'archevêque Théodoric, en 1210, un château ; l'électeur Frédéric II, en 1375, une forteresse ; l'électeur de Bavière, en 1593, une ruine ; le dernier électeur de Cologne, Maximilien-François, en a fait une vigne.

Les antiques châteaux des bords du Rhin, bornes colossales posées par la féodalité sur son fleuve, remplissent le paysage de rêverie. Muets témoins des temps évanouis, ils ont assisté aux actions, ils ont encadré les scènes, ils ont écouté les paroles. Ils sont là comme les coulisses éternelles du sombre drame qui, depuis dix siècles, se joue sur le Rhin. Ils ont vu, les plus vieux du moins, entrer et sortir, au milieu des péripéties providentielles, tous ces acteurs si hauts, si étranges ou si redoutables : Pépin, qui donnait des villes au pape; Charlemagne, vêtu d'une chemise de laine et d'une veste de loutre, s'appuyant sur le vieux diacre Pierre de Pise, et caressant de sa forte main l'éléphant Abulabaz; Othon le Lion secouant sa crinière blonde; le margrave d'Italie, Azzo, portant la bannière ornée d'anges victorieuse à la bataille de Mersebourg; Henri le Boiteux; Conrad le Vieux et Conrad le Jeune; Henri le Noir, qui imposa à Rome quatre papes allemands; Rodolphe de Saxe, portant sur sa couronne l'hexamètre papal : *Petra dedit Petro, Petrus diadema Rudolpho;* Godefroi de Bouillon, qui enfonçait la pique du drapeau impérial dans le ventre des ennemis de l'empire; Henri V, qui escaladait à cheval les degrés de marbre de Saint-Pierre de Rome. Pas une grande figure de l'histoire d'Allemagne dont le profil ne soit dessiné sur leurs vénérables pierres; le vieux duc Welf; Albert l'Ours; saint Ber-

Les sept monts vus du Godesberg.

nard; Barberousse, qui se trompait de main en tenant l'étrier du pape; l'archevêque de Cologne, Raynald, qui arrachait les franges du carrocium de Milan; Richard Cœur de Lion; Guillaume de Hollande; Frédéric II, le doux empereur au visage grec, ami des poëtes comme Auguste, ami des califes comme Charlemagne, étudiant dans sa tente-horloge, où un soleil d'or et une lune d'argent marquaient les saisons et les heures. Ils ont contemplé, à leur rapide apparition, le moine Christian prêchant l'Évangile aux paysans de Prusse; Herman Salza, premier grand maître de l'ordre teutonique, grand bâtisseur de villes; Ottocar, roi de Bohême; Frédéric de Bade et Conradin de Souabe, décapités à seize ans; Louis V, landgrave de Thuringe et mari de sainte Élisabeth; Frédéric le Mordu, qui portait sur sa joue la marque du désespoir de sa mère; et Rodolphe de Habsbourg, qui raccommodait lui-même son pourpoint gris. Ils ont retenti de la devise d'Éberhard, comte de Wurtemberg : *Gloire à Dieu! gloire au monde!* Ils ont logé Sigismond, cet empereur dont la justice pesait bien et frappait mal; Louis V, le dernier empereur qui ait été excommunié; Frédéric III, le dernier empereur qui ait été couronné à Rome. Ils ont écouté Pétrarque gourmandant Charles IV pour n'être resté à Rome qu'un jour, et lui criant : *Que diraient vos aïeux les Césars s'ils vous ren-*

contraient à cette heure dans les Alpes, la tête baissée et le dos tourné à l'Italie? Ils ont regardé passer, humiliés et furieux, l'Achille allemand, Albert de Brandebourg, après la leçon de Nuremberg, et l'Achille bourguignon, Charles le Téméraire, après les cinquante-six assauts de Neuss. Ils ont regardé passer, hautains et superbes, sur leurs mules et dans leurs litières, côtoyant le Rhin en longues files, les évêques occidentaux allant, en 1415, au concile de Constance, pour juger Jean Huss; en 1431, au concile de Bâle, pour déposer Eugène IV, et, en 1519, à la diète de Worms, pour interroger Luther. Ils ont vu surnager, remontant sinistrement le fleuve d'Oberwesel à Bacharach, sa blonde chevelure mêlée au flot, le cadavre blanc et ruisselant de saint Werner, pauvre petit enfant martyrisé par les juifs et jeté au Rhin en 1287. Ils ont vu rapporter de Vienne à Bruges, dans un cercueil de velours, sous un poêle d'or, Marie de Bourgogne, morte d'une chute de cheval à la chasse au héron. La horde hideuse des Magyares, la rumeur des Mogols arrêtés par Henri le Pieux au treizième siècle, le cri des hussites qui voulaient réduire à cinq toutes les villes de la terre, les menaces de Procope le Gros et de Procope le Petit, le bruit tumultueux des Turcs remontant le Danube après la prise de Constantinople, la cage de fer où la vengeance des rois promena Jean de Leyde enchaîné entre son chancelier Krechting et son bourreau Knipperdolling, le jeune Charles-Quint faisant étinceler en étoiles de diamants sur son bouclier le mot *nondum,* Wallenstein servi par soixantes pages gentilshommes, Tilly en habit de satin vert sur son petit cheval gris, Gustave-Adolphe traversant la forêt thuringienne, la colère de Louis XIV, la colère de Frédéric II, la colère de Napoléon, toutes ces choses terribles qui tour à tour ébranlèrent ou effrayèrent l'Europe, ont frappé comme des éclairs ces vieilles murailles. Ces glorieux manoirs ont reçu le contre-coup des Suisses détruisant l'antique cavalerie à Sempach, et du grand Condé détruisant l'antique infanterie à Rocroy. Ils ont entendu craquer les échelles, glapir la poix bouillante, rugir les canons. Les lansquenets, valets de la lance, l'ordre-hérisson si fatal aux escadrons, les brusques voies de fait de Sickingen, le grand chevalier, les savants assauts de Burtenbach, le grand capitaine, ils ont tout vu, tout bravé, tout subi. Aujourd'hui, mélancoliques, la nuit, quand la lune revêt leur spectre d'un linceul blanc, plus mélancoliques encore en plein soleil, remplis de gloire, de renommée, de néant et d'ennui, rongés par le temps, sapés par les hommes, versant aux vignobles de la côte une ombre qui va s'amoindrissant d'année en année, ils laissent tomber le passé pierre à pierre dans le Rhin, et date à date dans l'oubli.

O nobles donjons! ô pauvres vieux géants paralytiques! ô chevaliers affrontés! un bateau à vapeur, plein de marchands et de bourgeois, vous jette en passant sa fumée à la face!

LETTRE XXVI

LETTRE XXVI

WORMS — MANNHEIM

Nuit tombante. — Dissertation profonde et hautement philosophique sur les appellations sonores. — Le voyageur croit être un moment Micromégas se baissant et cherchant une ville à terre dans l'herbe. — A quoi bon avoir été une grande chose? — Les quatorze églises de Worms. — Le pauvre hère et le gros gaillard. — Dialogues. — Un monosyllabe accompagné de son commentaire. — Dans quel cas un aubergiste est majestueux. — O inégale nature! — Le voyageur a un peu peur des fées et des revenants. — Il prend le parti d'adresser de plates flatteries à la lune. — Un spectre. — A quel genre d'exercice se livrait le spectre. — Autre monosyllabe accompagné d'un autre commentaire. — Où le lecteur apprend dans quels endroits se mettent les vieux numéros d'un vieux journal. — Le spectre devient de plus en plus aimable et caressant. — Entrée à Worms. — Par malheur, le voyageur connaît si bien le Worms d'autrefois, qu'il ne reconnaît plus le Worms d'à présent. — Ce qu'on s'expose à voir quand on regarde par le trou des serrures. — Saint-Ruprecht. — Mélancolie à propos d'un garçon tonnelier. — L'auberge du *Faisan* (qui est peut-être l'auberge du *Cygne*, à moins que ce ne soit l'auberge du *Paon*. Lecteur, défiez-vous de l'auteur sur ce point). — A quoi étaient occupés deux hommes dans la salle à manger, et ce que faisait un troisième. — Éloquence d'un sot. — Le voyageur continue de décrire le gîte. — La chambre à coucher. — Le tableau du chevet du lit. — Deux amants s'enfuyant à travers une épouvantable orthographe. — L'auteur se promène dans Worms. — Allocution aux Parisiens. — L'agonie d'une ville. — Ce que Perse et Horace ont dit de la Petite-Provence qui est aux Tuileries. — Conseils indiscrets aux jeunes niais qui gâtent le costume des hommes en France à l'heure qu'il est. — La cathédrale de Worms. — Le dehors. — L'intérieur. — Le temple luthérien. — Mannheim. — L'unique mérite de Mannheim. — Par quelles gens Mannheim serait admiré. — Encore la figure de rhétorique que le bon Dieu prodigue. — Intéressante inscription recueillie à Mannheim.

Bords du Neckar, octobre.

La nuit tombait. Ce je ne sais quel ennui qui saisit l'âme à la disparition du jour se répandait sur tout l'horizon autour de nous. Qui est triste à ces heures-là? est-ce la nature? est-ce nous-mêmes? Un crêpe blanc montait des profondeurs de cette immense vallée des Vosges, les roseaux du fleuve bruissaient lugubrement, le dampfschiff battait l'eau comme un gros chien fatigué; tous les voyageurs, appesantis ou assoupis, étaient descendus dans la cabine, encombrée de paquets, de sacs de nuit, de tables en désordre et de gens endormis; le pont était désert; trois étudiants allemands y étaient seuls restés, immobiles, silencieux, fumant, sans faire un geste et sans dire un mot, leurs pipes de faïence peinte; trois statues; je faisais la quatrième, et je regardais vaguement dans l'étendue. Je me disais : — Je n'aperçois rien à l'horizon. Nous ne serons pas à Worms avant la nuit noire. C'est étrange. Je ne croyais pas que Worms fût si loin de Mayence. — Tout à coup le dampfschiff s'arrêta. — Bon! me dis-je, l'eau est très-basse dans cette plaine, le lit du Rhin est obstrué de bancs de sable; nous voilà engravés.

Le patron du bateau sortait de sa cellule. — Eh bien, capitaine, lui dis-je, — car vous savez qu'aujourd'hui on met sur toute chose un mot sonore : un comédien s'appelle artiste; un chanteur, virtuose; un patron s'appelle capitaine; — eh bien, capitaine, voilà un petit contre-temps. Du coup, nous n'arriverons pas avant minuit. — Le patron me regarda avec ses larges yeux bleus de Teuton stupéfait, et me dit : — Vous êtes arrivés! — Je le regarde à mon tour, non moins stupéfait que lui. En ce moment nous dûmes faire admirablement les deux figures de l'étonnement français et de l'étonnement allemand.

— Arrivés, capitaine?
— Oui, arrivés.
— Où?
— Mais, à Worms!

Je m'exclame, et je promène mes yeux autour de moi. — A Worms! Rêvais-je tout éveillé? Étais-je le jouet de quelque vision crépusculaire? Le patron raillait-il le voyageur? L'Allemand en donnait-il à garder au Parisien? Le Germain se gaussait-il du Gaulois? À Worms! Mais où était donc cette haute et magnifique ceinture de murailles flanquées de tours carrées qui venait jusqu'au bord du fleuve prendre fièrement le Rhin pour fossé? Je ne voyais qu'une immense plaine dont de grandes brumes me cachaient le fond, de pâles rideaux de peupliers, une berge à peine distincte, tant elle était mêlée aux roseaux, et sur la rive même, tout près de nous, une belle pelouse verte où quelques femmes étendaient leur linge pour le faire blanchir à la rosée.

Cependant le patron, le bras tendu vers l'avant du bateau, me montrait une façon de maison neuve, carrée, plâtrée, à contrevents verts, fort laide, espèce de gros pavé blanchâtre que je n'avais pas aperçu d'abord.

— Monsieur, voilà Worms.

— Worms! repris-je; Worms, cela! cette maison blanche! Mais c'est tout au plus une auberge!

— C'est une auberge, en effet. Vous y serez à merveille.

— Mais la ville?

— Ah! la ville! c'est la ville que vous voulez?

— Mais sans doute.

— Fort bien. Vous la trouverez là-bas, dans la

plaine! mais il faut marcher; il y a un bon bout de chemin. Ah! monsieur vient pour la ville! En général, il est fort rare qu'on s'arrête ici; mais messieurs les voyageurs se contentent de l'auberge. On y est très-bien. Ah! monsieur tient à voir la ville! c'est différent. Quant à moi, je passe ici toujours assez tard le soir, ou de très-bonne heure le matin, et je ne l'ai jamais vue.

Ayez donc été ville impériale! ayez eu des gaugraves, des archevêques souverains, des évêques princes, une pfalz, quatre forteresses, trois ponts sur le Rhin, trois couvents à clocher, quatorze églises, trente mille habitants! ayez été l'une des quatre cités maîtresses dans la formidable hanse des cent villes! soyez pour celui qui s'éprend des traditions fantastiques, comme pour celui qui étudie et critique les faits réels, un lieu étrange, poétique et célèbre autant qu'aucun autre coin de l'Europe! ayez dans votre merveilleux passé tout ce que le passé peut contenir, la fable et l'histoire, ces deux arbres, plus semblables qu'on ne pense, dont les racines et les rameaux sont parfois si inextricablement mêlés dans la mémoire des hommes! soyez la ville qui a vu vaincre César, passer Attila, rêver Brunehaut, marier Charlemagne! soyez la ville qui a vu dans le jardin des Roses le combat de Sigefroi le Cornu et du dragon, et devant la façade de sa cathédrale cette contestation de Chrimhilde d'où est sortie une épopée, et sur les bancs de la diète cette contestation de Luther d'où est sortie une religion! soyez la Vormatia des Vangions, le Bormitomagus de Drusus, le Wonnegau des poëtes, le chef-lieu des héros dans le Niebelungen, la capitale des rois francs, la cour judiciaire des empereurs! Soyez Worms, en un mot, pour qu'un rustre, ivre de tabac, qui ne sait même plus s'il est Vangion ou Némète, dise en parlant de vous : — *Ah! Worms! cette ville! c'est là-bas! je ne l'ai jamais vue!*

Oui, mon ami, Worms est tout cela. Une ville illustre, comme vous voyez. Résidence impériale et royale, trente mille habitants, quatorze églises, dont voici les noms, aujourd'hui complétement oubliés. C'est pour cela que je les enregistre :

Le Munster.
Sancta-Cæcilia,
Saint-Vesvin,
Saint-André,
Saint-Mang,
Saint-Johann,
Notre-Dame,
Saint-Paul,
Saint-Ruprecht,
Prædicatores,
Saint-Lamprecht,
Saint-Sixte,

Saint-Martin,
Saint-Amandus.

Cependant je m'étais fait descendre à terre, à la grande surprise de mes compagnons de voyage, qui semblaient ne rien comprendre à ma fantaisie. Le dampschiff avait repris sa route vers Mannheim, me laissant seul avec mon bagage dans une étroite barque que secouait violemment le remous du fleuve, agité par les roues de la machine. J'avais abordé le débarcadère sans trop remarquer deux hommes qui étaient là debout pendant que la barque s'approchait et que le bateau à vapeur s'éloignait. L'un de ces hommes, espèce d'Hercule joufflu aux manches retroussées, à l'air le plus insolent qu'on pût voir, s'accoudait, en fumant sa pipe, sur une assez grande charrette à bras. L'autre, maigre et chétif, se tenait, sans pipe et sans insolence, près d'une petite brouette, la plus humble et la plus piteuse du monde. C'était un de ces visages pâles et flétris qui n'ont pas d'âge, et qui laissent hésiter l'esprit entre un adolescent tardif et un vieillard précoce.

Comme je venais de prendre terre, et pendant que je considérais le pauvre diable à la brouette, je ne m'étais pas aperçu que mon sac de nuit, laissé sur l'herbe à mes pieds par le batelier, avait subitement disparu. Cependant un bruit de roues en mouvement me fit tourner la tête : c'était mon sac de nuit de nuit qui s'en allait sur la charrétte à bras gaillardement traînée par l'homme à la pipe. L'autre me regardait tristement, sans faire un pas, sans risquer un geste, sans dire un mot, avec un air d'opprimé qui se résigne auquel je ne comprenais rien du tout. Je courus après mon sac de nuit.

— Eh! l'ami! criai-je à l'homme, où allez-vous comme cela?

Le bruit de sa charrette, la fumée de sa pipe, et peut-être aussi la conscience de son importance, l'empêchaient de m'entendre. J'arrive essoufflé près de lui, et je répète ma question.

— Où allons-nous? dit-il en français et sans s'arrêter.

— Oui, repris-je.

— Pardieu, fit-il, là!

Et il montrait d'un hochement de tête la maison blanche, qui n'était plus qu'à un jet de pierre.

— Eh! qu'est cela? lui dis-je.

— Eh! c'est l'hôtel.

— Ce n'est pas là que je vais.

Il s'arrêta court. Il me regarda, comme le patron du dampfschiff, de l'air le plus stupéfait; puis, après un moment de silence, il ajouta avec cette fatuité propre aux aubergistes qui se sentent seuls dans un lieu désert, et qui se donnent le luxe d'être insolents parce qu'ils se croient indispensables :

—Monsieur couche dans les champs?
Je ne crus pas devoir m'émouvoir.
— Non, lui dis-je, je vais à la ville?
— Où ça, la ville?
— A Worms.
— Comment! à Worms?
— A Worms!
— A Worms?
— A Worms!
— Ah! reprit l'homme.

Que de choses il peut y avoir dans un *ah!* Je n'oublierai jamais celui-là. Il y avait de la surprise, de la colère, du mépris, de l'indignation, de la raillerie, de l'ironie, de la pitié, un regret profond et légitime de mes thalers et de mes silbergrossen, et en somme une certaine nuance de haine. Ce *ah!* voulait dire : — Qu'est-ce que c'est que cet homme-là? Avec quel sac de nuit me suis-je fourvoyé! Cela va à Worms! Qu'est-ce que cela va faire à Worms? Quelque intrigant! quelque banqueroutier qui se cache! Donnez-vous donc la peine de bâtir une auberge sur les bords du Rhin pour de pareils voyageurs! Cet homme me frustre. Aller à Worms, c'est stupide! Il eût bien dépensé chez moi dix francs de France; il me les doit! c'est un voleur. Est-il bien sûr qu'il ait le droit d'aller ailleurs? Mais c'est abominable, cela! Et dire que je me suis commis jusqu'à lui porter ses effets! un mauvais sac de nuit! Voilà un beau voyageur, qui n'a qu'un sac de nuit! Quelles guenilles y a-t-il là dedans! A-t-il une chemise seulement! Au fait, il est visible que ce Français n'a pas le sou. Il s'en serait probablement allé sans payer. Quels aventuriers on peut rencontrer cependant! A quoi est-on exposé? Je devrais peut-être offrir celui-ci à la maréchaussée. Mais, bah! il faut en avoir pitié. Qu'il aille où il voudra, à Worms, au diable! je fais aussi bien de le planter là, au beau milieu de la route, avec sa sacoche!

O mon ami, avez-vous remarqué comme il y a de grands discours qui sont vides et des monosyllabes qui sont pleins?

Tout cela dit dans cet *ah!* il saisit ma « sacoche » et la jeta à terre.

Puis il s'éloigna majestueusement avec sa charrette. Je crus devoir faire quelques remontrances.

— Eh bien, lui dis-je, vous vous en allez ainsi? vous me laissez là avec mon sac de nuit? Mais, que diable! prenez au moins la peine de le reporter où vous l'avez pris...

Il continuait de s'éloigner.

— Eh! rustre! lui criai-je.

Mais il n'entendait plus le français; il poursuivit son chemin en sifflant.

Il fallait bien en prendre mon parti. J'aurais pu courir après lui, me fâcher, m'emporter; mais que faire d'un rustre, à moins qu'on ne l'assomme? Et, pour tout dire, en me comparant à cet homme, je doute que de nous deux l'assommé eût été lui. La nature, qui ne veut pas l'égalité, ne l'avait pas voulue entre ce Teuton et moi. Évidemment, là, au crépuscule, en plein air, sur la grande route, j'étais l'inférieur et lui le supérieur.

O loi souveraine du coup de poing, devant laquelle tous les passants sont parfaitement inégaux! *Dura lex, sed lex!*

Je me résignai donc.

Je ramassai mon sac de nuit et le pris sous mon bras; puis je m'orientai. La nuit était pleinement tombée, l'horizon était noir; je n'apercevais rien autour de moi que la masse blanchâtre et indistincte de la maison à laquelle il m'avait plu de tourner le dos. Je n'entendais que le bruit vague et doux du Rhin dans les roseaux.

Vous trouverez Worms là-bas, avait dit le capitaine du bateau en me montrant le fond de la plaine. *Là-bas!* rien de plus. Où aller avec ce *là-bas?* Était-ce à deux pas? Était-ce à deux lieues? Worms, la ville des légendes, que j'étais venu chercher de si loin, commençait à me faire l'effet d'une de ces villes-fées qui reculent à mesure que le voyageur avance.

Et ces terribles et ironiques paroles de l'homme à la charrette me revenaient à l'esprit : *Monsieur veut coucher dans les champs?* Il me semblait entendre les génies familiers du Rhin, les duendes et les gnomes me les répéter à l'oreille avec des rires goguenards. C'était précisément l'heure où ils sortent, mêlés aux sylphes, aux masques, aux magiciennes et aux brucolaques, et où ils vont à ces danses mystérieuses qui laissent de grandes traces circulaires sur les pelouses foulées, traces que les vaches, le lendemain matin, regardent en rêvant.

La lune allait se lever.

Que faire? assister à ces danses? cela serait curieux. Mais coucher dans les champs! cela est dur. Revenir sur mes pas? demander l'hospitalité à cette auberge que j'avais dédaignée; affronter un nouveau *ah!* du rustre à la charrette? qui sait? me faire peut-être fermer la porte au nez et entendre derrière moi, autour de moi, dans les roseaux, dans les brouillards, dans les feuillages agités des trembles, redoubler les éclats de rire des gnomes à l'œil d'escarboucle et des duendes aux faces vertes?

Être ainsi humilié devant les fées! faire sourire d'un sourire de pitié moqueuse le doux et lumineux visage de Titania! jamais.

Plutôt coucher à la belle étoile! plutôt marcher toute la nuit!

Après avoir tenu conseil avec moi-même, je me

décidai à retourner au débarcadère. Là je trouverais sans doute quelque sentier qui me mènerait à Worms.

La lune se levait.

Je lui adressai une invocation mentale où je fis un abominable mélange de tous les poëtes qui ont parlé de la lune, depuis Virgile jusqu'à Lemierre. Je l'appelai *pâle courrière* et *reine des nuits*, et je la priai de m'éclairer un peu, en lui déclarant effrontément que je sentais que *Diane est la sœur d'Apollon*, et, me l'étant ainsi rendue favorable suivant le rite classique, je me remis bravement à marcher, ma sacoche au bras, dans la direction du Rhin.

J'avais à peine fait quelques pas, plongé dans une profonde rêverie, lorsqu'un léger bruit m'en tira. Je levai la tête. On a raison d'invoquer les déesses. La lune me permit de voir. Grâce à un rayon horizontal qui commençait à argenter la pointe des folles avoines, je distinguai parfaitement devant moi, à quelques pas, à côté d'un vieux saule dont le front ridé faisait une horrible grimace, je distinguai, dis-je, une figure blême et livide, un spectre qui me regardait d'un air effaré.

Ce spectre poussait une brouette.

— Ah! fis-je, voilà une apparition!

Puis, mes yeux tombant sur la brouette, et le second mouvement succédant au premier :

— Tiens! dis-je, c'est un portefaix.

Ce n'était ni un fantôme ni un portefaix : je reconnus le deuxième témoin de mon débarquement sur cette rive jusque-là peu hospitalière, l'homme au visage pâle.

Lui-même, en m'apercevant, avait fait un pas en arrière, et paraissait médiocrement rassuré. Je crus à propos de prendre la parole.

— Mon ami, lui dis-je, notre rencontre était évidemment prévue de toute éternité. J'ai un sac de nuit que je trouve en ce moment beaucoup trop plein, vous avez une brouette tout à fait vide; si je mettais mon sac dans votre brouette? hein? qu'en dites-vous?

Sur cette rive gauche du Rhin, tout parle et comprend le français, y compris les fantômes.

L'apparition me répondit :

— Où va monsieur?

— Je vais à Worms.

— A Worms?

— A Worms!

— Est-ce que monsieur voudrait descendre au *Faisan?*

— Pourquoi pas?

— Comment! monsieur va à Worms?

— A Worms!

— Oh! fit l'homme à la brouette.

Je voudrais bien éviter ici un parallélisme qui a

tout l'air d'une combinaison symétrique; mais je ne suis qu'historien, et je ne puis me refuser à constater que cet *oh!* était précisément la contre-partie et le contraire du *ah!* de l'homme à la char-rette.

Cet *oh!* exprimait l'étonnement mêlé de joie, l'orgueil satisfait, l'extase, la tendresse, l'amour, l'admiration légitime pour ma personne, et l'en-thousiasme sincère pour mes pfennings et mes kreutzers.

Cet *oh!* voulait dire : — Oh! que voilà un voya-geur admirable et un magnifique passant! Ce mon-sieur va à Worms! il descendra au *Faisan!* Comme on reconnaît bien là un Français! Ce gentilhomme dépensera au moins trois thalers à mon auberge! Il me donnera un bon pourboire. C'est un généreux seigneur, et, à coup sûr, un particulier intelligent. Il va à Worms! il a l'esprit d'aller à Worms, celui-là! A la bonne heure! Pourquoi les passants de cette espèce sont-ils si rares? Hélas! c'est pourtant une situation élégiaque et intéressante que d'être hôtelier dans cette ville de Worms, où il y a trois auberges ouvertes tous les jours pour un voyageur qui vient tous les trois ans! Soyez le bienvenu, illustre étranger, spirituel Français, aimable mon-sieur! Comment! vous venez à Worms! il vient à Worms noblement, simplement, la casquette sur la tête, son sac de nuit sous le bras, sans pompe, sans fracas, sans chercher à faire de l'effet, comme quelqu'un qui est chez lui! Cela est beau! Quelle grande nation que cette nation française! Vive l'empereur Napoléon!

Après ce beau monologue en une syllabe, il prit ma sacoche et la mit sur sa brouette en me regardant avec un air aimable et un ineffable sourire qui voulait dire : — Un sac de nuit! rien qu'un sac de nuit! que cela est noble et élégant, de n'avoir qu'un sac de nuit! On voit que ce recommandable seigneur se sent grand par lui-même, qu'il se trouve avec raison assez éblouissant comme il est, et qu'il ne cherche pas à effacer le pauvre aubergiste par des semblants d'opulence, par des étalages de paquets, par des encombrements de valises, de portemanteaux, de cartons à chapeau et d'étuis à parapluie, et par de fallacieuses grosses malles, qu'on laisse dans les auberges pour répondre de la dépense, et qui ne contiennent le plus souvent que des copeaux et des pavés, du foin et de vieux numéros du *Constitutionnel!* Rien qu'un sac de nuit! c'est quelque prince.

Après cette harangue en un sourire, il souleva joyeusement les bras de sa brouette enfin chargée, et se mit en marche en me disant d'un son de voix doux et caressant : — Monsieur, par ici!

Chemin faisant, il me parla; le bonheur l'avait fait loquace. Le pauvre diable vient tous les jours

au débarcadère attendre les voyageurs. La plupart
du temps le bateau passe sans s'arrêter. A peine y
a-t-il un voyageur hors de l'entre-pont pour regarder
la silhouette mélancolique que font sur l'horizon
splendide du couchant les quatre clochers et les
deux aubergistes de Worms. Quelquefois cependant le bateau s'arrête, le signal se fait, le batelier
du débarcadère se détache, va au dampfschiff, et
en vient avec un, deux, trois voyageurs. On en a vu
jusqu'à six à la fois! O l'admirable aubaine!
Les nouveaux arrivants débarquent avec cet air
ouvert, étonné et bête qui est la joie de l'aubergiste; mais, hélas! l'auberge du bord de l'eau les
happe et les avale immédiatement. Qui est-ce qui
va à Worms? qui est-ce qui se doute que Worms
existe? Si bien que mon pauvre homme voit la
grande charrette de l'hôtel riverain s'enfoncer sous
les arbres toute cahotante et criant sous le poids
des malles et des valises, tandis que lui, philosophe pensif, s'en retourne à la lueur des étoiles
avec sa brouette vide. De pareilles émotions l'ont
maigri; mais il n'en vient pas moins là chaque
jour, avec la conscience du devoir accompli, à ce
débarcadère ironique, à cette station dérisoire, regarder l'eau du Rhin couler, les voyageurs passer
et l'auberge voisine s'emplir. Il ne lutte pas, il ne
s'irrite pas, il ne fait aucune guerre, il ne prononce
aucune parole; il se résigne, il amène sa brouette,

et il proteste, autant qu'une petite brouette peut protester contre une grande charrette. Il a en lui et il porte sur sa physionomie, devenue impassible à force d'humiliations subies et de mécomptes soufferts, ce sentiment de force et de grandeur que donne au faible et au petit la résignation mêlée à la persévérance. A côté du superbe, et bouffi, et triomphant aubergiste du bord de l'eau, lequel ne daigne même pas s'apercevoir qu'il existe, il a, lui, l'opprimé obstiné, patient et tenace, cette attitude sérieuse et inexprimable de l'eunuque devant le pacha, du pêcheur à la ligne en présence du pêcheur à l'épervier.

Cependant nous traversions des plaines, des prairies, des luzernes, nous avions franchi, à l'aide de je ne sais quel informe assemblage de vieilles poutres et de vieux pilotis ornés d'un chancelant tablier de planches à claire-voie, le petit bras du Rhin, sur lequel on voyait encore, il y a deux siècles, le beau pont de bois couvert aboutissant à la grande et fière tour carrée ornée de tourelles à cul-de-lampe, bâtie par Maximilien. La lune avait emporté toutes les brumes, qui s'en allaient au zénith en blanches nuées; le fond du paysage s'était nettoyé, et le magnifique profil de la cathédrale de Worms, avec ses tours et ses clochers, ses pignons, ses nefs et ses contre-nefs, apparaissait à l'horizon, immense masse d'ombre qui se détachait lugubrement sur le ciel plein de constellations et qui semblait un grand vaisseau de la nuit à l'ancre au milieu des étoiles.

Le petit bras du Rhin passé, il nous restait à traverser le grand bras. Nous prîmes à gauche, et j'en conclus que le beau pont de pierre qui aboutissait à la porte-forteresse près Frauenbruder n'existait plus. Après quelques minutes de marche dans de charmantes verdures, nous arrivâmes à un vieux pont délabré, probablement construit sur l'emplacement de l'ancien pont de bois de la porte Saint-Mang. Ce pont franchi, j'entrevis dans son développement cette superbe muraille de Worms, laquelle dressait dix-huit tours carrées sur le seul côté de l'enceinte qui regardait le Rhin. Hélas! qu'en restait-il? Quelques pans de murs décrépits et percés de fenêtres, quelques vieux tronçons de tours affaissés sous le lierre ou transformés en logis bourgeois, avec croisées à rideaux blancs, contrevents verts et tonnelles à treilles, au lieu de créneaux et de mâchicoulis. Un débris informe de tour ronde qui se profilait à l'extrémité orientale de la muraille me parut devoir être la tour Nideck; mais j'eus beau chercher du regard, je ne retrouvai à côté de cette pauvre tour Nideck ni la flèche aiguë du Munster, ni le joli clocher bas de Sainte-Cécilia. Quant à la Frauenthurm, la tour carrée la plus cousine de la tour Nideck, elle est remplacée, à ce qu'il m'a paru, par un jardin de maraîcher. Du reste, l'antique Worms était déjà endormie : tout s'y taisait profondément; partout le silence, pas une lumière aux vitres. Près du sentier que nous suivions à travers les champs de betteraves et de tabac qui entourent la ville, une vieille femme courbée dans les broussailles cherchait des herbes au clair de lune.

Nous entrâmes dans la ville; aucune chaîne ne cria, aucun pont-levis ne tomba, aucune herse ne se leva; nous entrâmes dans la vieille cité féodale et militaire des gaugraves et des princes-évêques par une baie qui avait été une porte-forteresse, et qui n'était plus qu'une brèche. Deux peupliers à droite, un tas de fumier à gauche. Il y a des fermes installées dans d'anciens châteaux qui ont de ces entrées-là.

Puis nous prîmes à droite, mon compagnon sifflant et poussant gaiement sa brouette, moi, songeant. Nous suivîmes quelque temps la vieille muraille à l'intérieur, puis nous nous engageâmes dans un dédale de ruelles désertes. L'aspect de la ville était toujours le même. Une tombe plutôt qu'une ville. Pas une chandelle aux fenêtres, pas un passant dans les rues.

Il était environ huit heures du soir.

Cependant nous parvînmes à une place assez large, à laquelle aboutissait le tracé de ce qui, à la clarté de la lune, me parut être une grande rue. Un des côtés de cette place était occupé par la ruine ou pour mieux dire par le spectre d'une vieille église.

— Quelle est cette église ? dis-je à mon guide, qui s'était arrêté pour reprendre haleine.

Il me répondit par cet expressif haussement d'épaules qui signifie : *Je ne sais pas.*

L'église, au contraire de la ville, n'était ni déserte ni silencieuse : un bruit en sortait, une lueur s'en échappait à travers la porte. J'allai à cette porte. Quelle porte ! représentez-vous quelques ais grossièrement rattachés les uns aux autres par des traverses informes constellées de gros clous, laissant entre eux de larges espaces inégaux par le bas, ébréchés par le haut, et barricadant, avec cette sorte d'insolence du manant qui serait maître chez le seigneur, un magnifique et royal portail du quatorzième siècle.

Je regardai par les claires-voies, et j'entrevis confusément l'intérieur de l'église. Les sévères archivoltes du temps de Charles IV s'y dégageaient péniblement, dans les ténèbres, du milieu d'un inexprimable encombrement de tonnes, de fûts cerclés et de barriques vides. Au fond, à la clarté d'une chandelle de suif posée sur une excroissance de pierre qui avait dû être le maître-autel, un tonnelier à manches retroussées et en tablier de cuir chevillait un gros tonneau. Les douves retentissaient sous le maillet avec ce bruit de bois creux si lugubre pour quiconque a entendu le marteau des fossoyeurs résonner sur un cercueil.

Qu'était-ce que cette église? Au-dessus du portail s'élevait une puissante tour carrée qui avait dû porter une haute flèche. Nous venions de laisser à gauche, un peu en arrière, les quatre clochers de la cathédrale. J'apercevais à quelque distance en avant, vers le sud-ouest, une abside qui devait être l'église des Prédicateurs; il est vrai que je ne retrouvais pas à gauche le clocher de Saint-Paul engagé entre ses deux tours basses; mais nous n'étions pas assez avancés dans la ville ni assez près de la porte de Saint-Martin, pour que ce fût Saint-Lamprecht; d'ailleurs, je ne voyais pas la petite flèche de Saint-Sixte, qui aurait dû être à droite, ni l'aiguille plus élevée de Saint-Martin, qui aurait dû être à gauche. J'en conclus que cette église devait être Saint-Ruprecht.

Une fois ces conjectures fixées et cette découverte faite, je me remis à regarder l'intérieur misérable de ce vénérable édifice, cette chandelle luisant dans cette ombre qu'avaient étoilée les lampes impériales des couronnements, ce tablier de cuir s'étalant où avait flotté la pourpre, ce tonnelier seul éveillé dans la ville accablée et endormie, martelant une futaille sur le maître-autel! Et tout le passé de l'illustre église m'apparaissait. Les réflexions se pressaient dans mon esprit. Hélas ! cette même nef de Saint-Ruprecht avait vu venir à elle en grande pompe, par la grande rue de Worms, des entrées solennelles de papes et d'empereurs, quelquefois tous les deux ensemble sous le même dais, le pape à droite sur sa mule blanche, l'empereur à gauche sur son cheval noir comme le jais, clairons et tibicines en tête, aigles et gonfalons au vent, et tous les princes et tous les cardinaux à cheval en avant du pape et de l'empereur, le marquis de Montferrat tenant l'épée, le duc d'Urbin tenant le sceptre, le comte palatin portant le globe, le duc de Savoie portant la couronne !

Hélas ! comme ce qui s'en va s'en va !

Un quart d'heure après j'étais installé dans l'auberge du *Faisan*, qui, je dois le dire, avait le meilleur aspect du monde. Je mangeais un excellent souper dans une salle meublée d'une longue table et de deux hommes occupés à deux pipes. Malheureusement la salle à manger était peu éclairée, ce qui m'attrista. En y entrant on n'apercevait qu'une chandelle dans un nuage. Ces deux hommes dégageaient plus de fumée que dix héros.

Comme je commençais à souper, un troisième hôte entra. Celui-là ne fumait pas ; il parlait. Il parlait français avec un accent d'aventurier ; on ne pouvait distinguer en l'écoutant s'il était Allemand, ou Italien, ou Anglais, ou Auvergnat; il était peut-être tout cela à la fois. Du reste, un grand aplomb sur un petit esprit, et, à ce qu'il me parut, quelques prétentions de bellâtre; trop de cravate, trop de col de chemise; des œillades aux servantes; c'était un homme de cinquante-huit ans, mal conservé.

Il entama un dialogue à lui tout seul et le soutint; personne ne lui répondait. Les deux Allemands fumaient, je mangeais.

— Monsieur vient de France! beau pays! noble pays! le sol classique! la terre du goût! patrie de Racine! Par exemple, je n'aime pas votre Bonaparte! l'empereur me gâte le général. Je suis républicain, monsieur. Je le dis tout haut, votre Napoléon est un faux grand homme; on en reviendra. Mais que les tragédies de Racine sont belles! (Il prononçait *pelles*.) Voilà la vraie gloire de la France. On n'apprécie pas Racine en Allemagne; c'est une terre barbare; on y aime Napoléon presque autant qu'en France. Ces bons Allemands sont bien nommés les bons Allemands. Cela fait pitié; ne le pensez-vous pas, monsieur?

Comme la fin de mon perdreau coïncidait avec la fin de sa phrase, je répondis en me tournant vers le garçon : *Une autre assiette!*

Cette réponse lui parut suffisante pour lier conversation, et il continua.

— Monsieur a raison de venir à Worms. On a

tort de dédaigner Worms. Savez-vous bien, monsieur, que Worms est la quatrième ville du grand duché de Hesse? que Worms est chef-lieu de canton? que Worms possède une garnison permanente, monsieur, et un gymnase, monsieur? On y fait du tabac, du sucre de Saturne; on y fait du vin, du blé, de l'huile. Il y a dans l'église luthérienne une belle fresque de Seekatz, ouvrage du bon temps, 1710 ou 1712. Voyez-la, monsieur. Worms a de belles routes bien percées, la route neuve, la gaustrasse, qui va à Mayence par Hessloch; la route du mont Tonnerre, par le val de Zell. L'ancienne voie romaine qui côtoie le Rhin n'est plus qu'une curiosité. Et quant à moi, monsieur, — êtes-vous comme moi? — je n'aime pas les curiosités. Antiquités, niaiseries. Depuis que je suis à Worms, je n'ai pas encore été voir ce fameux Rosengarten, leur jardin des Roses, où leur Sigefroi, à ce qu'ils disent, a tué leur dragon. Folies ! amères bêtises ! Qui est-ce qui croit à ces contes de vieilles femmes après Voltaire? Invention de la prêtraille! O triste humanité! jusqu'à quand te laisseras-tu mener par des sottises? Est-ce que Sigefroi a existé? est-ce que le dragon a existé? Avez-vous de votre vie vu un dragon, mon cher monsieur? Cuvier, le savant Cuvier, avait-il vu des dragons ? D'ailleurs, est-ce que cela est possible? est-ce qu'une bête, voyons, parlons sérieusement, est-ce qu'une bête peut jeter du feu par le nez et par la gueule? Le feu désorganise tout; il commencerait par réduire en cendres, monsieur, l'infortuné animal. Ne le pensez-vous pas? ce sont de grossières erreurs. L'esprit n'est point ému de ce qu'il ne croit pas. Ceci est du Boileau. Faites-y attention. C'est du Boileau! (Il prononçait *tu poilu*.) C'est comme leur arbre de Luther! Je n'ai pas beaucoup plus de respect pour leur arbre de Luther, qu'on voit en allant à Alzey par la Pfaltzerstrasse, l'ancienne route palatine. Luther! que me fait Luther? un voltairien a pitié d'un luthérien. Et quant à leur église de Notre-Dame, qui est hors de la porte de Mayence, avec son portail des cinq vierges sages et des cinq vierges folles, je ne l'estime qu'à cause de son vignoble, qui donne le vin liebfrauenmilch. Buvez-en, monsieur, il y en a d'excellent dans cette auberge. Ah! Français! vous êtes de bons vivants, vous autres! et goûtez aussi, croyez-moi, du vin de Katterloch et du vin de Luginsland. Ma foi, rien que pour trois verres de ces trois vins, je viendrais à Worms.

Il s'arrêta pour respirer, et l'un des fumeurs profita de la pause pour dire à son voisin : — Mon digne monsieur, je ne clos jamais mon inventaire de fin d'année à moins de sept chiffres.

Ceci répondait sans doute à une question que l'autre fumeur lui avait faite avant mon arrivée;

mais deux fumeurs, et deux fumeurs allemands, n'ont jamais souci de presser le dialogue; la pipe les absorbe : la conversation va à tâtons, comme elle peut, dans la fumée.

Cette fumée me servit; mon souper était fini, et, grâce au brouillard des deux pipes, je pus disparaître sans être aperçu, laissant le péroreur aux prises avec les fumeurs, et le dialogue continuer entre les bouffées de paroles et les bouffées de tabac.

On m'installa dans une assez jolie chambre allemande, propre, lavée et froide; rideaux blancs aux fenêtres, serviettes blanches au lit. Je dis serviettes, vous savez pourquoi; ce que nous nommons une paire de draps n'existe pas sur les bords du Rhin. Avec cela les lits sont fort grands. Le résultat est le plus bizarre du monde; ceux qui ont construit les matelas ont prévu des Patagons, ceux qui ont coupé le linge ont prévu des Lapons. Occasion de philosophie. Le voyageur médiocre et fatigué accepte le temps comme Dieu le lui donne, et le lit comme la servante le lui fait.

Ma chambre était du reste meublée un peu au hasard, comme sont en général les chambres d'auberge. Il y a certains voyageurs qui emportent et d'autres voyageurs qui oublient; cela fait je ne sais quel flux et reflux dont se ressent le mobilier des chambres d'hôtellerie. Ainsi, entre les deux fenêtres, un canapé était remplacé par deux coussins posés sur une grosse malle de bois, évidemment laissée là par un voyageur. D'un côté de la cheminée, à un clou, était accroché un petit baromètre portatif en bronze; de l'autre côté il ne restait que l'autre clou, auquel avait dû jadis figurer le *pendant* naturel, quelque thermomètre portatif et commode, probablement emporté par un voyageur peu scrupuleux. Sur cette même cheminée, entre deux bouquets de fleurs artificielles sous verre, comme on en fait rue Saint-Denis, il y avait un véritable vase antique, en terre grossière, trouvé sans doute dans quelque fouille des environs, une sorte de buire romaine à large panse comme on en déterre en Sologne, sur les bords de la Sauldre; vase assez spacieux d'ailleurs, quoiqu'il n'eût ni la pâte des vases de Nola ni la forme des vases de Bari.

Au chevet du lit, dans un cadre de bois noir, pendait une de ces gravures troubadour, style empire, dont notre rue Saint-Jacques a inondé toute l'Europe il y a quarante ans. Au bas de l'image était gravée cette inscription, dont je conserve même l'orthographe : « BIANCA ET SON AMANT FUYANT VERS FLORENCE A TRAVERS LES APENINS. La crinte detre poursuivis leur a fait choisir un chemin peu fréquenté, où ils segarent plusieurs jours. La jeune Bianca, ayant les pieds déchirés par les ronses et les pierres, s'est fait une chaussure avec des plantes. »

Le lendemain, je me promenai dans la ville.

Vous autres Parisiens, vous êtes tellement accoutumés au spectacle d'une ville en crue perpétuelle, que vous avez fini par n'y plus prendre garde. Il se fait autour de vous comme une continuelle végétation de charpente et de pierre. La ville pousse comme une forêt. On dirait que les fondations de vos demeures ne sont pas des fondations, mais des racines, de vivantes racines où la séve coule. La petite maison devient grande maison aussi naturellement, ce semble, que le jeune chêne devient grand arbre. Vous entendez presque nuit et jour le marteau et la scie, la grue qu'on dresse, l'échelle qu'on porte, l'échafaud qu'on pose, la poulie et le treuil, le câble qui crie, la pierre qui monte, le bruit de la rue qu'on pave, le bruit de l'édifice qu'on bâtit. Chaque semaine c'est un essai nouveau : grès taillé, lave de Volvic, macadamisage, dallage de bitume, pavage de bois. Vous vous absentez deux mois, à votre retour vous trouvez tout changé. Devant votre porte il y avait un jardin, il y a une rue; une rue toute neuve, mais complète, avec des maisons de huit étages, des boutiques au rez-de-chaussée, des habitants du haut en bas, des femmes aux balcons, des encombrements sur la chaussée, la foule sur les trottoirs. Vous ne vous frottez pas les yeux, vous ne criez pas au miracle, vous ne croyez pas rêver tout éveillés. Non, vous trouvez cela tout simple. Eh bien, qu'est-ce que c'est ? une rue nouvelle, voilà tout. Une chose seulement vous étonne : le locataire du jardin avait un bail, comment cela s'est-il arrangé ? Un voisin vous l'explique. Le locataire avait quinze cents francs de loyer; on lui a donné cent mille francs pour s'en aller, il s'en est allé. Cela redevient tout simple. Où s'arrêtera cette croissance de Paris ? qui peut le dire ? Paris a déjà débordé cinq enceintes fortifiées, on parle de lui en faire une sixième; avant un demi-siècle il l'aura emplie, puis il passera outre. Chaque année, chaque jour, chaque heure, par une sorte de lente et irrésistible infiltration, la ville se répand dans les faubourgs, et les faubourgs deviennent des villes, et les faubourgs deviennent la ville. Et, je le répète, cela ne vous émerveille en rien, vous autres Parisiens. Mon Dieu ! la population augmente, il faut bien que la ville s'accroisse; que vous importe ! vous êtes à vos affaires. Et quelles affaires! les affaires du monde. Avant-hier une révolution, hier une émeute, aujourd'hui le grand et saint travail de la civilisation, de la paix et de la pensée. Que vous importe le mouvement des pierres dans votre banlieue, à vous, Parisiens, qui faites le mouvement des esprits dans l'Europe et dans l'univers? Les abeilles ne regardent pas la ruche, elles regardent les fleurs ; vous ne regardez pas votre ville, vous regardez les idées.

Et vous ne songez même pas, au milieu de ce formidable et vivant Paris, qui était la grande ville, et qui devient la ville géante, qu'ailleurs il y a des cités qui décroissent et qui meurent.

Worms est une de ces villes.

Hélas! Rome est la première de toutes; Rome qui vous ressemble, Rome qui vous a précédés, Rome qui a été le Paris du monde païen.

Une ville qui meurt! chose triste et solennelle! Les rues se défont. Où il y avait une rangée de maisons il n'y a plus qu'une muraille; où il y avait une muraille il n'y a plus rien. L'herbe remplace le pavé. La vie se retire vers le centre, vers le cœur, comme dans l'homme agonisant. Ce sont les extrémités qui meurent les premières, les membres chez l'homme, les faubourgs dans les villes. Les endroits déserts perdent les maisons, les endroits habités perdent les étages. Les églises s'effondrent, se déforment et s'en vont en poussière, non faute de croyances, comme dans nos fourmilières industrielles, mais faute de croyants. Des quartiers tout entiers tombent en désuétude. Il est presque étrange d'y passer; des espèces de peuplades sauvages s'y installent. Ici ce n'est plus la ville qui se répand dans la campagne, c'est la campagne qui rentre dans la ville. On défriche la rue, on cultive le carrefour, on laboure le seuil des maisons; l'ornière profonde des chariots à fumier creuse et bouleverse les anciens dallages, les pluies font des mares devant les portes; le caquetage discordant des basses-cours remplace les rumeurs de la foule. D'une place réservée aux cérémonies impériales on fait un carré de laitues. L'église devient une grange, le palais devient une ferme, la tour devient un pigeonnier, la maison devient une baraque, la boutique devient une échoppe, le bassin devient un étang, le citadin devient un paysan; la cité est morte. Partout la solitude, l'ennui, la poussière, la ruine, l'oubli. Partout, sur les places désertes, sur les passants enveloppés et mornes, sur les visages tristes, sur les pans de murs écroulés, sur les maisons basses, muettes et rares, l'œil de la pensée croit voir se projeter les longues et mélancoliques ombres d'un soleil couchant.

Malgré tout cela, à cause de tout cela peut-être, Worms, encadrée par le double horizon des Vosges et du Taunus, baignée par son beau fleuve, assise parmi les innombrables îles du Rhin, entourée de son enceinte décrépite de murailles et de sa fraîche ceinture de verdure, Worms est une belle, curieuse et intéressante cité. J'ai vainement cherché la partie de la ville bâtie en dehors de cette ligne de murs et de tours carrées qui, de la porte de Saint-Martin, allait couper le Rhin à angle droit. Ce faubourg n'existe plus. Je n'ai trouvé aucun vestige de la New-Thurm, qui en terminait l'extrémité orientale avec sa flèche aiguë et ses huit tourelles. Il ne reste pas pierre sur pierre de cette magnifique porte de Mayence, qui avoisinait la New-Thurm, et qui, avec ses deux hauts beffrois, vue du Rhin parmi les clochers, ressemblait à une église, et, vue de la plaine parmi les tours, ressemblait à une forteresse. La petite nef de Saint-Amandus a disparu; et, quant à Notre-Dame, jadis si étroitement serrée par les maisons et les toits, elle est aujourd'hui au milieu des champs. Devant le portail des vierges sages et des vierges folles, des jeunes filles qui sont belles comme les sages et gaies comme les folles étendent sur le pré leur linge lavé au Rhin. Entre les contre-forts extérieurs de la nef, des vieillards assis sur des ruines se chauffent au soleil. *Aprici senes*, dit Perse; *solibus apti*, dit Horace.

Comme j'errais par les rues, un élégant du pays, passant à quelques pas de moi, m'a ébloui tout à coup. Ce brave jeune homme portait héroïquement un petit chapeau tromblon, bas et à longs poils, et un pantalon large, sans sous-pieds, qui ne descendait que jusqu'à la cheville. En revanche, le col de sa chemise, droit et empesé, lui montait jusqu'au milieu des oreilles; et le collet de son habit, ample, lourd et doublé de bougran, lui montait jusqu'à l'occiput. Si j'en juge d'après cet échantillon, voilà où en est l'élégance à Worms. Un vrai maçon endimanché, moins l'œil spirituel et satisfait, moins la joie parfaite et naïve. Je me suis souvenu que c'était là l'accoutrement des élégants sous la restauration. Vous savez que je ne dédaigne aucun détail, et que pour moi tout ce qui touche à l'homme révèle l'homme. J'examine l'habit comme j'étudie l'édifice. Le costume est le premier vêtement de l'homme, la maison est le second. L'élégant de Worms, anachronisme vivant, m'a remis sous les yeux tous les progrès que le costume a faits en France, et par conséquent en Europe, depuis vingt ans, grâce aux femmes, aux artistes et aux poëtes. L'habillement des femmes, si risiblement laid sous l'empire, est devenu tout à fait charmant. L'habillement des hommes s'est amélioré. Le chapeau a pris une forme plus haute et des bords plus larges. L'habit a repris les grandes basques et les collets bas, ce qui profite aux hommes bien faits en développant les hanches et en dégageant les épaules, et aux hommes mal faits en dissimulant la maigreur et la ténuité des membres. On a ouvert et baissé le gilet; on a rabattu le col de la chemise; on a rendu par le sous-pied quelque forme de pantalon, cette chose hideuse. Tout cela est bien et pourrait être mieux encore. Nous sommes loin, pour la grâce et pour l'invention du vêtement, de ces exquises élégances de François Ier, de Louis XIII et même de Louis XV Il nous reste à faire encore bien des pas vers le beau et vers l'art, dont le costume fait partie; et cela est d'autant plus chanceux, que la mode, qui est la fantaisie sans la pensée, marche indifféremment en avant ou en arrière. Il suffit, pour tout gâter, d'un niais riche et jeune fraîchement arrivé de Londres. Rien ne nous dit que nous ne verrons pas reparaître les petits chapeaux velus, les grands cols droits, les manches à gigot, les queues de morue, les hautes cravates, les gilets courts et les pantalons à la cheville, et que mon grotesque et élégant de Worms ne redeviendra pas un élégant de Paris. *Di, talem avertite* vestem !

La cathédrale de Worms, comme les dômes de Bonn, de Mayence et de Spire, appartient à la famille romane des cathédrales à double abside, magnifiques fleurs de la première architecture du moyen âge, qui sont rares dans toute l'Europe, et qui semblent s'épanouir de préférence aux bords du Rhin. Cette double abside engendre nécessairement quatre clochers, supprime les portails de façade, et ne laisse subsister que les portails latéraux. La parabole des vierges sages et des vierges folles, déjà sculptée à Worms sur l'un des tympans de Notre-Dame, est reproduite sur le portail méridional du dôme. Sujet charmant et profond, souvent choisi par ces sculpteurs des époques naïves, qui étaient tous des poëtes.

Quand on pénètre dans l'intérieur de l'église, l'impression est à la fois variée et forte. Les fresques byzantines, les peintures flamandes, les bas-reliefs du treizième siècle, les chapelles exquises du gothique fleuri, les tombeaux néo-païens de la renaissance, les consoles délicates sculptées aux retombées des arcs-doubleaux, les armoiries coloriées et dorées, les entre-colonnements peuplés de statuettes et de figurines, composent un de ces ensembles extraordinaires où tous les styles, toutes les époques, toutes les fantaisies, toutes les modes, tous les arts, vous apparaissent à la fois. Les rocailles exagérées et violentes des derniers princes-évêques, qui étaient en même temps archevêques de Mayence, font dans les coins de gigantesques coquetteries. Çà et là de larges pans de muraille, autrefois peinte et ornée, aujourd'hui nue, attristent le regard. Ces murailles nues sont des progrès du goût. Cela s'appelle simplicité, sobriété, que sais-je? Oh! que le « goût » a mauvais goût! Heureusement la forêt d'arabesques et d'ornements qui emplissait la cathédrale de Worms était trop touffue pour que le goût ait pu la détruire entièrement.

On en retrouve à chaque pas de magnifiques restes. Dans une grande chapelle basse, qui sert, je crois, de sacristie, j'ai admiré plusieurs merveilles du quinzième siècle : une piscine baptismale, urne immense sur le pourtour de laquelle est figuré Jésus entouré des apôtres, les apôtres petits comme des enfants, Jésus grand comme un géant; plusieurs pages sculpturales tirées des deux Testaments, vastes poëmes de pierre composés plus encore comme des tableaux que comme des bas-reliefs; enfin un Christ en croix presque de grandeur naturelle, œuvre qui fait qu'on se récrie et qu'on rêve, tant la délicatesse curieuse et parfaite des détails s'allie, sans la troubler, à la fierté sublime de l'expression.

Dans une place étroite, assez sombre et fort laide, à quelques pas de la cathédrale de Worms, à côté de ce merveilleux édifice qui se permet d'avoir la hauteur, la profondeur, le mystère, la couleur et la forme; qui revêt une pensée impérissable et éternelle de tout ce prodigieux luxe d'images et de métaphores de granit; tout à côté, dis-je, — comme la critique à côté de la poésie, — une pauvre petite église luthérienne, coiffée d'un chétif dôme romain, affublée d'un méchant fronton grec, blanche, carrée, anguleuse, nue, froide, triste, morose, ennuyeuse, basse, envieuse, — proteste.

Je relis ces lignes que je viens d'écrire, et je

serais presque tenté de les effacer. Ne vous y méprenez pas, mon ami, et n'y voyez pas ce que je n'ai pas voulu y mettre. C'est une opinion d'artiste sur deux ouvrages d'art, rien de plus. Gardez-vous d'y voir un jugement entre deux religions. Toute religion m'est vénérable. Le catholicisme est nécessaire à la société, le protestantisme est utile à la civilisation. Et puis, insulter Luther à Worms, ce serait une double profanation. C'est à Worms surtout que le grand homme a été grand. Non, jamais l'ironie ne sortira de ma bouche en présence de ces penseurs et de ces sages qui ont souffert pour ce qu'ils ont cru le bien et le vrai, et qui ont généreusement dépensé leur génie pour accroître, ceux-ci la foi divine, ceux-là la raison humaine. Leur œuvre est sainte pour l'univers et sacrée pour moi. Heureux et bénis ceux qui aiment et qui croient, soit qu'ils fassent, comme les catholiques, de toute philosophie une religion, soit qu'ils fassent, comme les protestants, de toute religion une philosophie.

Mannheim n'est qu'à quelques lieues de Worms, sur l'autre rive du Rhin. Mannheim n'a guère, à mes yeux, d'autre mérite que d'être née la même année que Corneille, en 1606. Deux cents ans, pour une ville, c'est l'adolescence. Aussi Mannheim est-elle toute neuve. Les braves bourgeois, qui prennent le régulier pour le beau et le monotone pour l'harmonieux, et qui admirent de tout leur cœur la tragédie française et le côté en pierre de la rue de Rivoli, admireraient fort Mannheim. Cela est assommant. Il y a trente rues, et il n'y a qu'une rue; il y a mille maisons, et il n'y a qu'une maison. Toutes les façades sont identiquement pareilles, toutes les rues se coupent à angle droit. Du reste, propreté, simplicité, blancheur, alignement au cordeau : c'est cette beauté du damier dont j'ai parlé quelque part.

Vous savez que le bon Dieu est pour moi le grand faiseur d'antithèses. Il en a fait une, et des plus complètes, en faisant Mannheim à côté de Worms. Ici la cité qui meurt, là la ville qui naît; ici le moyen âge avec son unité si harmonieuse et si profonde, là le goût classique avec tout son ennui. Mannheim arrive, Worms s'en va; le passé est à Worms, l'avenir est à Mannheim. (Ici j'ouvre une parenthèse : ne concluez pas de ceci pourtant que l'avenir soit au goût classique.) Worms a les restes d'une voie romaine, Mannheim est entre un pont de bateaux et un chemin de fer. Maintenant il est inutile que je vous dise où est ma préférence, vous ne l'ignorez pas. En fait de villes, j'aime les vieilles.

Je n'en admire pas moins cette riche plaine où Mannheim est assise, et qui a une longueur de dix lieues entre les montagnes du Neckar et les collines de l'Isenach. On fait les cinq premières lieues de Heidelberg à Mannheim, en chemin de fer; et les cinq autres, de Mannheim à Durckheim, en voiturin. Ici encore le passé et l'avenir se donnent la main.

Du reste, dans Mannheim même, je n'ai rien remarqué que de magnifiques arbres dans le parc du château, un excellent hôtel, le *Palatinat*, une belle fontaine rococo, en bronze, sur la place, et cette inscription en lettres d'or sur la vitre d'un coiffeur : CABINET OU L'ON COUPE LES CHEVEUX A L'INSTAR DE M. CHIRARD DE PARIS.

LETTRE XXVII

LETTRE XXVII

SPIRE

Étymologie et histoire. — Le blé. — Le vin pied-d'oison. — La cathédrale. — Quelle pensée y saisit le voyageur. — Détails des empereurs enterrés à Spire. — Lueurs qui traversent les ténèbres de l'histoire. — 1693. — 1793. — Souviens-toi de Conrad.

Bords du Neckar, octobre.

Que vous dirai-je de Spire, ou *Speyer*, comme la nomment les Allemands, ou *Spira*, comme la nommaient les Romains? *Neomagus*, dit la légende; *Augusta Nemetum*, dit l'histoire. C'est une ville illustre. César y a campé, Drusus l'a fortifiée, Tacite en a parlé, les Huns l'ont brûlée, Constantin l'a rebâtie, Julien l'a agrandie, Dagobert y a fait d'un temple de Mercure un couvent de Saint-Germain, Othon Ier y a donné à la chrétienté le premier tournoi, Conrad le Salien en a fait la capitale de l'empire. Conrad II en a fait le sépulcre des empereurs. Les templiers, qui y ont laissé une belle ruine, ont rempli là leur fonctions de sentinelles aux frontières. Tous les torrents d'hommes qui ont dévasté et fécondé l'Europe ont traversé Spire : pendant les premiers siècles, les Vandales et les Alemans (*tous les hommes*, hommes de toutes races, dit l'étymologie); pendant les derniers, les Français. Durant le moyen âge, de 1125 à 1422, en trois cents ans, Spire a essuyé onze siéges. Aussi la vieille ville carlovingienne est-elle profondément frappée. Ses priviléges sont tombés, son sang et sa population ont coulé de toutes parts. Elle a eu sa chambre impériale dont Wetzlar a hérité, les diètes, dont le fantôme est maintenant à Francfort. Elle a eu trente mille habitants, elle n'en a plus que huit mille.

Qui se souvient aujourd'hui du saint évêque Rudiger? Où coule le ruisseau Spira? Où est le village Spira? Qu'a-t-on fait de l'église haute de Saint-Jean! Dans quel état est cette chapelle d'Olivet que les anciens registres appellent l'*incomparable?* Qu'est devenue l'admirable tour carrée à tourelles angulaires qui dominaient la porte de la route du Bac? Quels vestiges reste-t-il de Saint-Vildnberg? Où est la maison de la chambre impériale? Où est l'hôtel des assesseurs-avocats, *lesquels*, dit une vieille charte, *sont faisans et administrans justice au nom de la majesté impériale, des électeurs et autres princes de l'Empire, au consistoire publiq de tout l'Empire établi par Charles le Quint ?* De cette haute juridiction, à laquelle toutes les autres étaient *dévolues et ressortissantes en dernier ressort,* que reste-t-il ? Rien, pas même le gibet de pierre à quatre piliers dans la prairie qui borde le Rhin. Le soleil seul continue de traiter Spire avec autant de magnificence que si elle était encore la reine des villes impériales. Le blé proverbial de Spire est toujours aussi beau et aussi doré que du temps de Charles-Quint, et l'excellent vin rouge pied-d'oison est toujours digne d'être bu par des princes-évêques en bas écarlates et des électeurs à chapeau d'hermine.

La cathédrale, commencée par Conrad Ier, continuée par Conrad II et Henri III, terminée par Henri IV en 1097, est un des plus superbes édifices qu'ait faits le onzième siècle. Conrad Ier l'avait dédiée, disent les chartes, à la « benoîte Vierge Marie ». Elle est encore aujourd'hui d'une majesté incomparable. Elle a résisté au temps, aux hommes, aux guerres, aux assauts, aux incendies, aux émeutes, aux révolutions, et même aux embellissements des princes-évêques de Spire et Bruschsal. Je l'ai visitée; je ne vous la détaillerai pas pourtant. Ici, comme dans la maison Ibach, je ne peux pas dire que j'ai vu l'église, tant j'étais absorbé par la pensée qui pour moi la remplissait. Non, je n'ai pas vu l'édifice, j'ai vu cette pensée. Laissez-moi vous la dire. Je ne sais plus rien du reste; tout a passé devant mes yeux comme une ombre. Cherchez, si vous le voulez, dans les itinéraires et les monographies, la description de la cathédrale de Spire; vous ne l'aurez pas de moi. Quelque chose de plus haut et de plus magnifique encore m'a saisi au milieu de la contemplation de cette sombre architecture. Jusqu'ici j'ai eu bien souvent déjà et j'aurai bien souvent encore l'occasion de vous montrer des églises; cette fois laissez-moi vous montrer Dieu.

De 1024 à 1308, trois siècles durant, la pensée de Conrad II s'est exécutée. Sur dix-huit empereurs qui ont régné dans cet intervalle, neuf ont été enterrés dans la crypte qui est sous la cathédrale de Spire. Quant aux neuf autres, Lothaire II, Frédéric Barberousse, Henri VI, Othon IV, Frédéric II, Conrad IV, Guillaume, Richard de Cornouailles et Alphonse de Castille, la destinée ne leur a pas accordé cette auguste sépulture. Le vent qui souffle sur les hommes à l'heure de leur mort les a portés ailleurs.

De ceux-là, deux seulement, qui n'étaient pas Allemands, ont eu leur tombeau dans leur pays natal : Richard de Cornouailles en Angleterre, Alphonse de Castille en Espagne. Les autres ont été

SPIRE 349

jetés aux quatre points cardinaux : Lothaire II au monastère de Kœnigslutter, Othon IV à Brunswick, Guillaume à Middelbourg, Henri VI et Frédéric II à Palerme, Conrad IV à Poggi, Barberousse au Cydnus.

Barberousse en particulier, ce grand Barberousse, où est-il ? Dans le Cydnus, dit l'histoire ; à Antioche, dit la chronique ; dans la caverne de Kiffhœüser, dit la légende de Wurtemberg ; dans la grotte de Kaiserslautern, dit la légende du Rhin.

Les neuf Césars couchés sous les dalles de l'abside de Spire étaient presque tous de glorieux empereurs. C'était le fondateur de la cathédrale, le contemporain de Canut le Grand, Conrad II, celui qui divisa la vieille Teutonie en six classes, dites Boucliers militaires, *Clipei militares*, hiérarchie que bouleversa la Bulle d'Or, mais que la Pologne adopta et refléta : si bien que, même dans ces derniers siècles, la constitution républicaine de la Pologne, reproduisant la vieille constitution féodale d'Allemagne, était comme un miroir qui garderait l'image après que l'objet aurait disparu. C'était Henri III, qui proclama et maintint trois ans la paix universelle, préférant à une guerre de peuple à peuple ce duel de roi à roi qu'il offrait à Henri Ier de France ; puis Henri IV, le vainqueur des Saxons et le vaincu de Grégoire VII ; Henri V, l'allié de Venise; Conrad III, l'ami des diètes, qui se qualifiait *empereur des Romains;* Philippe de Souabe, le redoutable adversaire d'Innocent III. C'était le triomphateur d'Ottocar, l'exterminateur des burgraves, le fondateur de dynasties, le comte père des empereurs, Rodolphe de Habsbourg. C'était Adolphe de Nassau, le vaillant homme tué d'un coup de hache sur le champ de bataille. C'était enfin son ennemi, son compétiteur, son meurtrier, Albert d'Autriche, qui se faisait servir à table par le roi de Bohême, la couronne en tête, qui supprimait les péages, et domptait, la châtaigne de fer au poing, les quatre formidables électeurs du Rhin; prince démesuré en tout, dans son ambition comme dans sa puissance, auquel Boniface VIII donnait un matin le royaume de France : si bien que, devant un pareil présent, on ne sait qui l'on doit admirer le plus, du pape qui avait l'audace d'offrir ou de l'empereur qui avait l'audace d'accepter.

Hélas! quoi de plus pareil à des rêves que ces grandeurs? et comme elles se ressemblent toutes par les misères qui sont au bout! Albert d'Autriche, à Gellheim, près Mayence, avait tué de sa main son cousin et son empereur, Adolphe de Nassau; dix ans plus tard Jean de Habsbourg tue, à Vindisch-sur-la-Reuss, son oncle et son empereur, Albert d'Autriche. Albert, qui était borgne et laid, et conseillé, disait Boniface VIII, par une femme au sang de vipère, *sanguine viperali*, avait été surnommé le *Régicide;* Jean fut surnommé le *Parricide*.

Quoi qu'il en soit, tous ces princes, les bons, les médiocres et les mauvais, enterrés côte à côte, confondaient, pour ainsi dire, la diversité de leurs destinées dans la gloire des armes, propre à quelques-uns, et dans la splendeur de l'empire, commune à tous, et gisaient dans le caveau de Spire, enveloppés de la mystérieuse majesté de la mort. Pour toute l'Allemagne une sorte de superstition nationale environnait ces empereurs endormis. Les peuples, qui ont tous les instincts querelleurs et mutins des enfants, haïssent volontiers la puissance debout et vivante, parce qu'elle est la puissance, parce qu'elle est debout, parce qu'elle est vivante. *Ceux de Flandre*, dit Philippe de Comines, *aiment toujours le fils de leur prince; leur prince, jamais*. L'évêque d'Olmutz écrivait au pape Grégoire X : *Volunt imperatorem, sed potentiam abhorrent*. Mais, dès que la puissance est tombée, on l'aime; dès qu'elle est vaincue, on l'admire; dès qu'elle est morte, on la respecte. Rien n'était donc plus grand, plus auguste et plus sacré en Allemagne et en Europe que ces neuf tombes impériales couvertes, comme d'un triple voile, de silence, de nuit et de vénération.

Qui rompit ce silence? qui troubla cette nuit? qui profana cette vénération? Écoutez.

En 1693 Louis XIV envoya brusquement dans le Palatinat une armée commandée par des hommes dont on peut lire encore les noms dans la *Gazette des entre-sols du Louvre* : ARMÉE D'ALLEMAGNE, 11 avril. — Maréchal de Boufflers, maréchal duc de Lorges, maréchal de Choiseul. — *Lieutenants généraux* : marquis de Chamilly, marquis de la Feuillée, marquis d'Uxelles, milord Mountcassel, marquis de Revel, sieur de la Bretesche, marquis de Villars, sieur de Mélac. — *Maréchaux de camp* : duc de la Ferté, sieur de Barbezières, comte de Bourg, marquis d'Alègre, marquis de Vaubecourt, comte de Saint-Fremond.

La civilisation alors commençait à couvrir partout la barbarie; mais la couche était peu épaisse encore. A la moindre secousse, à la première guerre, elle se brisait, et la barbarie, trouvant un passage, se répandait de toutes parts. C'est ce qui arriva dans la guerre du Palatinat.

L'armée du grand roi entra dans Spire. Tout y était fermé, les maisons, l'église, les tombeaux. Les soldats ouvrirent les portes des maisons, ouvrirent les portes de l'église, et brisèrent la pierre des tombeaux.

Ils violèrent la famille, ils violèrent la religion, ils violèrent la mort.

Les deux premiers crimes étaient presque des crimes ordinaires. La guerre, dans ces temps que nous admirons trop quelquefois, y accoutumait les hommes. Le dernier était un attentat monstrueux.

La mort fut violée, et avec la mort, chose qu'on n'avait pas vue encore, la majesté royale, et avec la majesté royale toute l'histoire d'un grand peuple, tout le passé d'un grand empire. Les soldats fouillèrent les cercueils, arrachèrent les suaires, volèrent à des squelettes, majestés endormies, leurs sceptres d'or, leurs couronnes de pierreries, leurs anneaux, qui avaient scellé la paix et la guerre, leurs bannières d'investiture, *hastas vexilliferas*. Ils vendirent à des juifs ce que des papes avaient béni. Ils brocantèrent cette pourpre en haillons et ces grandeurs couvertes de cendre. Ils trièrent avec soin l'or, les diamants et les perles; et, quand il n'y eut plus rien de précieux dans ces sépulcres, quand il n'y eut plus que de la poussière, ils balayèrent pêle-mêle dans un trou ces ossements qui avaient été des empereurs. Des caporaux ivres roulèrent avec le pied dans une fosse commune les crânes de neuf Césars.

Voilà ce que fit Louis XIV en 1693. Juste cent ans après, en 1793, voici ce que fit Dieu.

Il y avait en France un tombeau royal comme il y avait un ossuaire impérial en Allemagne. Un jour, jour fatal où toute la barbarie de dix siècles reparut à la surface de la civilisation et la submergea, des hordes hideuses, horribles, armées, qui apportaient la guerre, non plus à un roi, mais à tous les rois, non plus à une cathédrale, mais à toute religion, non plus à une ville ou à tout un État, mais à tout le passé du genre humain; des hordes effrayantes, dis-je, sanglantes, déguenillées, féroces, se ruèrent sur l'antique sépulture des rois de France. Ces hommes, que rien n'arrêta dans leur œuvre redoutable, venaient aussi pour briser des tombes, déchirer des linceuls et profaner des ossements. Étranges et mystérieux ouvriers, ils venaient mettre de la poussière en poussière. Écoutez ceci : — le premier spectre qu'ils éveillèrent, le premier roi qu'ils arrachèrent brutalement du cercueil, comme on secoue un valet qui a trop longtemps dormi, le premier squelette qu'ils saisirent dans sa robe de pourpre pour le jeter au charnier, ce fut Louis XIV.

O représailles de la destinée! 1693, 1793! équation sinistre! admirez cette précision formidable! Au bout d'un siècle pour nous, au bout d'une heure pour l'Éternel, ce que Louis XIV avait fait à Spire aux empereurs d'Allemagne, Dieu le lui rend à Saint-Denis.

Chose qu'il faut noter encore, le fondateur de la cathédrale de Spire, le plus ancien de ces vieux princes germaniques, Conrad II, avant d'être empereur d'Allemagne, avait été duc de la France rhénane. Ce duc de France fut outragé par un roi de France. Châtiment! châtiment! Si Louis XIV, dans ses campagnes d'Allemagne, avait passé à Otterberg, où j'étais il y a un mois, il aurait vu là, comme à Spire, une admirable cathédrale bâtie aussi par Conrad II, et cela peut-être n'eût pas été inutile au grand roi; car sur le portail principal de la sombre église il aurait pu lire cet avertissement mélancolique et sévère qu'on y lit encore aujourd'hui :

MEMENTO CONRADI.

LETTRE XXVIII

LETTRE XXVIII

HEIDELBERG

A M. LOUIS B.

L'auteur se fait des ennemis de tous les habitants de Mannheim.
— Heidelberg. — L'auteur donne beaucoup d'explications sur
lui-même. — La maison du chevalier de Saint-Georges. — Un
verset de la Bible protége mieux une maison contre l'incendie
que la plaque de fer-blanc M. A. C. L. — Détails peu connus
sur le siége de Heidelberg par les troupes de Louis XIV. —
L'auteur dans la forêt. — Rêverie. — Énigme sculptée dans la
muraille d'une masure. — Le *chemin des philosophes*. — Soleil
couchant. — Paysage. — Choses crépusculaires et mystérieuses
qui commencent. — Nuit. — L'auteur du haut de la montagne.
— Horrible fosse entrevue. — Aventure surnaturelle du buisson
qui marche. — *Heidenloch !* — Traces des païens partout sur
les bords du Rhin. — Quelques-unes des visions du soir dans
ces vallées. — Neckarsteinach. — Les quatre châteaux. — Le
Schwalbennest. — Légende de Bligger le Fléau. — L'auteur

laisse éclater sa profonde admiration pour les contes de bonnes femmes. — Passage curieux de Buchanan sur Macbeth. — Ce que l'auteur écrit sur la porte du Schwalbennest. — Intérieur de la ruine. — Magnificence que l'auteur y trouve. — Le burg sans nom. — L'auteur y pénètre. — Le dedans d'une grosse tour. — Mystères. — Ce que l'auteur y voit et y entend d'effrayant à la nuit tombée. — Il se hâte de sortir du burg sans nom. — Le Neckar au crépuscule. — Le petit Geissberg. — Paysage qui raconte l'histoire. — Regard jeté sur les choses et sur les ombres. — Le château de Heidelberg. — Ce que c'était que le comte palatin. — Sens guelfe et factieux des inscriptions du palais d'Othon-Henri. — Les électeurs palatins avaient le goût des arts et des lettres. — Frédéric le Victorieux. — Le château de Heidelberg à vol d'oiseau. — Tous les genres de beauté y sont. — Traces des guerres. — Ce que faisait madame la palatine afin de devenir homme. — L'auteur regrette de n'avoir pas été là, en 1693, pour diriger un peu la dévastation. — La cour intérieure. — La façade de Frédéric IV. — La façade d'Othon-Henri. — La façade de Louis le Barbu. — Les colonnes de Charlemagne. — Comparaison de ces façades. — Tristesse. — Une remarque singulière. — Les rois et les dieux. — L'auteur se figure le château à la clarté du bombardement. — De quelle façon chaque statue de prince et d'empereur a été mutilée. — Statue de Frédéric V. — Statue de Louis V. — La tour de Frédéric le Victorieux. — Palais d'Othon-Henri. — L'intérieur. — Énumération de tous les édifices et de tous les palais que contenait le château de Heidelberg. — Les tours. — Le gros tonneau. — Détails inconnus et curieux. — Combien le gros tonneau tient de bouteilles de vin. — Ce que le vin y devient. — Les petits tonneaux. — Un des petits tonneaux a vaincu les grenadiers français. — Ce qu'on aperçoit dans l'obscurité. — PERKEO. — Moralité de toutes ces sombres histoires. — Les fantômes et les revenants de Heidelberg. — Jutha. — Les deux francs juges. — Les musiciens bossus. — La dame blanche. — Irrévérence de la dame blanche pour la signature de M. de Cobentzel. — Les deux diables que l'auteur voit en plein midi. — Détail des petites dévastations. — Les architectes. — Les invalides. — Les Anglais. — La grille du perron a eu ses barbares comme notre grille de la place Royale a eu ses Vandales. — Sinistre aspect de la Tour-Fendue au clair de lune. — Visite nocturne à la ruine de Heidelberg. — Effets vertigineux des rayons lunaires. — Serrement de cœur dans les chambres désertes. — Incident. — A quel hideux fantôme l'auteur est contraint de songer. — L'incident se comporte d'une façon lugubre et inexplicable. — Colères des caryatides et des statues contre l'auteur. — Retour à la ville. — Post-scriptum. — Imprécation contre les poêles.

Heidelberg, octobre.

Cher Louis, prenez garde à vous, je suis en humeur de vous écrire une lettre interminable. Vous me demandez quatre juges ; *je t'en veux donner cent*, comme dit Orosmane. Ma foi ! tant pis, tirez-vous-en comme vous pourrez ; les vieilles amitiés sont bavardes.

Je suis arrivé dans cette ville depuis dix jours, cher ami, et je ne puis m'en arracher. Dans votre excursion en Allemagne, il y a douze ans, êtes-vous venu à Heidelberg ? surtout vous y êtes-vous arrêté ? car il ne faut pas passer à Heidelberg, il faut y séjourner, il faudrait y vivre. Je ne vous en dirai certes pas autant de cette espèce de faux Versailles badois qu'on appelle Mannheim, insipide ville, dont les rues semblent coupées à l'équerre dans un bloc de plâtre, et dont les clochers, comme ceux de Namur, ne sont pas des clochers, mais des bilboquets *réussis*. En descendant du bateau à vapeur du Rhin, je suis resté à Mannheim le temps de faire atteler ma voiture, et je me suis enfui en hâte à Heidelberg. Faites-en autant si jamais vous venez ici.

Heidelberg, située et comme réfugiée au milieu des arbres, à l'entrée de la vallée du Neckar, entre deux croupes boisées plus fières que des collines et moins âpres que des montagnes, a ses admirables ruines, ses deux églises du quinzième siècle, sa charmante maison de 1595, à façade rouge et à statues dorées, dite l'auberge du *Chevalier de Saint-Georges*, ses vieilles tours sur l'eau, son pont et surtout sa rivière, sa rivière limpide, tranquille et sauvage où foisonnent les truites, où abondent les légendes, où se hérissent les rochers, où le flot, compliqué d'écueils, n'est qu'un inextricable réseau de tourbillons et de courants; ravissant fleuve-torrent où l'on peut être sûr que jamais un bateau à vapeur ne viendra patauger.

Je mène ici une vie occupée, occupée un peu au hasard, il est vrai; mais je ne perds pas un instant, je vous assure : je hante la forêt et la bibliothèque, cette autre forêt; et le soir, rentré dans ma chambre d'auberge, comme votre ami Benvenuto Cellini, j'écris sur des feuilles, qui s'en iront je ne sais où, mes aventures de la journée.

Questa mia vita travagliata io scrivo.

Seulement les travaux de Benvenuto, c'étaient des coups d'épée ou de stylet, des évasions du château Saint-Ange, des combats à fer émoulu pour le Rosso contre les disciples de Raphaël, des villes fortifiées, des colosses entrepris, des insolences au pape ou à la duchesse d'Étampes, des voyages de bohémien avec ses deux élèves Paul et Ascagne, l'hôtel de Nesle pris d'assaut et vidé par les fenêtres, meubles et gens; et puis, çà et là, quelque chef-d'œuvre, *qualchè bell' opera*, comme il dit lui-même, une *Junon*, une *Léda*, un *Jupiter* d'argent haut comme François Ier, ou une aiguière d'or pour laquelle le roi de France donnait au cardinal de Ferrare une abbaye de sept mille écus de rente.

Mes aventures et mes travaux, à moi, laborieux fainéant que vous connaissez bien, cher Louis, vous les savez par cœur, vous les avez assez longtemps partagés; c'est une promenade solitaire dans un sentier perdu, la contemplation d'un rayon de soleil sur la mousse, la visite d'une cathédrale ou d'une église de village, un vieux livre feuilleté à l'ombre d'un vieux arbre, un petit paysan que je questionne, un beau scarabée enterreur cuirassé d'or violet, qui est tombé par malheur sur le dos, qui se débat, et que je retourne en passant avec le bout de mon pied; des vers quelconques mêlés à tout cela; et puis des rêveries de plusieurs heures devant la Roche-More sur le Rhône, le Château-

Gaillard sur la Seine, le Rolandseck sur le Rhin, devant une ruine sur un fleuve, devant ce qui tombe sur ce qui passe, ou, spectacle à mon sens non moins touchant, devant ce qui fleurit sur ce qui chante, devant un myosotis penchant sa grappe bleue sur un ruisseau d'eau vive.

Voilà ce que je fais, ou, pour mieux dire, voilà ce que je suis : car, pour moi, *faire* dérive fatalement et immédiatement d'*être*. Comme on est, on fait.

Ici, à Heidelberg, dans cette ville, dans cette vallée, dans ces décombres, la vie d'homme pensif est charmante. Je sens que je ne m'en irais pas de ce pays si vous y étiez, cher Louis, si j'y avais tous les miens, et si l'été y durait un peu plus longtemps.

Le matin, je m'en vais, et d'abord (pardonnez-moi une expression effrontément risquée, mais qui rend ma pensée), je passe, pour faire déjeuner mon esprit, devant la maison du *chevalier de Saint-Georges*. C'est vraiment un ravissant édifice. Figurez-vous trois étages à croisées étroites supportant un fronton triangulaire à grosses volutes bouclées à jour; tout au travers de ces trois étages deux tourelles-espions à faîtages fantasques, faisant saillie sur la rue; enfin toute cette façade en grès rouge, sculptée, ciselée, fouillée, tantôt goguenarde, tantôt sévère, et couverte du haut en bas d'arabesques, de médaillons et de bustes dorés. Quand le poëte qui bâtissait cette maison l'eut terminée, il écrivit en lettres d'or, au milieu du frontispice, ce verset obéissant et religieux : *Si Jehova non ædificet domum, frustra laborant ædificantes eam.*

C'était en 1595. Vingt-cinq ans après, en 1620, la guerre de Trente ans commença par la bataille du mont Blanc, près de Prague, et se continua jusqu'à la paix de Westphalie, en 1648. Pendant cette longue Iliade dont Gustave-Adolphe fut l'Achille, Heidelberg, quatre fois assiégée, prise et reprise, deux fois bombardée, fut incendiée en 1635.

Une seule maison échappa à l'embrasement, celle de 1595.

Toutes les autres, qui avaient été bâties sans le Seigneur, brûlèrent de fond en comble.

A la paix, l'électeur palatin, Charles-Louis, qu'on a surnommé le Salomon de l'Allemagne, revint d'Angleterre et releva sa ville. A Salomon succéda Héliogabale, au comte Charles-Louis le comte Charles, puis à la branche palatine de Wittelsbach-Simmern la branche palatine de Pfalz-Neubourg, et enfin à la guerre de Trente ans la guerre du Palatinat. En 1689, un homme dont le nom est utilisé aujourd'hui à Heidelberg pour faire peur aux petits enfants, Mélac, lieutenant général des armées du roi de France, mit à sac la ville palatine et n'en fit qu'un tas de décombres.

Une seule maison survécut, la maison de 1595.

On se hâta de reconstruire Heidelberg. Quatre ans plus tard, en 1693[1], les Français revinrent; les

A l'occasion de ce siége, où la ville fut enlevée en douze heures de tranchée ouverte, et qui a laissé en Allemagne un fatal souvenir que dix siècles peut-être n'effaceront pas, il n'est pas sans intérêt de transcrire ici quelques détails inconnus et quelques pages curieuses extraites de la *Gazette des entre-sols du Louvre*, déjà citée dans la lettre XXVII. Il va sans dire que ces extraits sont textuels, et que, quant aux rapprochements qu'ils peuvent faire naître dans l'esprit du lecteur, l'auteur de ce livre n'a eu l'intention ni de les chercher ni de les éviter.

Gazette du 28 may.

« Le sieur de Mélac, lieutenant général, occupe les hauteurs au dessus du chasteau avec douze bataillons et cinquante dragons. Il a chassé les ennemis d'une redoute d'où l'on peut battre à revers les ouvrages de la place.

» On a fait une batterie de six pièces de canon de l'autre costé du Nekre. La tranchée doit être ouverte ce soir par le marquis de Chamilly, lieutenant général; du costé du front des ouvrages de terre du fauxbourg, par la brigade de Picardie. »

(Du camp devant Heidelberg, le 21 may 1693.)

« Six cents hommes des troupes de Hesse-Cassel vinrent pour ravitailler la place.

» Le sieur de Mélac les fit attaquer de la manière suivante :

» Cent hommes du régiment de Picardie, commandez par les sieurs de Coste et Despic, marchèrent par les vignes dans la montagne. Ils estoient suivis par cent trente du régiment de la reyne, et cinquante cavaliers du régiment colonel général de Mélac, et soldats de Louis XIV violèrent à Spire les sépultures impériales, et à Heidelberg les tombeaux palatins. Le maréchal de Lorges mit le feu aux quatre coins de la résidence électorale; l'incendie fut horrible, tout Heidelberg brûla. Quand le tour-

de Lalande, qui portoient des grenadiers en croupe. La seconde compagnie des grenadiers des la reyne s'avança par un grand chemin entre la montagne et la rivière, avec une pièce de canon à leur teste, pour attaquer une traverse que les ennemis avoient faite dans le même chemin. Cent cinquante hommes du régiment de la reyne soutenaient la compagnie de grenadiers ; la cavalerie et les dragons soutenoient toute l'infanterie. Et on attaqua les ennemis de toutes parts. Ils abandonnèrent d'abord la première et la seconde traverse. Mais ils firent ferme à la dernière. Le sieur de Mélac alors fit avancer les grenadiers, qui attaquèrent les ennemis en flanc, en sorte qu'ils commencèrent à lascher pié. Ils firent encore ferme quelque temps derrière des hayes et des vignes; mais la cavalerie les contraignit enfin à prendre la fuite. Les uns taschèrent à remonter le costeau par dedans les vignes, et les autres se sauvèrent dans le village de Vebelingen, qui est au pié de la montagne. Néanmoins, ayant esté renforcés par un nombre de païsans armés, ils se mirent en devoir de revenir à la charge; mais les grenadiers les poussèrent si vivement, qu'ils les obligèrent à prendre de rechef la fuite après leur avoir tué plus de cent cinquante hommes et fait plusieurs prisonniers. Les François n'ont eu, dans cette affaire, que trois hommes blessés, qui sont un grenadier du régiment de la reyne, un soldat de Picardie et un cavalier du régiment de Mélac. »

Gazette du 1ᵉʳ juin.

« 22 au matin. Les ennemis, se voyant pressés et enveloppés par les batteries, voulurent abandonner le reste du fauxbourg en plein jour. On les poussa jusqu'à la porte de la ville, qu'ils fermèrent; les grenadiers de Picardie l'enfoncèrent à coups de billon de flamme et de fumée qui enveloppait la ville fut dissipé, on vit une maison, une seule, debout dans ce monceau de cendres.

C'était encore, c'était toujours la maison de 1595.

hache, et, nonobstant leur grand feu, les poussèrent jusqu'à la porte du chasteau, que les assiégés fermèrent, et laissèrent dehors plus de cinq cents des leurs, qui furent tués ou pris.

» ... Les troupes entrèrent de toutes parts dans la ville, qu'ils pillèrent, sans que les officiers généraux pussent l'empescher. Le chasteau demanda à capituler. Le maréchal duc de Lorges ne voulut pas accorder de condition. Ils se rendirent à discrétion, et sortirent le 23, au nombre de dix-huit cents hommes. Trois cents soldats prisonniers, qui avoient esté mis dans la grande église, mirent le feu aux deux clochers, qui se communiqua à la ville, et, quoi qu'on pût faire pour l'éteindre, en brûla la grande partie. On a trouvé quarante milliers de poudre, quantité de grenades, de bombes, douze pièces de canon en fonte et dix de fer. On s'est aussi rendu maître du pont de bateaux qu'ont fait les ennemis. »

« Paris, 30 may 1693. Le roi partit de Compiègne le 22 du mois pour aller coucher à Roye; le 23, il couche à Péronne; le 24, à Cambray, et, le 25, au Quesnoy.

» Le roy et la reyne de la Grande-Bretagne vinrent ici le 27 voir Leurs Altesses Royales, et ils entendirent le salut au monastère des Capucines. »

Gazette du 6 juin.

« ... La ville estoit prise, les soldats, les cavaliers et les dragons y entrèrent de toutes parts et commencèrent à la piller... Les soldats ne purent estre arrestés, quelque peine que se donnassent les officiers pour empescher les süites du désordre et l'embrasement de la ville; quoyqu'ayant esté prise d'assaut, elle eût pu n'estre pas épargnée. Le marquis de Chamilly avoit fait

HEIDELBERG

Aujourd'hui la charmante façade vermeille, damasquinée d'or, toujours vierge, intacte et fière, et seule digne de se rattacher au château dans cet insignifiant entassement de maisons blanches qui compose à présent Heidelberg, se dresse superbe-

mettre les prisonniers et plusieurs bourgeois, avec leurs femmes et leurs enfants, dans la grande église, comme en un lieu de sureté. Mais ces prisonniers mirent le feu aux deux clochers, d'où il se communiqua aux maisons de la ville et des fauxbourgs : où il avoit esté encore mis par hazard en quelques endroits, et s'estoit répandu presque partout, quelque soin qu'on prist pour l'éteindre. Le sieur de Heidersdorf, qui commandoit dans le chasteau, envoya cependant demander à capituler. Un capucin alla plusieurs fois de part et d'autre, accompagné d'un lieutenant-colonel et d'un magistrat. La capitulation fut conclue. On a trouvé dix milliers de plomb en saumon, sept en balles, cinq mille grenades chargées, cent bombes, un grand nombre d'outils. Les troupes ont commencé depuis à démolir les fortifications du chasteau. »

Même numéro.

« Du Quesnoy, le 2 juin 1693.

« Le 28 du mois dernier, un courrier dépesché par le maréchal duc de Lorges apporta au roy la nouvelle de la prise de Heidelberg. Le 31, le roi fit ses dévotions, et toucha les malades. Sa Majesté nomma l'abbé de la Luzerne à l'évesché de Cahors, et l'abbé de Denonville à l'évesché de Comminges. Sa Majesté a donné un canonicat de la Sainte-Chapelle au sieur Boileau, doyen de l'église de Sens, et un autre au sieur Basire. »

« De Paris, le 6 may 1693.
(*Sic.* Erreur, le 6 juin.)

« Le premier de ce mois, on chanta en l'église de Notre-Dame, ment sur la ville et fait étinceler au soleil la triomphante inscription où je lis tous les matins en passant que Jéhovah a été l'ouvrier et que Jéhovah a été le sauveur.

Il est vrai, car il faut tout dire, et la dévotion de la renaissance s'assaisonnait de fantaisies païennes, il est vrai que l'effet de ce grave psaume est un peu modifié par cette ligne profane que l'architecte a gravée au-dessus : *Præstat invicta Venus,* laquelle doit elle-même se sentir un peu gênée par cette troisième légende dont se couronne le fronton : *Soli. Deo. Gloria.*

La miraculeuse maison saluée, je passe le pont et je m'en vais dans la montagne.

Là, je m'enfonce, je me perds, je marche devant moi, je prends le chemin qui se présente ; je regarde, chapiteau par chapiteau, les arbres, ces piliers de la grande cathédrale mystérieuse ; et, plongé dans la lecture de la nature, comme les

---

par l'ordre du roy, le *Te Deum* en actions de grâces de la réduction de Heidelberg. Les compagnies y assistèrent avec les cérémonies accoutumées ; et, le soir, il y eut des feux dans toutes les rues. »

Outre le sac de la ville, cette prise de Heidelberg eut un lugubre résultat. En arrivant au camp des Impériaux à Heilbronn, le général Heidersdorf, qui avait capitulé avec le maréchal de Lorges, fut traduit devant des juges militaires et condamné à mort. Il eut la tête tranchée. Un capitaine et un lieutenant furent enveloppés dans le procès qu'on lui fit, et partagèrent son sort.

vieux puritains dans la méditation de la Bible, je cherche Dieu.

Ami, chacun a son livre, et, voyez-vous, dans l'Évangile comme dans le paysage, la même main a écrit les mêmes choses. Quant à moi, je pense que toutes les faces de Jéhovah veulent et doivent être contemplées, et cette idée règle et remplit toutes mes rêveries depuis vingt ans; vous le savez, vous, Louis, qui m'aimez et que j'aime. Je pense aussi que l'étude de la nature ne nuit en aucune façon à la pratique de la vie, et que l'esprit qui sait être libre et ailé parmi les oiseaux, parfumé parmi les fleurs, mobile et vibrant parmi les flots et les arbres, haut, serein et paisible parmi les montagnes, sait aussi, quand vient l'heure, et mieux peut-être que personne, être intelligent et éloquent parmi les hommes. Je ne suis rien, je le sais, mais je compose mon rien avec un petit morceau de tout.

Je vais ainsi toute la journée, sans trop savoir où je suis, l'œil le plus souvent fixé à terre, la tête courbée vers le sentier, les bras derrière le dos, laissant tomber les heures et ramassant les pensées quand j'en trouve. Je m'assieds dans ces excellents fauteuils revêtus de mousse, c'est-à-dire de velours vert, que l'antique Palès creuse au pied de tous les vieux chênes pour le voyageur fatigué; je mets en liberté, pour ma bienvenue, comme un souverain débonnaire, toutes les mouches et tous les papillons que je trouve pris dans des filets autour de moi; petite amnistie obscure, qui, comme toutes les amnisties, ne fâche que les araignées. Et puis, je regarde couler au-dessous de mon trône, dans le ravin, quelque admirable ruisseau semé de roches pointues où se fronce à mille plis la tunique d'argent de la naïade; ou bien, si le mont n'a pas de torrent, si le vent, les feuilles et l'herbe se taisent, si le lieu est bien calme, bien désert, bien éloigné de toute ville, de toute maison, de toute cabane même, je fais faire silence en moi-même à tout ce qui murmure sans cesse en nous, et j'ouvre l'oreille aux chansons de quelque jeune montagnard perdu dans les branches avec son troupeau de chèvres, là-bas, bien loin, au-dessus ou au-dessous de moi. Rien n'est mélancolique et doux comme la tyrolienne sauvage chantée dans l'ombre par un pauvre petit chevrier invisible, pour la solitude qui l'écoute. Quelquefois, dans toute une grande montagne, il n'y a que la voix d'un enfant.

Les montagnards de ces forêts voisines de la forêt Noire ont une espèce de chant clair-obscur qui est charmant.

Comme je me promène tous les jours, je commence à être connu et accepté dans les villages. Les enfants qui jouent aux soldats se dérangent

pour me laisser passer; le roulier de la vallée du
Neckar me sourit sous son feutre orné de galons
d'argent à franges pendantes et de roses artificielles; les paysans me saluent gravement avec leur
grand chapeau à la Henri IV, les jeunes filles et
les vieilles femmes me considèrent comme un passant familier, et me disent : — Goodtag! — A propos, ici, plus que partout, je me demande, chaque fois que je traverse une rue de bourg ou de
hameau, comment d'aussi jolies jeunes filles peuvent faire d'aussi laides vieilles femmes. — Je dessine çà et là les baraques qui ont du style. Dans
ce pays dévasté par les guerres féodales, les guerres monarchiques et les guerres révolutionnaires,
les cabanes sont construites avec des ruines de
châteaux; cela fait d'étranges édifices. L'autre
jour, j'ai rencontré une masure de paysan ainsi
composée : quatre murs de torchis, blanchis à la
chaux, une porte et une fenêtre sur la façade; à
droite de la porte, le lion de Bavière couronné,
portant le globe et le sceptre, sculpté presque en
ronde bosse sur une large dalle de grès rouge. A
gauche de la fenêtre, une autre lame de grès rouge,
grand bas-relief représentant un poing crispé sur
un billot et à demi entaillé par une hache. Au-dessus de la hache, cette date effacée, 16..; au-dessous du billot, cette autre date, 1731; entre
les deux dates, ce mot : RENOVATVM. Rien de plus

mystérieux et de plus sinistre que ce bas-relief. On ne voit pas l'homme dont on voit le poing; on ne voit pas le bourreau dont on voit la hache. Cette affreuse chose semble sortir d'un nuage. Les deux bas-reliefs sont incrustés dans le mur un peu au-dessous de vieilles lattes du toit. Le lion palatin se tourne comme irrité et furieux vers ce poing à moitié coupé. Maintenant, qui a apporté là ce lion? que signifie ce hideux bas-relief? quel crime y a-t-il sous ce supplice? quel est ce hasard singulier, qui a eu le caprice de compléter une chaumière avec ce lion rugissant et cette main sanglante? Un cep de vigne, chargé de raisins, grimpe joyeusement à travers cette sombre énigme.

A force de regarder, j'ai trouvé quelques caractères gravés sur le haut du bas-relief au poing coupé; et, en dérangeant les grappes et les feuilles, j'ai déchiffré le mot : *Burg-Freyheit.*

Le même jour, c'était vers le soir, j'avais quitté à midi la ville par le chemin dit des Philosophes, lequel chemin s'en va je ne sais où, comme il sied à un chemin de philosophes, et j'étais dans un vallon quelconque. Je me mis à gravir l'escarpement d'une haute colline par un de ces sentiers antiques qu'on trouve souvent dans ce pays, sentiers-escaliers, pavés de grosses roches brutes, qui ont l'air d'un mur cyclopéen posé à plat sur le sol, attribués d'ailleurs par les ignorants aux géants et par les savants aux Romains, c'est-à-dire toujours aux géants.

Le jour s'éteignait derrière moi dans la plaine du Rhin.

C'était un de ces sinistres soleils couchants où le soleil semble s'abîmer pour jamais dans l'ombre, écrasé sous des nuages de granit, informe et nageant dans une immense mare de sang.

Je montais lentement à cette lueur.

Peu à peu, elle blêmit, puis s'effaça. Quand je fus à mi-côte, je me retournai.

Je n'avais plus sous les yeux qu'un de ces grands paysages crépusculaires où les montagnes se traînent sur l'horizon comme d'énormes colimaçons dont les rivières et les fleuves, pâles et vagues sous la brume, semblent être la trace argentée.

Le mont devenait très-âpre, l'escalier de rochers s'allongeait indéfiniment; mais les bruyères et les jeunes châtaigniers nains s'agitaient autour de moi avec ce murmure amical et hospitalier qui invite le voyageur à continuer.

Je repris donc mon ascension.

Comme j'atteignais le sommet d'un des bas côtés du mont, la lune, la pleine lune, ronde et éclatante, qui se lève de cuivre dans les plaines et d'or dans les montagnes, apparut tout à coup devant moi; et, gravissant elle-même le long de la colline voisine, se mit à glisser à fleur de terre dans les broussailles noires, comme un disque splendide poussé par des génies invisibles. Toute cette chaîne de sommets et de vallées, vue à cette clarté, des marches de ce sentier des géants, avait je ne sais quelle figure surnaturelle.

Je commençais à avoir besoin d'aide. La lune éclairait ma route, ce qui me convenait fort. En même temps, mon ombre se mit à marcher à côté de moi comme pour me tenir compagnie. Dix minutes après, j'étais au haut de la montagne. D'en bas, je ne la croyais pas si haute. Soit dit en passant, c'est un peu l'histoire de toutes les grandes choses vues d'en bas. De là les jugements diminuants et étroits des petits hommes sur les grands hommes.

Il n'y avait dans le ciel que la lune. Ni un nuage, ni une étoile. C'était ce grand jour de la nuit qui arrive une fois par mois. Au sommet du mont, vaste croupe couverte de bruyères et rasée par le vent, ce que j'avais sous les yeux n'était pas un paysage, mais une grande carte géographique presque circulaire, estompée par la distance et la vapeur, comme celle que dut voir Jésus-Christ quand Satan le transporta sur la montagne pour lui offrir les royaumes de la terre. Par parenthèse, faire une pareille proposition à celui qui se sait Dieu et qu'on sait Dieu, offrir les royaumes de la terre à celui qui a les royaumes du ciel, c'est là un trait de stupidité, disons-le entre nous, que j'ai peine à comprendre de la part de cette espèce de Voltaire antédiluvien que nous appelons le diable.

Vers le nord, la bruyère aboutissait à une forêt. Pas une chaumière, pas une hutte de bûcheron. Une solitude profonde.

Comme je me promenais sur cette croupe, j'aperçus à quelques pas d'un sentier à peine distinct, sous des buissons hérissés (à propos de buissons, le mot *horridus* manque dans notre langue : il dit moins qu'*horrible* et plus que *hérissé*), j'aperçus, dis-je, une espèce de trou vers lequel je me dirigeai.

C'était une assez grande fosse carrée, profonde de dix ou douze pieds, large de huit ou neuf, dans laquelle s'affaissaient des ronces rougeâtres, et où les rayons de la lune entraient par les crevasses de la broussaille. Je distinguais vaguement au fond un pavage à larges dalles miné par les pluies, et sur les quatre parois une puissante maçonnerie de pierres énormes, devenue informe et hideuse sous les herbes et les mousses. Il me semblait voir sur le pavé quelques sculptures frustes mêlées à des décombres, et parmi ces décombres un gros bloc arrondi, grossièrement évasé, percé à son milieu d'un petit trou carré, qui pouvait être un autel celtique ou chapiteau du sixième siècle.

Du reste, aucun degré pour descendre dans l'excavation.

Ce n'était peut-être qu'une simple citerne; mais je vous assure que l'heure, le lieu, la lune, les ronces et les choses confuses entrevues au fond, donnaient je ne sais quoi de formidable et de sauvage à cette mystérieuse chambre sans escalier, enfoncée dans la terre, avec le ciel pour plafond.

Qu'était-ce que cette fosse singulière? Vous me connaissez : je m'obstine, je cherche, je veux en savoir sur cette cave plus que la lune et le désert ne m'en disent; j'écarte les ronces avec ma canne, je m'accroche à des sarments que je prends à poignées, et je me penche sur cette ombre.

En ce moment-là, j'entends une voix grave et cassée prononcer distinctement derrière moi ce mot : *Heidenloch*.

Dans le peu d'allemand que je sais, je sais ce mot : Il signifie : *trou des païens*.

Je me retourne.

Personne dans la bruyère; le vent qui souffle et la lune qui éclaire. Rien de plus.

Seulement il me semble qu'il y a là, du côté de la forêt, à une trentaine de pas, entre la lune et moi, une masse d'ombre, une haute broussaille que je n'ai pas encore remarquée.

Je crois m'être trompé, et que, comme tous

ceux qui se promènent dans les solitudes, je deviens un peu visionnaire, et je me remets à explorer le bord de la fosse.

Ici la voix s'élève une seconde fois, et j'entends de nouveau derrière moi les trois syllabes étranges : *Heidenloch.*

Pour le coup, je me retourne vivement, et, à mon tour, je dis à voix haute : *Qui est là ?*

En cet instant, je crois remarquer, non sans quelque frisson involontaire, je vous l'avoue, que la haute broussaille s'est rapprochée de quelques pas.

Je répète : *Qui est là ?* et, au moment où j'allais marcher résolûment à elle, je la vois qui vient à moi, et j'en entends sortir pour la troisième fois la voix décrépite qui dit : *Heidenloch.*

Dans ces lieux déserts, à ces heures bizarres de la nuit, on est tendre aux superstitions, et je vous déclare que toutes les légendes du Rhin et du Neckar commençaient à me revenir à l'esprit, et me montaient au cerveau comme une fumée, lorsque le buisson surnaturel se retourna. Alors ce qui était dans l'ombre fit face à la lune, et j'aperçus une petite vieille courbée jusqu'au menton sur un bâton à gros nœuds, presque enfouie sous un grand tas de branchages qui la débordait de tous côtés, balayant la terre derrière elle et se balançant au-dessus de sa tête de la manière la plus fantastique.

Elle me regardait avec ses yeux gris en répétant :
Heidenloch! Heidenloch!

On eût dit une vieille dryade chassée par les bûcherons, emportant son arbre sur son dos.

C'était tout simplement une pauvre bonne femme qui revenait de couper des broussailles dans la forêt, qui avait aperçu un étranger, et qui lui avait donné un renseignement, et qui maintenant regagnait sa chaumière au clair de la lune, traînant son fagot par le sentier des géants.

Je l'ai remerciée par quelques kreutzers, tout en la considérant avec admiration. Je n'ai vu de ma vie une plus petite vieille sous un plus énorme fagot.

Elle m'adressa, avec un grognement reconnaissant, une affreuse grimace gracieuse, qui était, il y a cinquante ans, un frais et charmant sourire. Puis elle me tourna le dos, c'est-à-dire la broussaille; et, au bout de quelques minutes, arrivée à la pente du mont, elle s'enfonça dans la terre, et s'évanouit comme une apparition. Son explication, du reste, n'expliquait rien. C'était un mot lugubre ajouté à une chose lugubre. Voilà tout.

Je vous avoue que je suis resté longtemps à cette place, regardant le *trou des Païens*, qui est peut-être la tombe ouverte et vide d'un géant, peut-être une chambre druidique, peut-être le puisard d'un camp romain ou le réservoir pluvial de quelque couvent byzantin disparu, ou la hideuse cave sépulcrale d'un gibet démoli, dont les parois silencieuses ont peut-être été arrosées de sang humain, ou comblées de squelettes, ou assourdies par la danse du sabbat tournant autour de l'ossuaire; fosse pleine de ténèbres, dans laquelle la lune jette aujourd'hui un rayon livide, et une vieille femme un mot sinistre.

Quand je redescendis de la montagne, j'aperçus dans les arbres, sur un sommet voisin, une tour en ruine à laquelle se rattache sans doute l'excavation dont la signification est perdue aujourd'hui.

Au reste, les païens, c'est-à-dire les Sicambres, selon les uns, et les Romains, selon les autres, ont laissé des traces profondes dans les traditions populaires, qui se mêlent ici partout à l'histoire et l'encombrent. A Lorch, à l'entrée du Wisperthal, il y a un autre *trou des Païens* aussi nommé Heidenloch. A Winkel, sur le Rhin, l'ancienne Vinicella, il y a la *rue des Païens*, Heidengass; et à Wiesbade, l'ancien Visibadum, il y a le *mur des Païens*, Heidenmauer.

Je ne compte pas dans ces vestiges païens une espèce d'arche dont le tronçon, couvert de lierre, croule dans la montagne derrière Caub, à une lieue environ de Gutenfels, et que les paysans appellent le *pont des Païens*, Heidenbrukke; parce qu'il me paraît évident que c'est la ruine d'un pont bâti par les Suédois pendant la guerre de Trente ans. Au reste, la tradition ne se trompe pas beaucoup. C'est presque un Scipion que ce Gustave-Adolphe; et ce qu'il vient faire sur le Rhin au dix-septième siècle, c'est la grande guerre classique, la guerre romaine. Les mêmes stratégies que Polybe raconte dans la guerre punique, Folard les retrouve et les constate dans la guerre de Trente ans.

Voilà, cher Louis, les aventures de mes promenades, et je ne m'étonne pas vraiment que les contes et les légendes aient germé de toutes parts dans un pays où les buissons se promènent la nuit et adressent la parole aux passants.

L'autre soir, au crépuscule, j'avais devant moi une haute croupe noire et pelée, emplissant tout l'horizon et surmontée à son sommet d'une grosse tour en ruine, isolée comme les tours maximiliennes de la vallée de Luiz. Quatre grands créneaux, usés, ébréchés et changés en triangles par le temps, complétaient la sombre silhouette de la tour, et lui faisaient une couronne de fleurons aigus. Des paysans, habitants actuels de cette masure, y avaient allumé dans l'intérieur un immense feu de fagots, dont le flamboiement apparaissait au dehors aux trois seules ouvertures qu'eût la ruine : une porte cintrée en bas, deux fenêtres en haut. Ainsi éclairée, ce n'était plus une tour, c'était la tête noire et monstrueuse d'un effrayant Pluton ouvrant sa gueule pleine de feu et regardant par-dessus la colline avec ses yeux de braise.

A ces heures-là, quand le soleil est couché, quand la lune n'est pas levée encore, on rencontre des vallées qui semblent encombrées d'écroulements étranges; c'est le moment où les rochers ressemblent à des ruines et les ruines à des rochers.

Quelquefois, l'espèce de poëte qui est en moi triomphe de l'espèce d'antiquaire qui y est aussi, et je me contente de ces visions.

Quelquefois je reviens le lendemain, au jour; j'explore la masure pas à pas, et je tâche d'en constater l'âge par la saillie des mâchicoulis, la forme des denticules ou l'écartement des ogives.

Il y a dans ce genre, à deux milles de Heidelberg, une ravissante vallée, vallée d'archéologue et vallée de rêveur. Quatre vieux châteaux sur quatre bosses de rochers comme quatre vautours qui se regardent; entre ces quatre donjons, une pauvre vieille ville semble s'être réfugiée avec épouvante au sommet d'une montagne conique, où elle se pelotonne dans ses murailles, et d'où elle observe depuis six cents ans l'attitude formidable des châteaux. Le Neckar semble avoir pris fait et cause pour la ville, et il entoure la montagne des bourgeois de son bras d'acier. De vieilles forêts, à cette heure chamarrées de toutes les dorures de l'automne, se penchent de toutes parts sur cette vallée comme dans l'attente d'un combat. Il y a là, parmi les chênaies et les châtaigneraies, de ces grands bois de pins habités par les hiboux et les écureuils. A de certaines heures cet ensemble n'est pas un paysage, c'est une scène, et l'on attend l'heure où les acteurs, cette ville et ces châteaux, cette fourmilière de nains et ces quatre géants pétrifiés, vont reprendre vie et commencer.

Cet admirable lieu s'appelle Neckarsteinach.

De l'un de ces quatre donjons on a fait une métairie, d'un deuxième une maison de plaisance. Les deux autres, qui sont complétement ruinés, dévastés et déserts, m'ont surtout intéressé et fait revenir plusieurs fois.

L'un s'appelait au douzième siècle et s'appelle encore aujourd'hui Schwalbennest, ce qui veut dire le *nid d'hirondelle*. Il est en effet posé en saillie et maçonné, comme par une hirondelle gigantesque, sur une console de rocher, dans la voussure d'un énorme mont de grès rouge.

C'était du temps de Rodolphe de Habsbourg, le manoir d'un effroyable gentilhomme-bandit qu'on nommait Bligger le Fléau. Toute la vallée, de Heilbronn à Heidelberg, était la proie de cet épervier à face humaine.

Comme tous ses pareils, la diète le manda. Bligger n'y alla point.

L'empereur le mit au ban de l'empire. Bligger n'en fit que rire.

La ligue des cent villes envoya ses meilleures troupes et son meilleur capitaine assiéger le Nid-d'Hirondelle. En trois sorties le Fléau extermina les assiégeants.

Ce Bligger était un combattant de stature colossale et qui frappait avec un bras de forgeron.

Enfin le pape l'excommunia, lui et tous ses adhérents.

Quand Bligger entendit lire, au pied de sa muraille, par un des bannerets du saint-empire, la sentence d'excommunication, il haussa les épaules.

Le lendemain, à son réveil, il trouva son burg désert et la porte et la poterne murées. Tous ses hommes d'armes avaient quitté pendant la nuit la citadelle maudite et en avaient muré les issues.

Alors l'un deux, qui s'était caché dans la montagne, sur un rocher d'où le regard plongeait dans l'intérieur du château, vit Bligger le Fléau baisser la tête et marcher à pas lents dans sa cour. Il ne rentra pas un instant dans le donjon, et marcha ainsi jusqu'au soir, seul et faisant sonner les dalles sous son talon d'acier.

Au moment où le soleil se couchait derrière les collines de Neckargemund, le formidable burgrave tomba tout de son long sur le pavé.

Il était mort.

Son fils ne put relever sa famille de l'excommunication qu'en se croisant et en rapportant de la terre sainte la tête du sultan, laquelle figure encore aujourd'hui au milieu de l'écu d'un chevalier de pierre, qui s'appelle Ulrich Landschad, fils de Bligger, et qui dort étendu sur un tombeau dans l'église de Steinach.

Cette famille est aujourd'hui éteinte.

Est-ce que ce n'est pas un belle histoire, Louis, et qui vaut tout aussi bien la peine d'être racontée que les grandes batailles et les mariages des rois? Il faut pourtant ramasser cela dans la mémoire du peuple. Les historiens dédaignent ces détails. Ils disent que c'est petit; moi, je déclare que c'est grand. Ce sont des contes de bonnes femmes, ajoutent-ils; mais est-ce que vous connaissez rien de plus magnifique et de plus terrible que les contes de bonnes femmes? Quant à moi, Homère me paraît si sublime, que je range l'*Iliade* parmi les contes de bonnes femmes.

A ce sujet, Buchanan, que je feuilletais ces jours-ci dans la bibliothèque de Heidelberg, fait un aveu naïf. Voici ce qu'il écrit à propos de Macbeth : *Multa hi fabulose affingunt; sed, quia theatris aut fabulis milesiis sunt aptiora quam historiæ, ea omitto.* Ce que Buchanan met ainsi entre deux parenthèses, c'est Shakspeare.

Le peuple d'ailleurs ne s'y méprend pas. Il aime

le grand, il aime les contes. Il exagère même
volontiers les personnages de ses légendes, et les
place, par le grossissement auguste des détails, au
niveau des grands hommes historiques. La chronique ne se gêne pas plus que l'histoire pour bouleverser toute la nature quand il s'agit de solenniser
un de ses héros. Lorsque le laird écossais Dunwald
assassina, dans le château de Fores, le roi Duff, il
y eut des prodiges, et le soleil se voila comme à la
mort de César.

Tant que les narrateurs de ces grandes choses
s'appellent Hector Boëce ou Hailes's, ce n'est pas de
l'histoire, ce sont des contes. Le jour où ils se nomment Homère, Virgile ou Shakspeare, c'est plus que
de l'histoire, c'est de l'épopée.

Le Schwalbennest a encore aujourd'hui une fière
et sombre mine. C'est un donjon carré dont les
deux angles tournés vers la vallée disparaissent et
s'absorbent sous des tourelles rondes à mâchicoulis; une double circonvallation couverte de lierre
l'enveloppe, et tout ce bloc pend, comme je vous
l'ai dit, accroché au flanc d'une montagne presque
en surplomb sur le Neckar.

J'ai escaladé le sentier, jadis si redoutable, où ont
ruisselé l'huile bouillante, la poix allumée et le
plomb fondu des mâchicoulis. Je suis entré par
cette poterne et par cette porte qui ont été murées,
aujourd'hui larges crevasses qui livrent passage au

premier venu, et avec un clou j'ai gravé ces trois lignes sur une pierre du chambranle de la porte : — *Quand la porte du tombeau s'est fermée sur une famille pour ne plus s'ouvrir, la porte de la maison s'ouvre pour ne plus se fermer.*

L'intérieur du burg est d'un aspect lugubre. Des racines d'arbres soulèvent çà et là ce vieux dallage du douzième siècle où a résonné la colossale armure de Bligger quand le burgrave tomba roide mort sur le pavé. La montagne, pleine de sources, continue de suinter goutte à goutte dans le citerne à demi comblée. Les fraisiers en fleur s'épanouissent entre les dalles. Les pierres des murs, fouettées par la pluie et rongées par la lune, sont piquées de mille trous où des larves de papillons-spectres filent dans l'ombre leur cocon. Aucun pas humain dans cette demeure. Aux fenêtres inaccessibles du donjon apparaissent des châtelaines sauvages, les fougères, qui y agitent leur éventail, et les ciguës, qui y penchent leur parasol. La grande salle, dont le toit et les plafonds se sont effondrés, est encore royalement décorée par treize croisées toutes grandes ouvertes sur la vallée. Au moment où j'y étais le soleil couchant encadrait dans l'une d'elles un Claude Lorrain magnifique.

L'autre donjon n'a pas de nom, n'a pas d'histoire, n'a pas de date pour ainsi dire, n'a presque plus de forme, et est beaucoup plus formidable encore que le Nid-d'Hirondelle.

Si l'on oublie un instant la tour carrée qui le domine encore, ce n'est plus un donjon, ce n'est plus une ruine, ce n'est plus une masure, ce n'est plus un édifice ayant forme humaine (car l'homme imprime la forme à l'édifice); c'est un bloc, une masse caverneuse, un rocher percé comme un poumon de trous et de cæcums; c'est un énorme madrépore que pénètre et que remplit inextricablement de toutes ses antennes, de tous ses pieds, de tous ses doigts, de tous ses cous, de toutes ses spirales, de tous ses becs, de toutes ses trompes, de toutes ses chevelures, la végétation, ce polype effrayant.

Je suis entré là avec beaucoup de peine, en faisant dans les broussailles un bruit de bête fauve.

Ce burg est plus ancien de deux siècles que le Schwalbennest. La tour carrée n'est qu'une baie, une porte du neuvième siècle, au-dessous de laquelle sortent encore des murs, à une hauteur d'environ quarante pieds, les deux consoles à ourlet diamanté qui soutenaient le pont-levis. L'archivolte pleine d'ombre de cette entrée inaccessible est aussi pure que si la pierre était coupée d'hier.

La seule chose, avec la tour carrée, qui ait encore une forme, c'est une grosse tour ronde, aux trois quarts rasée, qui flanquait un des angles du mur, et que j'ai aperçue en montant. Une fois engagé dans les antres 'dédaléens du château écroulé, j'ai eu quelque peine à la retrouver. Enfin j'ai avisé entre deux touffes de ronces l'embouchure étroite d'un couloir. Je m'y suis glissé, et je suis [parvenu ainsi dans un petit carrefour singulier : c'étaient quatre cellules oblongues, voûtées, basses, rayonnant vers quatre points différents de la vallée, terminées chacune par une meurtrière, et partant toutes les quatre de l'extrémité du corridor où j'étais entré. Figurez-vous le dedans du moule où l'on aurait fondu le pied d'un aigle colossal. Ces quatre cellules étaient des embrasures d'onagres ou de fauconneaux. Du point où j'étais, le burgrave pouvait voir à la fois, par la première meurtrière, à sa droite, le revers de la montagne; par la seconde, en face de lui, le Schwalbennest; par la troisième, la ville groupée sur la colline; et, par la quatrième, à sa gauche, les deux autres châteaux de la vallée. Cette serre d'aigle, qui avait pour ongles quatre machines de guerre, était l'intérieur de la tour ronde.

Entre les quatre embrasures tout était granit cimenté et maçonnerie massive. J'ai dessiné le Schwalbennest vu par la meurtrière.

Au printemps, cette ruine, changée en un prodigieux bouquet de fleurs, doit être charmante.

Du reste, personne ne sait rien sur le burg. Il

n'a pas même sa légende et son spectre. Les générations d'hommes qui l'ont habité y sont entrées tour à tour comme dans une caverne sans fond, et l'ombre d'aucune n'en est ressortie.

Comme j'y étais arrivé au coucher du soleil, la nuit est venue pendant que j'y étais encore. Alors cette masure-broussaille s'est remplie peu à peu d'un bruit étrange. Cher Louis, si jamais on vous parle du silence des ruines la nuit, exceptez, je vous prie, le burg sans nom de Neckarsteinach. Je n'ai de ma vie entendu vacarme pareil. Vous savez cet adorable tumulte qui éclate dans une futaie, en avril, au soleil levant : de chaque feuille jaillit une note, de chaque arbre une mélodie; la fauvette gazouille, le ramier roucoule, le chardonneret fredonne, le moineau, ce joyeux fifre, siffle gaiement à travers le tutti. Le bois est un orchestre. Toutes ces voix qui ont des ailes chantent à la fois et répandent sur les collines et les prairies la symphonie mystérieuse du grand musicien invisible. Dans le burg sans nom, au crépuscule, c'est la même chose, devenue horrible. Tous les monstres de l'ombre se réveillent et commencent à fourmiller. Le vespertilio bat de l'aile, l'araignée cogne le mur avec son manteau, le crapaud agite sa hideuse crécelle. Je ne sais quelle vie venimeuse et funèbre rampe entre les pierres, entre les herbes, entre les branches. Et puis, des grondements sourds, des frappements bizarres, des glapissements, des crépitations sous les feuilles, des soupirs faibles qu'on entend tout près de soi, des gémissements inconnus, les êtres difformes exhalant les bruits lugubres, ce qu'on n'entend jamais hurlé ou murmuré par ce qu'on ne voit jamais. Par moments des cris affreux sortent tout à coup des chambres démantelées et désertes ; ce sont les chats-huants qui se plaignent comme des mourants. Dans d'autres instants on croit entendre marcher dans le taillis à quelques pas de soi ; ce sont des branchages fatigués qui se déplacent d'eux-mêmes. Deux charbons ardents, tombés on ne sait de quelle fournaise, brillent dans l'ombre au milieu des ronces : c'est une chouette qui vous regarde.

Je me suis hâté de m'en aller, assez mal à mon aise, ne sachant où poser mes mains dans les ténèbres et tâtonnant à travers les pierres du bout de ma canne. Je vous assure que j'ai eu un mouvement de joie lorsqu'au sortir de la sombre et impénétrable voûte de végétation qui ferme et enveloppe la ruine, le ciel bleu, vague, étoilé et splendide m'est apparu comme une immense vasque de lapis-lazuli pailleté d'or, dans un écartement de montagnes.

Il me semblait que je sortais d'une tombe et que je revoyais la vie.

Le soir, après ces expéditions, je regagne la ville.

Je rencontre en chemin des troupes d'étudiants de cette grande université de Heidelberg, nobles et graves jeunes hommes dont le visage pense déjà. La route longe le Neckar. La cloche de l'abbaye de Neubourg tinte par intervalles dans le lointain. Les collines jettent leurs grandes ombres sur la rivière; l'eau étincelle au clair de lune avec le frissonnement du papillon d'argent; de longues barques sombres passent dans les rapides comme des flèches, ou bien il n'y a ni bateaux, ni passants, ni maisons, la vallée est muette, la rivière est déserte, et les rochers surgissent pêle-mêle au milieu des courants avec des formes de crocodiles et de grenouilles géantes qui viennent respirer le soir à fleur d'eau.

Puisque je suis en train de soleils couchants, de crépuscules et de clairs de lune, il faut que je vous raconte ma soirée d'avant-hier. Pour moi, vous le savez, ces grands aspects ne sont jamais la « même chose », et je ne me crois pas dispensé de regarder le ciel aujourd'hui parce que je l'ai vu hier. Je continue donc ma causerie.

Comme le jour déclinait, j'étais monté, par une belle châtaigneraie qui domine le château de Heidelberg, sur une haute colline qu'on appelle le petit Geissberg. Il y avait là, au douzième siècle, une forteresse bâtie par Conrad de Hohenstauffen, comte du saint-empire, duc des Francs et beau-frère de l'empereur Barberousse. Des débris de cette forteresse, incendiée en 1278 en même temps que la ville de Heidelberg, les Suédois firent en 1633 un retranchement en pierres sèches; et, de nos jours, du retranchement de Gustave-Adolphe, un paysan a fait la clôture de son champ de pommes de terre.

La plaine du Rhin, vue du petit Geissberg, est comme l'Océan vu de la falaise de Bois-Rosé. L'horizon est immense. Mannheim, Philippsburg, les hauts clochers de Spire, une foule de villages, des forêts, des plaines sans fin, le Rhin, le Neckar, d'innombrables îles, au fond les Vosges.

A droite, sur le Heiligenberg, croupe boisée qu'on appelait, il y a deux mille ans, le *mons Pirus*, et, il y a mille ans, le *mons Abrahæ*, des ruines qu'on aperçoit racontent la même histoire que les ruines du donjon de Conrad sur le Geissberg. Les Romains avaient érigé là un temple à Jupiter et un temple à Mercure; des débris de ces deux temples, Clovis, après la bataille de Tolbiac, en 495, bâtit un palais que les rois francs habitèrent. Quatre cents ans plus tard, sous Louis le Germanique, Théodroch, abbé de Lorges, édifia une église avec les démolitions du palais de Clovis. En 1622, les Impériaux, commandés par le comte de Tilly, s'emparèrent de Heiligenberg, jetèrent bas l'abbaye romaine de Théodroch, et construisirent, avec les décombres, des batteries et des épaulements sur la crête de la montagne. Aujourd'hui, avec ces pierres qui ont été un temple à Jupiter, un palais des rois francs, une église catholique, une batterie impériale, les paysans des villages voisins font des cabanes.

Je m'étais assis au haut du Geissberg, à côté d'un chèvrefeuille sauvage encore en fleurs, sur une pierre posée là pendant la guerre de Trente ans. Le soleil avait disparu. Je contemplais ce magnifique paysage. Quelques nuées fuyaient vers l'orient. Le couchant posait sur les Vosges violettes ses longues bandelettes peintes des couleurs du spectre solaire. Une étoile brillait au plus clair du ciel.

Il me semblait que tous ces hommes, tous ces fantômes, toutes ces ombres qui avaient passé depuis deux mille ans dans ces montagnes, Attila, Clovis, Conrad, Barberousse, Frédéric le Victorieux, Gustave-Adolphe, Turenne, Custine, s'y dressaient encore derrière moi et regardaient comme moi ce splendide horizon. J'avais sous mes pieds les Hohenstauffen en ruine, à ma droite les Romains en ruine, au-dessous de moi, penchant sur le précipice, les palatins en ruine; au fond, dans la brume, une pauvre église bâtie par les catholiques au quinzième siècle, envahie par les protestants au seizième, aujourd'hui partagée par une cloison entre les protestants et les catholiques, c'est-à-dire, aux yeux de Rome, mi-partie de paradis et d'enfer, profanée, détruite; autour de cette église, une chétive ville quatre fois incendiée, trois fois bombardée, saccagée, relevée, dévastée et rebâtie; hier résidence princière, aujourd'hui université et manufacture, école et atelier, cité de bacheliers et d'ouvriers, c'est-à-dire fourmilière d'enfants étudiant les ténèbres et d'hommes travaillant le néant; devant moi, dans l'espace, j'avais les fleuves toujours de nacre, le ciel toujours de saphir, les nuages toujours de pourpre, les astres toujours de diamant; à côté de moi les fleurs toujours parfumées, le vent toujours joyeux, les arbres toujours frissonnants et jeunes. En ce moment-là, j'ai senti dans toute leur immensité la petitesse de l'homme et la grandeur de Dieu, et il m'est venu un de ces éblouissements de la nature que doivent avoir, dans leur contemplation profonde, ces aigles qu'on aperçoit le soir immobiles au sommet des Alpes ou de l'Atlas.

Vous savez, Louis, sur les hauts lieux, dans les moments solennels, il y a une marée montante d'idées qui vous envahit peu à peu et qui submerge presque l'intelligence. Vous dire tout ce qui a passé et repassé dans mon esprit pendant ces deux ou trois heures de rêverie sur le Geissberg, ce serait impossible.

Il y a quatre mille ans, cette vaste campagne, qu'on voit du sommet du Geissberg s'ouvrir comme une mer, était un lac en effet, un immense lac qui battait tout ce grand cirque de montagnes, le mont Tonnerre, le Taunus, le Mélibocus, le mont Pirus et les Vosges. Le Rhin, comme le Niagara, descendait de lac en lac à l'Océan. Une ancienne tradition raconte qu'un nécromant, pris par un roi, dessécha ce lac pour obtenir sa liberté. Ce magicien prisonnier, c'était le Rhin captif qui rongea la barrière occidentale du lac afin de pouvoir s'engouffrer plus largement entre la double chaîne de volcans éteints qui commence au Taunus et finit aux Sept-Monts. Depuis lors, le lac s'est changé en plaine, les hommes ont succédé aux flots et les donjons aux écueils.

Je viens de vous dire quelques-uns des grands fantômes historiques qui ont traversé cette plaine depuis vingt siècles. César a été le premier, Bonaparte le dernier.

Il y a des villes sur lesquelles, à de certaines époques presque périodiques, par une sorte de fatalité locale qui est dans l'air ambiant, par la combinaison de leur situation géographique avec leur valeur politique, il se forme des nœuds d'événements comme il se forme des nœuds de nuages sur les hautes montagnes.

Heidelberg est une de ces villes.

Pour ne vous parler que de son château (car il faut bien que je vienne à vous en entretenir, et j'aurais dû commencer par là), que d'aventures n'a-t-il pas eues? Pendant cinq cents ans il a reçu le contre-coup de tout ce qui a ébranlé l'Europe, et il a fini par en crouler. Cela tient, il est vrai, à ce que le château de Heidelberg, résidence du comte palatin, lequel n'avait au-dessus de lui que les rois, les empereurs et les papes, et, trop grand pour rester courbé sous leurs pieds, ne pouvait relever la tête qu'en les heurtant; cela tient, dis-je, à ce que le château de Heidelberg a toujours eu je ne sais quelle attitude d'opposition aux puissances. Dès 1300, époque de sa fondation, il commence par une Thébaïde : il a dans le palatin Rodolphe et l'empereur Louis, ces deux frères dénaturés, son Étéocle et son Polynice. Puis l'électeur va grandissant. En 1400, le palatin Rupert II, assisté des trois électeurs du Rhin, dépose l'empereur Wencelsas et prend sa place; cent vingt ans plus tard, en 1519, le palatin Frédéric II fera du jeune roi Charles Ier d'Espagne l'empereur Charles-Quint. En 1415, le comte Louis le Barbu se déclare protecteur du concile de Constance, et emprisonne dans son château de Heidelberg un pape, Jean XXIII, qu'il appelle, dans une lettre à l'empereur, *votre simoniaque Balthazar Kossa*. Un siècle après, Luther se réfugie à Mannheim, près de ce même Heidelberg, à l'ombre du palatin Frédéric. J'omets ici à dessein, pour vous en parler plus au long dans un instant, Frédéric le Victorieux, le grand Titan de Heidelberg. En 1619, Frédéric V, un jeune homme, saisit la couronne royale de Bohême malgré l'empereur, et, en 1687, le palatin Philippe-Guillaume, un vieillard, prend le chapeau d'électeur malgré le roi de France. De là, pour Heidelberg, des luttes, des secousses, des commotions sans fin, la guerre de Trente ans, qui est la gloire de Gustave-Adolphe; la guerre du Palatinat, qui est la tache de Turenne. Toutes les choses formidables ont frappé ce château. Trois empereurs, Louis de Bavière, Adolphe de Nassau et Léopold d'Autriche l'ont assiégé; Pie II y a lancé l'excommunication; Louis XIV y a lancé la foudre.

On pourrait même dire que le ciel s'en est mêlé. Le 23 juin 1764, la veille du jour où Charles-Théodore devait venir habiter le château et y fixer sa résidence (ce qui, soit en dit en passant, eût été un grand malheur; car, si Charles-Théodore avait passé là sa trentaine d'années, la sévère ruine que nous admirons aujourd'hui serait, sans aucun doute, incrustée d'un affreux damasquinage Pompadour); la veille de ce jour donc, comme les meubles du prince étaient déjà déposés à la porte, dans l'église du Saint-Esprit, le feu du ciel tomba sur la tour octogone, incendia la toiture, et acheva de détruire en quelques heures ce château de cinq siècles. Déjà deux cents ans auparavant, en 1537, l'ancien palais bâti par Conrad sur le Geissberg et converti par Frédéric II en magasin à poudre avait été touché par un éclair et avait sauté. Chose remarquable, le même dénoûment a frappé les deux châteaux de Heidelberg, le donjon des Hohenstauffen et le manoir des palatins. Ils ont fini l'un et l'autre comme le songe de la tragédie, *par un coup de tonnerre.*

Cette jalousie, sourde et voilée, dont je vous parlais tout à l'heure, de l'électeur contre l'empereur, du comte souverain contre le César, se traduit et éclate visiblement jusque sur les façades du château. Sur le palais d'Othon-Henri, l'artiste, plein de l'esprit du prince, a mis des médaillons d'empereurs romains. Parmi ces Césars il a étalé Néron et glissé Brutus. Il a subordonné la composition de ses trois étages à quatre statues posées fièrement au rez-de-chaussée. Ces quatre statues sont des symboles; ce sont des demi-dieux et des demi-rois. C'est Josué, c'est Samson, c'est Hercule, c'est David. Dans David il n'a pas choisi le roi, mais le berger. Chaque statue a au-dessous d'elle son inscription qui achève d'expliquer la pensée hau-

Le château de Heidelberg.

taine du palatin. Sous les pieds de Josué, on lit :

> LE DUC JOSUÉ (HERZOG JOSHUA)
> PAR L'AIDE DE DIEU
> A FAIT PÉRIR
> TRENTE ET UN ROIS.

Samson, dans sa légende, devient presque un électeur palatin :

> SAMSON LE FORT
> ÉTAIT LE LIEUTENANT DE DIEU
> ET GOUVERNA ISRAËL
> DURANT VINGT ANS.

Hercule, c'est Frédéric II, qui dit, après avoir sauvé deux fois l'Allemagne et battu les Turcs à la tête de l'armée de la confédération germanique :

> JE SUIS HERCULE
> FILS DE JUPITER
> CONNU PAR MES NOBLES TRAVAUX
> BIEN CONNU.

David enfin, le berger David, qui tient sa fronde d'une main et la tête du géant de l'autre, c'est l'usurpateur légitimé par la gloire, Frédéric le Victorieux, qui semble dire à l'empereur Adolphe :

> DAVID ÉTAIT UN JEUNE GARÇON
> COURAGEUX ET PRUDENT
> A L'INSOLENT GOLIATH
> IL A TRANCHÉ LA TÊTE.

Goliath n'avait qu'à se tenir pour averti.

C'était, en effet, un grand et formidable prince que l'électeur palatin. Il tenait parmi les électeurs-ducs le même rang que l'archevêque de Mayence parmi les électeurs-évêques. Il portait le globe du saint-empire dans les solennités germaniques. Depuis Charles-Quint, il le joignait à ses armes.

Les comtes palatins étaient volontiers lettrés, ce qui est l'ornement et la coquetterie des vrais princes. Au quatorzième siècle, Rupert l'Ancien fondait l'université de Heidelberg; au dix-septième, le palatin Charles était docteur de l'université d'Oxford. Othon le Magnanime dessinait et sculptait. Il est vrai que Othon-Henri appartient à cet admirable seizième siècle qui confondait dans une vie commune le prince et l'artiste sur ses sommets éblouissants. Charles-Quint ramassait le pinceau de Titien. François Ier, comme plus tard Charles IX, faisait des vers, peignait et dessinait. *Molte volte,* dit Paul Lamozzo, *si dilettava di prendere lo stilo in mano e esercitarsi nel disegnare e dipingere.*

C'était aussi un prince lettré, grâce à son vieux maître Mathias Kemnat, que ce Frédéric le Victorieux, qui fut, pour ainsi dire, au quinzième siècle, le jumeau de Charles le Téméraire, et dont le vaillant duc de Bourgogne préféra l'amitié au titre de roi. L'histoire n'a pas de figure plus fière. Il débute par l'usurpation, car son pays avait besoin d'un homme, et non d'un enfant. Il défend le Palatinat contre l'empereur, et l'archevêque de Mayence contre le pape; il se fait excommunier trois fois; il bat la ligue des treize princes; il prête mainforte à la hanse rhénane; il tient tête à toute l'Allemagne; il gagne les batailles de Pfeddersheim et de Sekenheim; il donne au margrave Charles de Bade, à l'évêque Georges de Metz, au comte Ulrich de Wurtemberg, et aux cent vingt-trois chevaliers ses prisonniers, le fameux *repas sans pain;* il déclare la guerre aux burgraves-bandits et en purge le Neckar comme Barberousse et Rodolphe de Habsbourg en avaient purgé le Rhin; enfin, après avoir vécu dans un camp, il meurt dans un cloître : vie qui sera plus tard celle du grand Frédéric; mort qui sera plus tard celle de Charles-Quint.

Héros à double profil dans lequel la Providence ébauchait d'avance ces deux grands hommes.

Vu à vol d'oiseau, le château de Heidelberg présente à peu près la forme d'une F, comme si le hasard avait voulu faire du magnifique manoir la gigantesque initiale de ce victorieux Frédéric, son plus illustre habitant.

Le grand jambage de l'F est parallèle au Neckar et regarde la ville, que le château domine à mi-côte. Le grand bras, qui part à angle droit de l'extrémité supérieure du jambage, s'étend au-dessus d'un vallon qui le sépare des montagnes de l'est.

Le petit bras du milieu, raccourci encore par les ruines qui le terminent, fermait le château à l'ouest du côté des plaines du Rhin, et tournait vers le mont Geissberg les tours qu'il semble tenir encore dans son poignet brisé.

Il y a de tout dans le manoir de Heidelberg. C'est un de ces édifices où s'accumulent et se mêlent les beautés éparses ailleurs. Il y a des tours entaillées comme à Pierrefonds, des façades-bijoux comme à Anet, des moitiés de douves tombées d'un seul morceau dans le fossé comme au Rheinfels, de larges bassins tristes, croulants et moussus, comme à la villa Pamfili, des cheminées de rois pleines de ronces comme à Meung-sur-Loire, de la grandeur comme à Tancarville, de la grâce comme à Chambord, de la terreur comme à Chillon.

Les traces des assauts et de la guerre sont là partout. Vous ne pouvez vous figurer avec quelle furie les Français en particulier ont ravagé ce château de 1689 à 1693. Ils y sont revenus à trois ou quatre reprises. Ils ont fait jouer la mine sous les terrasses et dans les entrailles des maîtresses tours; ils ont mis le feu aux toitures; ils ont fait éclater des bombes à travers les Dianes et les Vénus des plus délicates façades. J'ai vu des traces de boulets dans les chambranles de ces ravissantes fenêtres du rez-de-chaussée de la salle des Chevaliers par où sautait la palatine afin de tâcher de *devenir homme*. Cette même palatine, si spirituelle, si méchante et si désespérée d'être fille, a été plus tard la cause de la guerre. Chose bizarre, il y a des villes qui ont été perdues par des femmes qui étaient des merveilles de beauté; ce miracle de laideur a perdu Heidelberg.

Pourtant, quelle que soit la dévastation, lorsqu'on monte au château par les rampes, les voûtes et les terrasses qui y conduisent, on regrette que le grand côté tourné vers la ville, bien qu'admirablement composé, à son extrémité ouest, d'une tour éventrée qui a été la grosse tour; à son extrémité orientale, d'une belle tour octogone qui a été la tour de la Cloche; et, à son centre, d'un hôtel à deux pignons, dans le style de 1600, qui a été le palais de Frédéric IV; on regrette, dis-je, que tout ce grand côté ait quelque monotonie. J'avoue que j'y désirerais une ou deux brèches. Si j'avais eu l'honneur d'accompagner M. le maréchal de Lorges dans sa sauvage exécution de 1693, je lui aurais conseillé quelques volées de canon qui eussent donné plus de mouvement à la ligne de la grande façade. Quand on fait une ruine, il faut la bien faire.

Vous vous rappelez cet admirable château de Blois, si stupidement *utilisé* en caserne, dont la cour intérieure a quatre façades qui racontent chacune l'histoire d'une grande architecture. Eh bien, lorsqu'on entre dans la cour intérieure des palatins, l'impression n'est pas moins profonde ni moins compliquée. On est ébloui. On est tenté de fermer les yeux comme on est tenté de se boucher les oreilles devant les *Noces* de Paul Véronèse. Il semble qu'il y a dans cette cour un immense rayonnement qui vient de tous les côtés à la fois. Tout vous sollicite et vous réclame. Si l'on est tourné vers le palais de Frédéric IV, on a devant soi les deux hauts frontons triangulaires de cette façade touffue et sombre, à entablements largement projetés, où se dressent, entre quatre rangs de fenêtres, taillés du ciseau le plus fier, neuf palatins, deux rois et cinq empereurs[1]. A sa droite on a l'exquise devanture italienne d'Othon-Henri avec ses divinités, ses chimères et ses nymphes qui vivent et qui respirent, veloutées par de molles ombres poudreuses, avec ses Césars romains, ses demi-dieux grecs, ses héros hébreux, et son porche qui est de l'Arioste sculpté. A sa gauche on entrevoit

---

[1] Premier rang à partir du haut du palais : Charlemagne, empereur; Othon de Wittelsbach, palatin de Bavière; Louis, duc de Bavière et premier comte palatin du Rhin; Rodolphe Ier, palatin. Deuxième rang : Louis de Bavière, empereur; Rupert II, empereur; Othon, roi de Hongrie; Christophe, roi de Danemark. Troisième rang : Rupert l'Ancien, palatin; Frédéric le Victorieux, palatin; Frédéric II, palatin; Othon-Henri, palatin. Quatrième rang : quatre palatins, Frédéric le Pieux, Louis, Jean-Casimir et Frédéric IV, constructeur du palais.

La maison palatine remontait, par les femmes, à Charlemagne.

le frontispice gothique du palais de Louis le Barbu, furieusement troué et crevassé comme par les coups de cornes d'un taureau gigantesque. Derrière soi, sous les ogives d'un porche où s'abrite un puits à demi comblé, on a les quatre colonnes de granit gris données par le pape au grand empereur d'Aix-la-Chapelle, qui vinrent au huitième siècle de Ravenne aux bords du Rhin et au quinzième des bords du Rhin aux bords du Neckar, et qui, après avoir vu tomber le palais de Charlemagne à Ingelheim, regardent crouler le château des palatins à Heidelberg.

Tout le pavé de la cour est obstrué de perrons en ruine, de fontaines taries, de vasques ébréchées. Partout la pierre se fend et l'ortie se fait jour.

Les deux façades de la renaissance qui donnent tant de splendeur à cette cour sont en grès rouge et les statues qui les couvrent sont en grès blanc, admirable combinaison qui prouve que ces grands sculpteurs étaient aussi de grands coloristes. Avec le temps, le grès rouge s'est rouillé et le grès blanc s'est doré. De ces deux facades, l'une, celle de Frédéric IV, est toute sévère; l'autre, celle d'Othon-Henri, est toute charmante. La première est historique, la seconde est fabuleuse. Charlemagne domine l'une, Jupiter domine l'autre.

Plus on contemple ces deux palais juxtaposés,

plus on pénètre dans leurs merveilleux détails, plus la tristesse vous gagne. Étrange destinée des chefs-d'œuvre de marbre et de pierre! un stupide passant les défigure, un absurde boulet les anéantit; et ce ne sont pas les artistes, ce sont les rois qui y attachent leurs noms. Personne ne sait aujourd'hui comment s'appelaient les divins hommes qui ont bâti et sculpté la muraille de Heidelberg. Il y a là de la renommée pour dix grands artistes qui flotte au-dessus de cette illustre ruine sans pouvoir se fixer sur des noms. Un Boccador inconnu a inventé le palais de Frédéric IV; un Primatice ignoré a composé la façade d'Othon-Henri; un César Césariano perdu dans l'ombre a dessiné les pures ogives à triangle équilatéral du manoir de Louis V. Voici des arabesques de Raphaël, voici des figurines de Benvenuto. Les ténèbres couvrent tout cela. Bientôt ces poëmes de marbre mourront, les poëtes sont déjà morts. Ne le pensez-vous pas, Louis? le plus amer des dénis de justice, c'est le déni de gloire, c'est l'oubli.

Pour qui ont-ils donc travaillé, ces admirables hommes? Hélas! pour le vent qui souffle, pour l'herbe qui pousse, pour le lierre qui vient comparer ses feuillages aux leurs, pour l'hirondelle qui passe, pour la pluie qui tombe, pour la nuit qui descend.

Une chose singulière, c'est que les trois ou

Intérieur du château de Heidelberg.

LE RHIN.

quatre bombardements qui ont labouré ces deux
façades ne les ont pas ravagées toutes les deux de
la même manière. Sur le frontispice d'Othon-Henri,
ils n'ont guère brisé que des corniches ou des architraves. Les Olympiens immortels qui l'habitent
n'ont pas souffert. Ni Hercule, ni Minerve, ni
Hébé, n'ont été touchés. Les boulets et les pots-à-
feu se sont croisés, sans les atteindre, autour de ces
statues invulnérables. Tout au contraire, les seize
chevaliers couronnés qui ont des têtes de lions
pour genouillères et qui font si vaillante contenance sur le palais de Frédéric IV, ont été traités
par les bombes en gens de guerre. Presque tous
ont été blessés. Othon l'empereur a été balafré
au visage; Othon le roi de Hongrie a eu la jambe
gauche fracassée; Othon-Henri le palatin a eu
la main emportée. Une balle a défiguré Frédéric
le Pieux. Un éclat de bombe a coupé en deux Frédéric II, et a cassé les reins à Jean-Casimir. Dans
ces assauts, celui qui commence en haut, près du
ciel, cette royale série de statues, Charlemagne, a
perdu son globe, et celui qui la termine en bas,
Frédéric IV, a perdu son sceptre.

Du reste, rien de plus superbe que cette légion
de princes, tous mutilés et tous debout. La colère de Léopold Ier et de Louis XIV; le tonnerre,
cette colère du ciel; la révolution française, cette
colère des peuples, eut beau les assaillir : tous,

sont là encore, défendant leur façade, le poing sur la hanche, la jambe tendue, le talon solide, la tête haute. Le lion de Bavière fait sous leurs pieds sa fière grimace de lion. Au second étage, au-dessous d'un rameau vert qui a percé l'architrave et qui joue gracieusement avec les plumes de pierre de son casque, Frédéric le Victorieux tire à demi son épée. Le sculpteur a mis dans ce visage je ne sais quel air d'Ajax offrant le combat à Jupiter, ou de Nemrod lançant sa flèche à Jéhovah.

Ce dut être un merveilleux spectacle que ces deux palais d'Othon-Henri et de Frédéric IV vus à la lueur du bombardement dans la fatale nuit du 21 mai 1693. M. de Lorges avait posé une batterie dans la plaine, devant le village de Neuenheim, une autre sur le Heiligenberg, une troisième sur le chemin de Wolfsbrunn, une quatrième sur le petit Geissberg. De ces quatre points opposés, les mortiers, entourant Heidelberg comme un cercle d'affreuses hydres, plongeaient sans relâche et de tous les côtés à la fois leurs longs cous de flamme dans la cour du château; les obus fouillaient le pavé de leur crâne de fer; les boulets ramés et les boulets rouges passaient parmi des traînées de feu, et à cette clarté se dessinaient sur la façade de Frédéric IV, dans leur posture de combat, les colosses des palatins et des empereurs, cuirassés comme des scarabées, l'épée à la main, tumultueux et terribles; tandis qu'à côté d'eux, sur l'autre façade, nus, sereins et tranquilles, vaguement éclairés par le reflet des grenades, les dieux rayonnants et les déesses rougissantes souriaient sous cette pluie de bombes.

Parmi ces figures royales, qui semblent être plutôt des âmes pétrifiées que des statues, deux seulement m'ont paru avoir perdu quelque chose de leur fierté; c'est Louis V et Frédéric V. Il est vrai qu'ils ne font pas partie de l'éclatante constellation de princes semée sur le palais de Frédéric IV. Ils sont adossés dans l'ombre à cette ruine qui a été la grosse tour.

Frédéric V est profondément accablé; il semble qu'il songe à la faute qui a fait sa destinée. La couronne de Bohême, retirée par les Bohémiens du front de Ferdinand d'Autriche, avait été proposée par eux à l'électeur de Saxe, qui la refusa; puis à Charles-Emmanuel, duc de Savoie, qui la refusa; puis à Christiern IV, roi de Danemark, qui la refusa; ils l'offrirent enfin au palatin Frédéric V, qui, conseillé par sa femme, prit cette couronne des deux mains. Il se fit couronner à Prague en 1619; puis la guerre éclata, et il alla mourir, errant et banni par les événements qu'il avait faits, loin de son pays. Sa femme était Élisabeth d'Angleterre, petite-fille de Marie Stuart.

Elle avait apporté en dot à son mari la fatalité de sa famille. Ce n'était pas Élisabeth qui épousait un trône, c'était Frédéric V qui épousait l'exil.

Frédéric V, dans la niche obscure où une broussaille le cache presque entièrement, a encore sur la tête cette couronne de Bohême, d'où la guerre de Trente ans est sortie; mais il n'a plus les deux mains qui l'avaient saisie. Chose étrange, une bombe suédoise les lui a coupées.

Louis V, qui l'avoisine, n'est pas moins sombre. On dirait qu'il sait qu'il n'y a plus de gardes dans la place d'armes, que la *tour Jamais-vide* est vide, qu'il n'y a plus de prêtres dans la chapelle, qu'il n'y a plus de lions dans la tour du Géant, qu'il n'y a plus d'électeurs en Allemagne, qu'il n'y a plus de palatins à Heidelberg, et que sa *grosse tour*, qu'il avait faite, après le donjon de Bourges, la plus haute tour de l'Europe, pend écroulée derrière lui. Il regarde tristement le lierre qui avance peu à peu sur son visage.

Cette grosse tour avait un pendant à l'autre extrémité de ce palais-forteresse. C'était la *tour de Frédéric le Victorieux*.

Vers 1455, Frédéric Ier, voulant rendre son château inexpugnable, fit élever une forte tour au-dessus du petit vallon qui le sépare des montagnes au levant. Cette tour était haute de quatre-vingts pieds, bâtie en granit et fermée de portes de fer.

Le côté de sa muraille qui regardait l'ennemi avait vingt pieds de large. Frédéric fit placer dans l'intérieur trois formidables batteries superposées, et scella dans les voûtes, pour la manœuvre des engins, d'énormes anneaux de fer qui y pendent encore. En 1610, son arrière-petit-neveu Frédéric IV exhaussa encore cette immense tour d'un grand étage octogone. — Quand cette prodigieuse construction fut terminée et complète, le pouce du roi de France irrité se posa dessus et la fit éclater comme une noix.

Aujourd'hui la *tour de Frédéric le Victorieux* s'appelle la *tour Fendue.*

Une moitié de ce colossal cylindre de maçonnerie gît dans le fossé. D'autres blocs lézardés se détachent du sommet et auraient croulé depuis longtemps; mais des arbres monstrueux les ont saisis dans leurs griffes puissantes et les retiennent suspendus au-dessus de l'abîme.

A quelques pas de cette ruine effrayante, le hasard a jeté une ruine ravissante; c'est l'intérieur de ce palais d'Othon-Henri dont jusqu'ici, cher Louis, je ne vous ai montré que la façade. Il y a là, debout, ouvertes, livrées au premier venu, sous le soleil et sous la 'pluie, sous la neige et sous le vent, sans voûte, sans lambris, sans toit, percées comme au hasard dans des murs démantelés, douze portes de la renaissance, douze joyaux d'orfévrerie, douze chefs-d'œuvre, douze idylles de pierre, auxquels se mêle, comme sortie des mêmes racines, une admirable et charmante forêt de fleurs sauvages dignes des palatins, *consule digna*. Je ne saurais vous dire ce qu'il y a d'inexprimable dans ce mélange de l'art et de la réalité; c'est à la fois une lutte et une harmonie. La nature, qui rivalise avec Beethoven, rivalise aussi avec Jean Goujon. Les arabesques font des broussailles, les broussailles font des arabesques. On ne sait laquelle choisir et laquelle admirer le plus, de la feuille vivante ou de la feuille sculptée.

Quant à moi, cette ruine m'a paru pleine d'un ordre divin. Il me semble que ce palais, bâti par les fées de la renaissance, est maintenant dans son état naturel. Toutes ces merveilleuses fantaisies de l'art libre et farouche devaient être mal à l'aise dans ces salles quand on y signait la paix ou la guerre, quand de sombres princes y rêvaient, quand on y mariait des reines, quand on y ébauchait des empereurs d'Allemagne. Est-ce que ces Vertumnes, ces Pomones et ces Ganymèdes pouvaient comprendre quelque chose aux idées qu'ils voyaient sortir de la tête de Frédéric IV ou V, par la grâce de Dieu, comme palatin du Rhin, vicaire du saint-empire romain, électeur, duc de haute et basse Bavière? Un grand seigneur couchait dans cette chambre avec une fille de roi sous un baldaquin ducal; maintenant il n'y a plus ni seigneur, ni fille de roi, ni baldaquin, ni plafond dans cette chambre; le liseron l'habite et la menthe sauvage la parfume. C'est bien. C'est mieux. Ces adorables sculptures ont été faites pour être baisées par les fleurs et regardées par les étoiles.

La nature, juste et sainte, fait fête à cette œuvre dont les hommes ont oublié l'ouvrier.

Outre une quantité innombrable de bassins, de grottes et de fontaines, de pavillons et d'arcs de triomphe, outre la chapelle consacrée à saint Udalrich, et érigée par Jules III en première chapelle de l'Allemagne;

Outre la grande place d'armes,

Les deux arsenaux,

Le jeu de balles de l'électeur Charles,

La ménagerie des lions,

La volière,

La maison des oiseaux,

La maison du plumage,

La grande chancellerie,

L'hôtel des monnaies, flanqué de quatre tourelles,

Le château de Heidelberg contenait et soudait, dans sa magnifique unité, huit palais de huit princes et de huit époques différentes :

Un du quatorzième siècle, le palais du pfalzgraf Rodolphe Ier;

Un du quinzième siècle, le palais de l'empereur Rupert ;

Trois du seizième : le palais de Louis V, le palais de Frédéric II, et le palais d'Othon-Henri ;

Trois du dix-septième : le palais de Frédéric IV, le palais de Frédéric V, et le palais d'Élisabeth.

Sa ruine se compose aujourd'hui de toutes ces ruines.

Sans compter les tourelles, les gloriettes et les lanternes-escaliers du dedans, il y avait neuf tours extérieures :

La tour Charles,

La Rondelle,

La grosse tour,

La tour de Frédéric le Victorieux,

La tour Jamais-vide,

La tour de communication,

La tour du Géant,

La tour octogone,

Et cette tour de la Librairie qui a renfermé la *bibliothèque palatine* du Vatican, et dont en 1622 les manuscrits grecs et les missels byzantins servirent de litière, faute de paille, aux chevaux de l'armée impériale.

Cinq de ces tours subsistent encore :

La tour de la Librairie,

La tour octogone,

La grosse tour,

La tour Fendue,

Et la tour du Géant, la seule qui soit carrée.

Bizarre destinée! Ce prodigieux palais, qui a été le théâtre des fêtes et des guerres, qui a été la demeure des comtes du Rhin et des ducs de Bavière, des rois de Bohême et des empereurs d'Allemagne, n'est plus aujourd'hui que l'enveloppe compliquée d'un tonneau.

Le souterrain de Tournus est une église, le souterrain de Saint-Denis est un sépulcre, le souterrain de Heidelberg est une cave.

Quand on a traversé ces décombres grandioses, cet écroulement épique, ces salles d'armes démolies, ces palais pleins de mousses, de ronces, d'ombre et d'oubli, ces tours qui ont chancelé comme des hommes ivres et qui sont tombées comme des hommes morts, ces vastes cours où, il y a deux cents ans à peine, le lansquenet se tenait debout sur le perron, la pique haute, tout ce grand édifice et toute cette grande histoire, un homme vient à vous avec une lanterne, vous ouvre une porte basse, vous montre un escalier sombre, et vous fait signe de descendre. On descend, la voûte est obscure, la crypte est recueillie. Les soupiraux jettent un demi-jour religieux, on s'attend aux tombeaux des palatins, on trouve une grosse tonne, une fantaisie pantagruélique, un trône pour un Ramponneau colossal. Quand on aperçoit cette chose étrange, on croit entendre dans les ténèbres de cette ruine l'immense éclat de rire de Gargantua.

Le gros tonneau dans le manoir de Heidelberg, c'est Rabelais logé chez Homère.

Le gros tonneau, couché sur le ventre dans la vaste cave qui l'abrite, présente l'aspect d'un navire sous la cale. Il a vingt-quatre pieds de diamètre et trente-trois pieds de long. Il porte à sa face antérieure un écusson rocaille où est sculpté le chiffre de l'électeur Charles-Théodore. Deux escaliers à deux étages serpentent alentour et montent jusqu'à une plate-forme posée sur son dos. Il contient deux cent trente-six foudres, chaque foudre contient deux cents doubles bouteilles; d'où il suit qu'il y a dans la grosse tonne de Heidelberg cinq cent soixante-six mille quatre cents bouteilles ordinaires. On la remplissait par un trou percé dans la voûte au-dessus de la bonde, et on la vidait avec une pompe qui est encore là suspendue au mur. Cette futaille monstre a été pleine trois fois de vin du Rhin. La première fois qu'elle fut remplie, l'électeur dansa avec sa cour sur la plate-forme qui la surmonte. Depuis 1770 elle est vide.

Le vin s'y améliorait.

Au reste, cette tonne n'est pas l'ancien gros tonneau de Heidelberg, couvert de si curieuses sculptures et construit en 1595, par l'électeur Jean-Casimir, pour solenniser je ne sais quelle réconciliation de luthériens et de calvinistes. Charles-Théodore l'a fait démolir vers 1750 pour bâtir celui-ci, qui est plus grand, mais moins orné.

Outre le gros tonneau, les caveaux du château palatin, dont les profondeurs s'ouvrent de toutes parts comme des antres, renfermaient ce qu'on appelait les petits tonneaux. Ces petits tonneaux n'avaient guère que la hauteur d'un premier étage. Il y en avait dix ou douze. Il n'en reste plus qu'un, qu'on m'a montré dans sa cellule à quelques pas de la grande tonne. Il ne contenait que le cinquième du gros tonneau. C'est un fort bel assemblage de douves en bois de chêne, fabriqué au temps de Louis XIII, orné par les électeurs palatins de l'écusson de Bavière et de trois têtes de lions sur chacune de ses faces, et, par les soldats français, de quelques coups de hache. C'était en 1799. Le tonneau était plein de vin du Rhin, nos soldats voulurent l'enfoncer. Le tonneau tint bon. Ils avaient brisé les murailles de la citadelle, ils ne purent faire brèche au tonneau.

Ce petit tonneau est vide depuis 1800.

En se promenant dans l'ombre que jette la grosse tonne, on aperçoit tout à coup, derrière les madriers qui l'étançonnent, une singulière statue de bois sur laquelle un soupirail jette un rayon blafard. C'est une espèce de petit vieillard jovial, grotesquement accoutré, à côté duquel une grossière horloge pend accrochée à un clou. Une ficelle sort de dessous cette horloge, vous la tirez, l'horloge s'ouvre brusquement, et laisse échapper une queue de renard qui vient vous frapper le visage. Ce petit vieillard, c'est un bouffon de cour; cette horloge, c'est sa bouffonnerie.

Voilà la seule chose qui palpite et remue encore dans le château de Heidelberg, la farce d'un bouffon de roi. Là-haut, dans les décombres, Charlemagne n'a plus de sceptre; Frédéric le Victorieux n'a plus de tour, le roi de Bohême n'a plus de bras, Frédéric II n'a plus de tête, le royal globe de Frédéric V a été brisé dans sa main par un boulet, cet autre globe royal; tout est tombé, tout a fini, tout s'est éteint, hormis ce bouffon. Il est encore là, lui, il est debout, il respire, il dit : — Me voici! — il a son habit bleu, son gilet extravagant, sa perruque de fou mi-partie verte et rouge; il vous regarde, il vous arrête, il vous tire par la manche, il vous fait sa grosse pasquinade stupide, et il vous rit au nez. A mon sens, ce qu'il y a de plus lugubre et de plus amer dans cette ruine de Heidelberg, ce ne sont pas tous ces princes et tous ces rois morts, c'est ce bouffon vivant.

C'était le fou du palatin Charles-Philippe. Il s'appelait PERKEO. Il était haut de trois pieds six pouces, comme sa statue, au-dessous de laquelle son nom est gravé. Il buvait quinze doubles bou-

teilles de vin du Rhin par jour. C'était là son talent.
Il faisait beaucoup rire, vers 1710, l'électeur palatin de Bavière et l'empereur d'Allemagne, ces ombres qui passaient alors.

Un jour que plusieurs princes étrangers étaient chez le palatin, on mesura Perkeo à l'un de ces grands grenadiers de Frédéric Ier, roi de Prusse, lesquels, bottés à talons hauts et coiffés de leurs immenses bonnets à poil, étaient obligés de descendre les escaliers des palais à reculons. Le fou dépassait à peine la botte du grenadier. *Cela fit très-fort rire*, dit un narrateur du temps. Pauvres princes d'une époque décrépite, occupés de nains et de géants, et oubliant les hommes!

Quand Perkeo n'avait pas bu ses quinze bouteilles, on le fouettait.

Au fond, dans la gaieté grimaçante de ce misérable, il y avait nécessairement du sarcasme et du dédain. Les princes, dans leur tourbillon, ne s'en apercevaient pas. Le rayonnement splendide de la cour palatine couvrait les lueurs de haine qui éclairaient par instants ce visage; mais aujourd'hui, dans l'ombre de ces ruines, elles reparaissent; elles font lire distinctement la pensée secrète du bouffon. La mort, qui a passé sur ce rire, en a été la facétie et n'y a laissé que l'ironie.

Il semble que la statue de Perkeo raille celle de Charlemagne.

Il ne faut pas retourner voir Perkeo. La première fois il attriste, la seconde fois il effraye. Rien de plus sinistre que le rire immobile. Dans ce palais désert, près de ce tonneau vide, on songe à ce pauvre fou battu par ses maîtres quand il n'était pas ivre, et ce masque hideusement joyeux fait peur. Ce n'est même plus le rire d'un bouffon qui se moque, c'est le ricanement d'un démon qui se venge. Dans cette ruine pleine de fantômes, Perkeo aussi est un spectre.

Pardon, cher Louis, si je profite de la transition, mais, à propos de fantômes, je puis bien vous parler de revenants. Il y en a, dit-on, et beaucoup, dans le manoir de Heidelberg. Ils s'y promènent dans les nuits de pleine lune et dans les nuits d'orage. Tantôt c'est Jutha, la femme d'Anthyse, duc des Francs, qui s'assied, pâle et couronnée, sous les petites ogives de la gloriette de Louis le Barbu. Tantôt ce sont les deux francs juges, deux chevaliers noirs qu'on voit marcher à côté de la statue de Jupiter sur la frise inaccessible du palais d'Othon-Henri. Tantôt ce sont les musiciens bossus, démons familiers qui sifflent des airs sataniques dans les combles de la chapelle. Tantôt c'est la Dame blanche qui passe sous les voûtes, et dont on entend la voix. C'est cette Dame blanche qui apparut, dit-on, en 1655 dans le rittersaal d'Othon-Henri au comte Frédéric de Deux-Ponts et lui prédit la chute du Palatinat. Du temps des palatins, elle se montrait chaque fois qu'un des souverains du pays devait mourir. Elle ne revient pas pour les grands ducs de Bade. Il paraît qu'elle ne reconnaît point le traité de Lunéville.

Voilà, cher Louis, les diables que les touristes cherchent dans ce vieux palais. Quant à moi, je dois en convenir, je n'y ai vu d'autres diables, et même d'autres touristes, qu'un jour, vers midi, deux de ces immenses ramoneurs de la forêt Noire, lesquels étaient venus visiter en artistes et en connaisseurs la phénoménale cheminée des palatins, et s'extasiaient dessous, et qui, tout noirs, avec leurs dents blanches, agitant de leurs bras ce vaste manteau qu'ils portent en châle, avaient l'air de deux grandes chauves-souris de l'Odéon mettant en scène *Robin des Bois* dans les ruines de Heidelberg.

Aucun genre de dévastation n'a manqué à ce château. Jusqu'ici je vous ai parlé de M. de Tilly, du comte de Birkenfeld, du maréchal de Lorges, de l'empereur d'Allemagne et du roi de France, des grands démolisseurs. Je ne vous ai rien dit des petits. Quand on regarde la trace des lions, on n'aperçoit pas celle des rats. Heidelberg a eu pourtant ses rats. Les ravageurs infimes, les architectes officiels, se sont rués sur ce monument comme s'il était en France, comme s'il était à Paris. Des invalides qu'on y avait logés ont mutilé le vieil édifice avec une haine de ruine à ruine. Ils ont complétement démoli deux frontons sur quatre dans la chambre à coucher d'Othon-Henri. Des Anglais ont brisé à coups de marteau, pour les emporter, les caryatides-pilastres de la salle à manger. Un architecte chargé de construire un conduit d'eau de Heidelberg à Mannheim, a jeté bas les voûtes de la salle des Chevaliers, afin de faire avec les briques du ciment pour ses aqueducs. Vous vous souvenez que notre grille de la place Royale, monument rare et complet de la serrurerie du dix-septième siècle, cette bonne vieille grille dont parle madame de Sévigné, qui avait vu passer les *oiseaux des Tournelles*, qu'avaient coudoyée Corneille allant chez Marion Delorme et Molière allant chez Ninon de Lenclos, a été vendue cette année, devant ma porte, *cinq sous la livre*. Eh bien, cher Louis, les niais quelconques qui ont fait cette bêtise ne l'ont pas même inventée. Les niais créateurs de la chose étaient de Heidelberg ; eux ne sont que les niais plagiaires. Il y avait autour du perron d'Othon-Henri une admirable rampe de fer de la renaissance. Les architectes de la ville l'ont fait vendre *au poids et à moins de six liards la livre*. Je cite le texte même du marché. Qu'en dites-vous ? Ces six liards-là valent bien nos cinq sous.

Vous m'avez oublié sans doute sur la colline du petit Geissberg, où j'étais quand je me suis mis à vous parler du château de Heidelberg; et je m'y suis oublié moi-même, tant j'y avais été saisi d'une rêverie profonde. La nuit était venue, des nuées s'étaient répandues sur le ciel, la lune était montée presque au zénith, que j'étais encore assis sur la même pierre, regardant les ténèbres que j'avais autour de moi, et les ombres que j'avais en moi. Tout à coup le clocher de la ville a sonné l'heure sous mes pieds, c'était minuit : je me suis levé et je suis redescendu. Le chemin qui mène à Heidelberg passe devant les ruines. Au moment où j'y arrivais, la lune, voilée par des nuages diffus et entourée d'un immense halo, jetait une clarté lugubre sur ce magnifique amas d'écroulements. Au delà du fossé, à trente pas de moi, au milieu d'une vaste broussaille, la tour Fendue, dont je voyais l'intérieur, m'apparaissait comme une énorme tête de mort. Je distinguais les fosses nasales, la voûte du palais, la double arcade sourcilière, le creux profond et terrible des yeux éteints. Le gros pilier central avec son chapiteau était la racine du nez.

Des cloisons déchirées faisaient les cartilages. En bas, sur la pente du ravin, les saillies du pan de mur tombé figuraient affreusement la mâchoire. Je n'ai de ma vie rien vu de plus mélancolique que cette grande tête de mort posée sur ce grand néant qui s'appelle le château des palatins.

La ruine, toujours ouverte, est déserte à cette heure. L'idée m'a pris d'y entrer. Les deux géants de pierre qui gardent la tour carrée m'ont laissé passer. J'ai franchi le porche noir sous lequel pend encore la vieille herse de fer, et j'ai pénétré dans la cour. La lune avait presque disparu sous les nuées. Il ne venait du ciel qu'une clarté blême.

Louis, rien n'est plus grand que ce qui est tombé. Cette ruine, éclairée de cette façon, vue à cette heure, avait une tristesse, une douceur et une majesté inexprimables. Je croyais sentir dans le frissonnement à peine distinct des arbres et des ronces je ne sais quoi de grave et de respectueux. Je n'entendais aucun pas, aucune voix, aucun souffle. Il n'y avait dans la cour ni ombres ni lumières; une sorte de demi-jour rêveur modelait tout, éclairait tout et voilait tout. L'enchevêtrement des brèches et des crevasses laissait arriver jusqu'aux recoins les plus obscurs de faibles rayons de lune; et dans les profondeurs noires, sous des voûtes et des corridors inaccessibles, je voyais des blancheurs se mouvoir lentement.

C'était l'heure où les façades des vieux édifices abandonnés ne sont plus des façades, mais des visages.

Je m'avançais sur le pavé inégal et montueux sans oser faire du bruit, et j'éprouvais entre les quatre murs de cette enceinte cette gêne étrange, ce sentiment indéfinissable que les anciens appelaient l'*horreur des bois sacrés*. Il y a une sorte de terreur insurmontable dans le sinistre mêlé au superbe.

Cependant j'ai gravi les marches vertes et humides du vieux perron sans rampe, et je suis entré dans le vieux palais sans toit d'Othon-Henri. Vous allez rire peut-être; mais je vous assure que marcher la nuit dans des chambres qui ont été habitées par des hommes, dont les portes sont décorées, dont les compartiments ont encore leur signification distincte; se dire : — Voici la salle à manger, voici la chambre à coucher, voici l'alcôve, voici la cheminée, — et sentir de l'herbe sous ses pieds, et voir le ciel au-dessus de sa tête, c'est effrayant. Une chambre qui a encore la figure d'une chambre, et dont le plafond a été enlevé par une main invisible comme le couvercle d'une boîte, devient une chose lugubre et sans nom. Ce n'est plus une maison, ce n'est pas une tombe. Dans un tombeau on sent l'âme de l'homme; dans ceci on sent son ombre.

Au moment où j'allais passer du vestibule dans

la salle des Chevaliers, je me suis arrêté. Il y avait là un bruit singulier, d'autant plus distinct, qu'un silence sépulcral remplissait le reste de la ruine. C'était une sorte de râlement, faible, strident, continu, mêlé par instants d'un petit martellement sec et rapide, qui tantôt paraissait venir du fond des ténèbres, d'un point éloigné du taillis ou de l'édifice, tantôt semblait sortir de dessous mes pieds, d'entre les fentes du pavé. D'où venait ce bruit? de quel être nocturne était-ce le cri ou le frappement? je l'ignore, mais cela ressemblait au grincement d'un métier, et je ne pouvais m'empêcher de songer, en l'écoutant, à ce hideux fileur des légendes qui file la nuit, dans des ruines, de la corde pour les gibets.

Du reste, rien, personne, aucun être vivant. La salle était déserte comme tout le palais. J'ai heurté le pavé de ma canne, le bruit a cessé, puis a recommencé un moment après. J'ai heurté encore, il a cessé; puis il a recommencé. D'ailleurs, je n'ai rien vu qu'une grande chauve-souris effrayée, que le choc de ma canne sur la dalle avait fait sortir d'une des consoles sculptées de la muraille, et qui promenait au-dessus de ma tête ce funèbre vol circulaire qui semble fait pour l'intérieur des tours effondrées.

Vous dirai-je tout? Pourquoi non? N'êtes-vous pas l'homme qui comprenez tous les rêves de l'es-

prit? Il me semblait que je gênais quelqu'un dans
cette ruine. Qui? Je l'ignore. Mais il est certain
que je troublais un mystère. La nuit était là,
seule; je l'avais dérangée. Tous les habitants surnaturels de cette royale masure fixaient à la fois
sur moi leur prunelle vague et effarée. Les tritons,
les satyres, les sirènes à double queue, l'Amour
ailé qui joue depuis trois siècles avec une guir-
lande sur le seuil de la salle des Chevaliers, les
deux Victoires nues que les invalides ont mutilées,
les caryatides cachées sous des arbustes de pourpre, les chimères qui tiennent des anneaux dans
leurs dents, les naïades qui écoutent tomber l'eau
de pierre de leur urne, avaient je ne sais quoi
d'irrité et de triste; le rictus des mascarons prenait une expression étrange; une lueur faisait
saillir lugubrement dans l'ombre cette sombre Isis
du vestibule à laquelle les pluies qui la rongent et
l'estompent ont donné le sourire indéfinissable
des figures de Prudhon; deux sphinx casqués, à
mamelles de femmes et à oreilles de faunes, paraissaient chuchoter à voix basse en me regardant,
transversa tuentes; et je croyais entendre respirer
les lions de la cheminée sous la broussaille où ils
se sont tapis depuis que le pied du palatin pensif
ne se pose plus sur leur crinière de marbre. Quelque chose d'immobile et de terrible palpitait autour
de moi sur toutes ces murailles, et, chaque fois

que je m'approchais d'une porte ténébreuse ou d'un coin brumeux, j'y voyais vivre un regard mystérieux.

Êtes-vous visionnaire comme moi? Avez-vous éprouvé cela? Les statues dorment le jour; mais, la nuit, elles se réveillent et deviennent fantômes.

Je suis sorti du palais d'Othon et je suis rentré dans la cour, toujours poursuivi par le petit bruit bizarre que faisait un veilleur quelconque dans la salle des Chevaliers.

Au moment où je venais de redescendre le perron, la lune a surgi tout à coup pure et brillante dans une large déchirure des nuages; le palais à double fronton de Frédéric IV m'est apparu subitement, magnifique, éclairé comme en plein jour, avec ses seize géants pâles et formidables; tandis qu'à ma droite la façade d'Othon, dressée toute noire sur le ciel lumineux, laissait échapper d'éblouissants rayons de lune par ses vingt-quatre fenêtres à la fois.

Je vous ai dit *éclairé comme en plein jour;* j'ai tort, c'était tout ensemble plus et moins. La lune dans les ruines est mieux qu'une lumière, c'est une harmonie. Elle ne cache aucun détail et elle n'exagère aucune cicatrice; elle jette un voile sur les choses brisées et ajoute je ne sais quelle auréole brumeuse à la majesté des vieux édifices. Il vaut mieux voir un palais ou un cloître écroulé la nuit que le jour. La dure clarté du soleil fatigue les ruines et importune la tristesse des statues.

A leur tour, ces ombres des empereurs et des palatins m'ont regardé; *simulacra*. Chose singulière, il m'avait semblé, l'instant d'auparavant, que les sirènes, les nymphes et les chimères me regardaient avec colère; il me semblait maintenant que tous ces vieux princes redoutables attachaient sur moi, chétif passant, un œil bon et hospitalier. Quelques-uns paraissaient encore plus grands sous le rayonnement fantastique de la lune. L'un d'eux, qui a été atteint et à demi renversé par une bombe, Jean-Casimir, adossé à la muraille, avec sa face blême, son nez aquilin et sa longue barbe, avait l'air d'Henri IV exhumé.

Je suis sorti du palais par le jardin, et, en redescendant, je me suis encore arrêté un instant sur une des terrasses inférieures. Derrière moi, la ruine, cachant la lune, faisait à mi-côte un gros buisson d'ombre, d'où jaillissent dans toutes les directions à la fois de longues lignes sombres et lumineuses rayant le fond vague et vaporeux du paysage. Au-dessous de moi gisait Heidelberg assoupie, étendue au fond de la vallée le long de la montagne, toutes lumières éteintes, toutes portes fermées; sous Heidelberg, j'entendais passer le Neckar, qui semblait parler à demi-voix à la colline et à la plaine; et les pensées qui m'avaient rempli toute la soirée, le néant de l'homme dans le passé, l'infirmité de l'homme dans le présent, la grandeur de la nature et l'éternité de Dieu, me revenaient toutes ensemble, comme représentées par une triple figure, tandis que je descendais à pas lents dans les ténèbres, entre cette rivière toujours éveillée et vivante, cette ville endormie et ce palais mort.

POST-SCRIPTUM

Carlsruhe, novembre.

Cher Louis, voilà cette lettre interminable finie. Louez Dieu et pardonnez-moi. Ne lisez pas l'in-folio que je vous envoie, mais venez voir Heidelberg.

Je viens de faire une magnifique tournée dans la Berg-Strasse. J'ai eu de la boue et de la neige, mais vous savez que je suis un peu montagnard. J'ai seulement beaucoup souffert, non du froid, mais des poêles. Figurez-vous que, depuis que je suis en Allemagne, je n'ai pas encore pu réussir à me procurer un feu de cheminée, un tison allumé, un fagot flambant. Ils n'ont que d'affreux poêles dont les tuyaux se tordent dans les chambres comme des serpents. Il sort de là une vilaine chaleur traître qui vous fait bouillir la tête et vous glace les pieds. Ici on ne se chauffe pas, on s'asphyxie.

A ce petit inconvénient près, — l'asphyxie soir et matin, — le pays est vraiment admirable. Il pleut toute la nuit; j'entends, tout en dormant, les averses faire rage contre mes vitres; je m'attends à d'horribles journées mouillées; mais, je ne sais comment cela se fait, le matin les nuées se déchirent, les brumes s'envolent, et je vois les plus belles choses du monde.

Nocte pluit tota, redeunt spectacula mane.

Adieu, cher ami. A bientôt. Dans quelques semaines je serrerai votre bonne main. Aimez-moi.

FIN DU DEUXIÈME VOLUME

TABLE

TABLE

DU DEUXIÈME VOLUME

LETTRE XX
DE LORCH A BINGEN

La langue légale est la langue française. — Loi. — *Article unique* : Qui parlera français payera l'amende. — Théorie du voyage à pied. — Souvenirs. — Première aventure. — Note sur Claye. — Ce qui apparaît à l'auteur entre la quatrième et la cinquième ligne. — L'auteur voit des ours en plein midi. — Peinture gracieuse d'après nature. — L'auteur laisse entrevoir l'inexprimable plaisir que lui font les tragédies classiques. — Intéressant épisode de la mouche. — Incident. — Ce que signifie l'intervalle qui sépare les mots *entendre passer* des mots *les sérénades*. — Incident. — Incident. — Incident. — Incident. — Explication. — Cela n'empêche pas que l'auteur eût fort bien pu être accepté par ces saltimbanques à quatre pattes comme le dessert de leur déjeuner. — Deuxième aventure. — G. — Histoire naturelle chimérique d'Aristote et de Pline. — En quels lieux les hommes font volontiers leurs plus monstrueuses inepties. — Incident. — Un rébus d'Horace. — D'où venait le vacarme. — Portraits de deux hommes admirés. — Tableau de beaucoup d'hommes qui admirent. — L'homme chevelu parle. — G. tressaille. — L'auteur écrit ce que dit le charlatan. — Dialogue de celui qui est en haut avec celui qui est en bas. — L'auteur éclate de rire et indigne tous ceux qui l'entourent. — Puissance de ce qui est inintelligible sur ce qui est inintelligent. — Mot amer de G. sur la troisième classe de l'Institut. — Dans quelles circonstances l'auteur voyage à pied. — Fursteneck. — L'auteur grimpe assez haut pour constater une erreur des antiquaires. — Cadenet. — Luynes, Brandes. — L'auteur subit sur la grande route son examen de bachelier. Heimberg. — Sonneck. — Falkenburg. — L'auteur va devant lui. — Noms et fantômes évoqués. — Contemplation. — Un château en ruine. — L'auteur y entre. — Ce qu'il y trouve. — Tombeau mystérieux. — Apparition gracieuse. — L'auteur se met à parler anglais de la façon la plus grotesque. — Esquisse d'une théorie des femmes, des filles et des enfants. — Stella. — L'auteur, quoique découragé et humilié, s'aventure à faire quatre vers français. — Conjectures sur l'homme sans tête. — L'auteur cherche dans le Falkenburg les traces de Guntram et de Liba. — La langue de l'homme a de si singuliers caprices, que *Trajani Castrum* devient *Trecktlingshausen*. — L'auteur déjeune d'un gigot horriblement dur. — Sa grandeur d'âme à cette occasion. — Paysage. — Saint-Clément. — Le Reichenstein. — Le Rheinstein. — Le Vaugtsberg. — L'auteur raconte des choses de son enfance. — Légende du mauvais archevêque. — Au neuvième siècle on était mangé par les rats sur le Rhin comme on l'est aujourd'hui à l'Opéra. — Moralité des contes différente de la moralité de l'histoire. — *Mauth* et *Mause*. — Comment une petite estampe encadrée de noir, accrochée au-dessus du lit d'un enfant, devient pour lui, quand il est homme, une grande et formidable vision. — Crépuscule. — L'auteur se risque encore à faire des vers français. — Effrayante apparition entre deux montagnes de l'estampe encadrée de noir. — La Maüsethurm. — Vertige. — L'auteur réveille un batelier qui se trouve là. — A quel trajet l'auteur se hasarde. — Le Bingerloch. — Réalités difformes et fantastiques vues au milieu de la nuit. — Ce que l'auteur trouve dans le lieu sinistre où il est allé. — Description minutieuse et détaillée de cette chose horrible et célèbre. — Salut au drapeau. — Arrivée à Bingen. — Visite au Klopp. — La grande Ourse............ 3

LETTRE XXI

LÉGENDE DU BEAU PÉCOPIN ET DE LA BELLE BAULDOUR

I. Légende.
II. L'oiseau Phénix et la planète Vénus.
III. Où est expliquée la différence qu'il y a entre l'oreille d'un jeune homme et l'oreille d'un vieillard.
IV. Où il est traité des diverses qualités propres aux diverses ambassades.
V. Bons effets d'une bonne pensée.
VI. Où l'on voit que le diable lui-même a tort d'être gourmand.
VII. Propositions aimables d'un vieux savant retiré dans une cabane de feuillage.
VIII. Le chrétien errant.
IX. Où l'on voit à quoi peut s'amuser un nain dans une forêt.
X. *Equis canibusque.*
XI. A quoi l'on s'expose en montant un cheval qu'on ne connaît pas.
XII. Description d'un mauvais gîte.
XIII. Telle auberge, telle table d'hôte.
XIV. Nouvelle manière de tomber de cheval.
XV. Où l'on voit quelle est la figure de rhétorique dont le bon Dieu use le plus volontiers.
XVI. Où est traitée la question de savoir si l'on peut reconnaître quelqu'un qu'on ne connaît pas.
XVII. Les bagatelles de la porte.
XVIII. Où les esprits graves apprendront quelle est la plus impertinente des métaphores.
XIX. Belles et sages paroles de quatre philosophes à deux pieds ornés de plumes........................... 71

LETTRE XXII

BINGEN

Un souvenir au peintre Poterlet. — Bingen. — Un peu d'histoire. — Comment les villes se font dans les confluents. — Paysage. — Le Johannisberg. — Le Niederwald. — L'Ehrenfels. — Le Rupertsberg. — Les ruines de Disibodenberg. — Toutes sortes d'antithèses que le bon Dieu se plaît à faire. — L'auteur dénonce à l'indignation publique l'abominable *restauration* de l'abbaye de Saint-Denis. — Bingen à vol d'oiseau. — Le couplet de Barberousse. — Les poëtes sont des empereurs; il faut bien que de temps en temps les empereurs soient des poëtes. — Chant de Quasimodo chanté sur le Rhin. — Rudesheim. — Éloge senti et littéraire du vent du sud. — Comment on mange à Bingen. — Un gros major et un savant chétif. — Monographie de la table d'hôte. — M. Chose et M. Machin. — Le poëte et l'avocat. — Les sagres bleues. — L'auteur défie qui que ce soit de comprendre quoi que ce soit aux vingt dernières lignes de cette lettre. 185

LETTRE XXIII

MAYENCE

L'auteur définit le chemin de fer. — Particularités du chemin de fer de Mayence à Francfort. — Dévastations sauvages et progrès hideux du « bon goût ». — L'auteur compare entre elles Cologne, Francfort et Mayence. — La cathédrale de Mayence. — Édifice à double abside. — Plan géométral. — Les clochers. — Portes de bronze. — Fac-simile de l'inscription. — Voyage attentif et curieux de l'auteur à travers les tombeaux des archevêques-électeurs. — Dénombrement. — Détails. — Rapproche ments. — Singulière histoire de l'astrologue Mabusius. — M. Louis Colmar, pendant de M. Antoine Berdolet. — Jean et Adolphe de Nassau, pendants de Adolphe et Antoine de Schauenbourg. — Il y a quarante-trois tombeaux. — Fastrada, femme de Charlemagne. — Son épitaphe. — Fac-simile. — 792. — Le bon vieux suisse qui raconte ces histoires. — Ameublements différents des deux absides. — Magnifique menuiserie rococo. — Salle capitulaire. — Cloître. — Le bas-relief énigmatique. — Frauenlob. — La fontaine de la place du marché. — Inscriptions. — Mayence du haut de la citadelle. — De quelle façon les femmes sont curieuses à Mayence. — Adlerstein. — Ce que c'est que le point noir qu'on voit là-bas............... 207

LETTRE XXIV

FRANCFORT-SUR-LE-MEIN

Quel aspect présente une certaine rue de Francfort un certain jour de la semaine. — Ce qui abonde à Francfort. — Quel est le plus grand danger que Francfort puisse courir. — L'auteur va à la boucherie. — Il pousse beaucoup de cris d'enthousiasme. — Le massacre des innocents. — L'auteur oublie tous ses devoirs au point de désobéir à une petite fille de quatre ans. — La place publique. — Les deux fontaines. — L'auteur dit des vérités à la justice. — Le Rœmer. — Utilité d'une servante qui prend une clef à un clou dans sa cuisine. — Salle des électeurs. — Détails. — Salle des Empereurs. — Les quarante-cinq niches. — Ce qui se passait dans la place quand les électeurs avaient élu l'empereur. — Ce qui se passait à l'église après ce qui s'était passé dans la place. — L'église collégiale de Francfort. — Ce qui pend aux murailles. — L'horloge. — Les tableaux. — Sainte Cécile telle qu'on l'a trouvée dans son tombeau. — La couronne impériale. — Saint-Barthélemy. — Gunther de Schwarzbourg. — L'auteur monte sur le clocher. — Francfort-sur-le-Mein à vol d'oiseau. — Les habitants du haut du clocher. — Philosophie.................... 233

LETTRE XXV

LE RHIN

D'où il sort. — La Suisse, le Rhin. — Aspects. — Qu'un fleuve est un arbre. — Le trajet de Mayence à Cologne. — Détails. — Où commence l'encaissement du fleuve. — Où il finit. — Tableaux. — Les vignes. — Les ruines. — Les hameaux. — Les villes. — Histoire et archéologie mêlées. — Bingen. — Oberwesel. — Saint-Goar. — Neuwied. — Andernach. — Linz. — Sinzig. — Boppart. — Caub. — Braubach. — Coblenz. — Ce qui a effrayé l'auteur à Coblenz. — Musées. — Quels sont les peintres que possède chaque ville. — Curiosités et bric-à-brac. — Paysages du Rhin. — Ce qu'a été le Rhin. — Ce qu'il est. — Remontez-le. — Le bateau-flèche. — Le dampfschiff. — La barque à voile. — Le grand radeau. — Curieux détails sur les anciennes grandes flottaisons du Rhin. — Vingt-cinq bateaux à vapeur en route chaque jour. — Parallèle de l'ancienne navigation et de la nouvelle. — Quarante-neuf îles. — Souvenirs. — Une jovialité de Schinderhannes rencontrant une bande de juifs. — Ce que firent en 1400, dans une église de village, les quatre électeurs du Rhin. — Détails secrets et inconnus de la déposition de Wenceslas. — Le Kœnigsstühl. — L'auteur reconstruit le Kœnigsstühl, aujourd'hui disparu. — De quelle manière et dans quelle forme s'y faisait l'élection des empereurs. — Ce que c'était que les sept électeurs du saint-empire. — L'élection dans le Rœmer de Francfort comparée avec l'élection sur le Kœnigsstühl. — Côtés inédits et ignorés de l'histoire. — La bannière impériale. — Ce qu'elle était avant Lothaire. — Ce que Lothaire y changea. — Ce qu'elle a été depuis. — L'aigle à deux têtes. — La première apparition. — Ce que le peuple concluait de la façon dont la bannière flottait. — Chute de la bannière. — Vue de Caub. — Étrange aspect du Pfalz. — Ce que c'est. — Les châteaux du Rhin. — Dénombrement. — Combien il y en a. — Quels sont leurs noms. — Leurs dates.

Leur histoire. — Qui les a bâtis. — Qui les a ruinés. — Destinée de tous. — Détail de chacun. — Coup d'œil dans les vallées. — Sept burgs dans le Wisperthal. — Une abbaye et six forteresses dans les Sept-Monts. — Trois citadelles dans la plaine de Mayence. — Le Godesberg dans la plaine de Cologne. — Hymne aux châteaux du Rhin...................... 259

LETTRE XXVI

WORMS — MANNHEIM

Nuit tombante. — Dissertation profonde et hautement philosophique sur les appellations sonores. — Le voyageur croit être un moment Micromégas se baissant et cherchant une ville à terre dans l'herbe. — A quoi bon avoir été une grande chose? — Les quatorze églises de Worms. — Le pauvre hère et le gros gaillard. — Dialogues. — Un monosyllabe accompagné de son commentaire. — Dans quel cas un aubergiste est majestueux. — O inégale nature! — Le voyageur a un peu peur des fées et des revenants. — Il prend le parti d'adresser de plates flatteries à la lune. — Un spectre. — A quel genre d'exercice se livrait ce spectre. — Autre monosyllabe accompagné d'un autre commentaire. — Où le lecteur apprend dans quels endroits se mettent les vieux numéros d'un vieux journal. — Le spectre devient de plus en plus aimable et caressant. — Entrée à Worms. — Par malheur, le voyageur connaît si bien le Worms d'autrefois, qu'il ne reconnaît plus le Worms d'à présent. — Ce qu'on s'expose à voir quand on regarde par le trou des serrures. — Saint-Ruprecht. — Mélancolie à propos d'un garçon tonnelier. — L'auberge du *Faisan* (qui est peut-être l'auberge du *Cygne*, à moins que ce ne soit l'auberge du *Paon*. Lecteur, défiez-vous de l'auteur sur ce point.) — A quoi étaient occupés deux hommes dans la salle à manger, et ce que faisait un troisième. — Éloquence d'un sot. — Le voyageur continue de décrire le gîte. — La chambre à coucher. — Le tableau du chevet du lit. — Deux amants s'enfuyant à travers une épouvantable orthographe. — L'auteur se promène dans Worms. — Allocution aux Parisiens. — L'agonie d'une ville. — Ce que Perse et Horace ont dit de la Petite-Provence qui est aux Tuileries. — Conseils indirects aux jeunes niais qui gâtent le costume des hommes en France à l'heure qu'il est. — La cathédrale de Worms. — Le dehors. — L'intérieur. — Le temple luthérien. — Mannheim. — L'unique mérite de Mannheim. — Par quelles gens Mannheim serait admiré. — Encore la figure de rhétorique que le bon Dieu prodigue. — Intéressante inscription recueillie à Mannheim. 303

LETTRE XXVII

SPIRE

Étymologie et histoire. — Le blé. — Le vin pied-d'oison. — La cathédrale. — Quelle pensée y saisit le voyageur. — Détail des empereurs enterrés à Spire. — Lueurs qui traversent les ténèbres de l'histoire. — 1693. — 1793. — Souviens-toi de Conrad. 345

LETTRE XXVIII

HEIDELBERG

A M. LOUIS B.

L'auteur se fait des ennemis de tous les habitants de Mannheim. — Heidelberg. — L'auteur donne beaucoup d'explications sur lui-même. — La maison du chevalier de Saint-Georges. — Un verset de la Bible protège mieux une maison contre l'incendie que la plaque de fer-blanc M. A. C. L. — Détails peu connus sur le siége de Heidelberg par les troupes de Louis XIV. — L'auteur dans la forêt. — Rêverie. — Énigme sculptée dans la muraille d'une masure. — Le *chemin des Philosophes*. — Soleil couchant. — Paysage. — Choses crépusculaires et mystérieuses qui commencent. — Nuit. — L'auteur en haut de la montagne. — Horrible fosse entrevue. — Aventure surnaturelle du buisson qui marche. — *Heidenloch!* — Traces des païens partout sur les bords du Rhin. — Quelques-unes des visions du soir dans ces vallées. — Neckarsteinach. — Les quatre châteaux. — Le Schwalbennest. — Légende de Bligger le Fléau. — L'auteur laisse éclater sa profonde admiration pour les contes de bonnes femmes. — Passage curieux de Buchanan sur Macbeth. — Ce que l'auteur écrit sur la porte du Schwalbennest. — Intérieur de la ruine. — Magnificences que l'auteur y trouve. — Le burg sans nom. — L'auteur y pénètre. — Le dedans d'une grosse tour. — Mystères. — Ce que l'auteur y voit et y entend d'effrayant à la nuit tombée. — Il se hâte de sortir du burg sans nom. — Le Neckar au crépuscule. — Le petit Geissberg. — Paysage qui raconte l'histoire. — Regard jeté sur les choses et sur les ombres. — Le château de Heidelberg. — Ce que c'était que le comte palatin. — Sens guelfe et factieux des inscriptions du palais d'Othon-Henri. — Les électeurs palatins avaient le goût des arts et des lettres. — Frédéric le Victorieux. — Le château de Heidelberg à vol d'oiseau. — Tous les genres de beauté y sont. — Traces des guerres. — Ce que faisait madame la palatine afin de devenir homme. — L'auteur regrette de n'avoir pas été là, en 1693, pour diriger un peu la dévastation. — La cour intérieure. — La façade de Frédéric IV. — La façade d'Othon-Henri. — La façade de Louis le Barbu. — Les colonnes de Charlemagne. — Comparaison de ces façades. — Tristesses. — Une remarque singulière. — Les rois et les dieux. — L'auteur se figure le château à la clarté du bombardement. — De quelle façon chaque statue de prince et d'empereur a été mutilée. — Statue de Frédéric V. — Statue de Louis V. — La tour de Frédéric le Victorieux. — Palais d'Othon-Henri. — L'intérieur. — Énumération de tous les édifices et de tous les palais que contenait le château de Heidelberg. — Les tours. — Le gros tonneau. — Détails inconnus et curieux. — Combien le gros tonneau tient de bouteilles de vin. — Ce que le vin y devient. — Les petits tonneaux. — Un des petits tonneaux a vaincu les grenadiers français. — Ce qu'on aperçoit dans l'obscurité. —

PERKEO. — Moralité de toutes ces sombres histoires — Les fantômes et les revenants de Heidelberg. — Jutha. — Les deux francs juges. — Les musiciens bossus. — La dame blanche. — Irrévérence de la dame blanche pour la signature de M. de Cobentzel. — Les deux diables que l'auteur voit en plein midi. — Détail des petites dévastations. — Les architectes. — les invalides. — Les Anglais. — La grille du perron a eu ses barbares comme notre grille de la place Royale a eu ses vandales. — Sinistre aspect de la tour Fendue au clair de lune. — Visite nocturne à la ruine de Heidelberg. — Effets vertigineux des rayons lunaires. — Serrement de cœur dans les chambres désertes. — Incident. — A quel hideux fantôme l'auteur est contraint de songer. — L'incident se comporte d'une façon lugubre et inexplicable. — Colère des caryatides et des statues contre l'auteur. — Il s'enfuit dans la cour. — La lune sur les deux façades. — Retour à la ville. — POST-SCRIPTUM. — Imprécation contre les poêles............................ 359

FIN DE LA TABLE DU DEUXIÈME VOLUME

PARIS. — IMPRIMERIE DE E. MARTINET, RUE MIGNON, 2

OEUVRES COMPLÈTES
DE
H. DE BALZAC

20 VOLUMES IN-8°

ORNÉS DE 140 GRAVURES

PRIX : **120 FRANCS**

www.ingramcontent.com/pod-product-compliance
Lightning Source LLC
Chambersburg PA
CBHW072105220426
43664CB00013B/1998